Peter Böthig (Hrsg.)
Sprachzeiten

Schriftenreihe   Band 10051

Peter Böthig (Hrsg.)

Sprachzeiten

Der Literarische Salon von Ekke Maaß
Eine Dokumentation von 1978 bis 2016

Bundeszentrale für
politische Bildung

Dr. Peter Böthig, 1958 geboren, ist Germanist und Literaturwissenschaftler. In den 1980er-Jahren gehörte er zu den Protagonisten der unabhängigen Literaturszene Berlins. 1986 wurde ihm seine Assistentenstelle an der Humboldt-Universität gekündigt, 1988 wurde er vom Ministerium der Staatssicherheit der DDR verhaftet. 1989 durfte Peter Böthig in die Bundesrepublik ausreisen. Nach 1989 arbeitete und lehrte er an der Humboldt-Universität zu Berlin und an der University of Pittsburg; seit 1993 leitet er das Kurt-Tucholsky-Literaturmuseum auf Schloss Rheinsberg.

Diese Veröffentlichung stellt keine Meinungsäußerung der Bundeszentrale für politische Bildung dar. Für die inhaltlichen Aussagen tragen die Autoren die Verantwortung.

Bonn 2017
Sonderausgabe für die Bundeszentrale für politische Bildung
Adenauerallee 86, 53113 Bonn
© by Lukas Verlag, Berlin 2017
Umschlaggestaltung: Naumilkat – Agentur für Kommunikation und Design, Düsseldorf
Gestaltung, Reprographie und Satz: Lukas Verlag
Druck und Bindung: Westermann Druck Zwickau GmbH
ISBN 978-3-7425-0051-9
www.bpb.de

Inhalt

Peter Böthig

Vorbemerkung

Als Ekkehard Maaß mit seiner Frau Wilfriede Anfang 1978 in die dunkle Hinterhof-
wohnung in der Schönfließer Straße 21 einzog, hatte er eine Idee. Geprägt vom elterlichen
Pfarrhaus bei Naumburg und inspiriert von der Wohnung Wolf Biermanns in der
Chausseestraße 131, wollte er einen Raum schaffen, in dem sich Künstler frei begegnen
können. Als erstes baute er von außen an der Wohnungstür eine Klinke an, damit jeder
frei eintreten konnte.

Damit begann die Geschichte der Lesungen und Konzerte in Ekke Maaß' Wohnküche,
die mittlerweile legendär geworden sind, ohne jedoch gebührend gewürdigt oder auch nur
detailliert dokumentiert worden zu sein. Die Geschichte der Literatur und Kunst in den
1980er Jahren in Ost-Berlin kann nicht angemessen dargestellt werden ohne zu berück-
sichtigen, was in Ekke Maaß' literarischem Salon geschah. Von 1978 bis 1989 fanden hier
regelmäßig gut besuchte Lesungen junger Autoren statt, die in den offiziellen Verlagen der
DDR keine Chance hatten – oder sie nicht mehr suchten. Nach der Ausbürgerung Wolf
Biermanns im November 1976 und der Ausreise vieler Autoren wie Sarah Kirsch, Günter
Kunert, Jurek Becker, Klaus Schlesinger, Karl-Heinz Schädlich und anderer entstand vor
allem in der nachfolgenden Generation von Autoren und Künstlern das Gefühl, sich aus
den offiziellen (und immer gelenkten) Strukturen auskoppeln zu wollen und zu müssen.
Sie verabschiedeten sich zunehmend von der offiziellen Ideologie und wandten sich von
den Institutionen der DDR ab – sie verweigerten sich und entschieden sich gegen die
offiziellen Karrieren und Wege. Die kommunistische Utopie hatte – zehn Jahre vor dem
Ende der DDR – für sie ihre Anziehung verloren. Die jungen Künstler teilten nicht mehr
die sozialistischen Ideale und strebten keine »Verbesserung« des Sozialismus mehr an wie
vor ihnen noch Wolf Biermann oder Rudolf Bahro und nach ihnen viele Bürgerrechtler,
sondern sie versuchten, dem Staat unabhängige demokratische Freiräume abzutrotzen.
Ekke Maaß' Salon war für die ständig wachsende unangepasste Künstlerszene in Ost-
Berlin ein wichtiger Kristallisationspunkt.

Bei allem äußerlichen Vorrang des Geselligen des Salons darf nicht übersehen werden:
Er war von Anfang an politisch, und der Staat spürte durchaus die Gefahr, die von
der Abkehr so vieler junger Autoren und Künstler ausging und reagierte entsprechend.
Während der Lesungen hielt alle fünfzehn Minuten ein Polizeiauto demonstrativ vor der
Tür. Regelmäßig musste Ekke Maaß zu Beginn einer Lesung den Stasimann vorm Fenster
der Hofseite mit einer lauten Ansprache verscheuchen. Neben der Einschleusung von
Spitzeln, nicht zuletzt des »Szene«-IMs Sascha Anderson, wurde gegenüber der Wohnung
von Ekke Maaß, in der Schönfließer Straße 1, eine konspirative Wohnung genutzt, um
bei Bedarf die Besucher des Salons fotografieren und beobachten zu können. Dabei
wurden sie mit Spitznahmen versehen, was bei vierzig bis siebzig Gästen die Fantasie
der Stasimitarbeiter überforderte. Die oft seitenlangen, minutiösen und ansonsten völlig

inhaltslosen Beobachtungsberichte sind ein Stück eigene bitter-komische dadaistische Nonsensliteratur.

Der Salon von Ekke Maaß war einer der ersten seiner Art, dem nur wenig später die Lesungen bei Ulrike und Gerd Poppe, Ludwig Mehlhorn und anderen, Wohnungs-ausstellungen, Konzerte bis hin zu unabhängigen Theaterprojekten (wie der Theatergruppe Zinnober) folgten und die eine Alternative zur staatlich verordneten Kunst und Literatur anstrebten, unterstützt von der Kirche, die zunehmend ihre Räume für Veranstaltungen öffnete. Der Literarische Salon in der Schönfließer Straße 21 wurde zu einer Art Keimzelle für einen in den 1980er Jahren sich entwickelnden staatsunabhängigen Literatur- und Kunstbetrieb.

Neu war, dass diese Lesungen bei Ekke Maaß von einer Art »Mentorenschaft« von anerkannten Autoren wie Christa und Gerhard Wolf, Heiner Müller, Franz Fühmann, Volker Braun und Elke Erb begleitet und geschützt wurden. Waren sie da, war es eher unwahrscheinlich, dass ein Polizeiüberfallkommando anrückte und den Saal räumte.

Dass die Bedeutung des Salons von Ekke Maaß zwar bei allen Kennern unbestritten ist, in der weiteren Öffentlichkeit und in der Literaturgeschichtsschreibung bisher jedoch wenig Beachtung fand, ist kein Zufall. Zum einen liegt das daran, dass Ekke Maaß nur als literarischer Übersetzer und Sänger von Okudshawa-Liedern in der Szene bekannt und selbst kein Autor war. Zum anderen liegt das in der Natur der Sache: Der Gastgeber tritt in den Hintergrund. Dass Ekke auf dem bekanntesten Foto, das Helga Paris von den Lesungen machte, jenem Gruppenfoto der Panorama-Lesung vom 20. September 1981, selbst nicht zu sehen ist, ist symptomatisch. Er hat darüber berichtet: »Mit großer Mühe gelang es mir, die Dichter nach der Lesung in Wilfriedes Werkstatt zu kriegen, wo Helga Paris ein Gruppenbild machen sollte. Als ich sie endlich beisammen hatte, musste ich Christa und Gerhard Wolf verabschieden und bin deshalb als Organisator und Gastgeber selbst nicht auf dem Foto zu sehen.« Er hat sich nicht in den Vordergrund geschoben. Zum anderen liegt es aber auch an der (tragischen) Überlagerung der Geschichte des Salons durch die Aufmerksamkeit, die Sascha Anderson als Medienfigur und Stasispitzel fand.

Bemerkenswert ist der Mut, oder sagen wir weniger pathetisch: die Angstlosigkeit, mit der Ekke Maaß sich nicht beirren ließ. Denn ungefährlich war es nicht, was er sich herausnahm, wie die überaus reichliche Dokumentation der Stasi zeigt. Die Szenarien reichten von Drohgebärden durch die Polizei bis zur Verurteilung zu langjährigen Gefängnisstrafen. Die Haftrichter standen bei Fuß, die benötigten Paragraphen waren formuliert, und die Offiziere erweiterten mit jedem IM-Bericht ihre Dossiers. Letzt-endlich war es für ihn ein Glück, dass den Genossen der Staatssicherheit die Konspiration ihres wichtigsten »Agenten« Sascha Anderson wichtiger war als die mehrfach geplante Inhaftierung von Ekke Maaß.

Die vorliegende Dokumentation der Wohnungslesungen ist keinesfalls eine der »Prenzlauer Berg Connection«. Diesen Begriff hatte einmal Adolf Endler halb ironisch, halb anerkennend für die rebellischen, grenzüberschreitenden und bohèmehaften jungen Künstler geprägt. Später wurde er inflationär und sinnentleert durchs Feuilleton gejagt und noch dazu auf die schwäbische Formel vom »Prenzlberg« verniedlicht. Schaut man sich die Liste der Autoren des Salons an, so sieht man schnell, dass es um etwas ganz anderes ging als um die Etablierung eines literarischen Codes oder auch nur eines

Peter Böthig

Generationen-Diskurses. Dem standen die literarische Neugier und die politische wie ästhetische Offenheit des Gastgebers entgegen.

Die Tür von Ekke Maaß war immer weit geöffnet, insbesondere auch nach Osteuropa. Schon seit 1982 kamen Freunde von ihm aus Georgien, Polen, dem Baltikum, Russland, Mittelasien, unter ihnen viele Künstler und bekannte sowjetische Schriftsteller und Regisseure. Den Salon besuchten Bulat Okudshawa, Danijl Granin, Jewgenij Jewtuschenko, Andrej Bitow, Bella Achmadulina und Tschingis Aitmatow, aber auch Jüngere wie Wladimir Sorokin, Wiktor Jerofeev, Dmitri Prigov.

Der Salon von Ekke Maaß ist nicht nur ein Stück DDR-Geschichte – er existiert bis heute. Nach der Maueröffnung wurde aus dem Schriftstellertreff eine wichtige Begegnungsstätte vor allem mit Künstlern und Intellektuellen aus dem ehemals sowjetischen, vor allem kaukasischen Raum. Seit 1990 entstand hier eine Drehscheibe des Austauschs zwischen deutschen und osteuropäischen Künstlern und Menschenrechtsaktivisten. Und das blieb nicht ohne Wirkung. Stellvertretend für die lange Reihe von bedeutenden Schriftstellern und Künstlern, für die Ekke Maaß als Vermittler in den deutschen Sprachraum auftrat, seien nur zwei genannt: der einzigartige Berliner Schriftsteller Giwi Margwelaschwili, den Ekke Maaß bei der Rückkehr nach Deutschland unterstützte, und der tschetschenische Dichter Apti Bisultanov.

Seit 1996 ist die Wohnung auch Sitz der Deutsch-Kaukasischen Gesellschaft mit dem Schwerpunkt Tschetschenien: Politik und Menschenrechte, Kultur, Flüchtlinge. Hier gab und gibt es neben der alltäglichen Hilfe für Asylsuchende und Bürgerkriegsopfer politische Gespräche mit hochrangigen tschetschenischen Politikern wie dem in London lebenden Ministerpräsidenten der tschetschenischen Exilregierung, Achmed Zakaev, mit Außenpolitikern des Bundestages, mit den Memorial-Aktivisten Sergei Kowaljow, Arseni Roginski oder Svetlana Gannushkina, mit André Glucksmann, mit dem ehemaligen Präsidenten Litauens Vytautas Landsbergis, der Journalistin Anna Politkowskaja und vielen anderen. Hier entstanden Beiträge für Printmedien, Rundfunk und Fernsehen mit Journalisten wie Holger Kulick, damals beim ZDF, Sabine Adler und Gesine Dornblüth von Deutschlandradio, Markus Wehner von der FAZ, Christian Neef und Stefan Berg vom Spiegel, mit Thomas Roth und unzähligen anderen.

Bis heute gibt es im Salon immer wieder Autorenlesungen und Veranstaltungen für Schülergruppen, in- und ausländische Studenten oder einfach Interessierte. Es besuchen ihn Studiengruppen aus aller Welt oder Menschen, die der besonderen Atmosphäre dieses Raums nachspüren wollen. Nicht selten ist dabei die festliche Tafel gedeckt und gibt es dazu Lieder zu Gitarre und Harmonium des Gastgebers.

Ohne das Mitwirken von Ekke Maaß, der bereitwillig seine Schubladen öffnete, seine Tagebücher bereitstellte, Fotos, Dokumente, Informationen und Hintergründe lieferte, wäre das Buch nicht denkbar. Die zitierten Akten aus der BStU stammen nahezu ausschließlich aus dem Ekke Maaß zugeordneten Operativen Vorgang »Keller«.

Gedankt sei dem Deutschen Literaturfonds Darmstadt und der Senatskanzlei – Kulturelle Angelegenheiten – von Berlin für die Förderung des Projekts.

Wolf Biermann bei Ekke Maaß, 1997

Wolf Biermann

Vorwort in Form eines Briefes an meinen alten Freund Ekke Maaß

Lieber Ekke, Du Maaß aller Dinge …

… zumindest der meinen in diesem Ostberliner Sittenbild.

Ja, ich bin gespannt auf Euer neues Buch mit Bildern, Texten, Fotos und Stasi-Akten aus der Prenzlauer-Berg-Szene. Du bist gewiss die authentische Quelle.

In den Turbulenzen unter den jüngeren Künstlern und Schriftstellern machte sich 1976, nach meiner Ausbürgerung, vor allem nach der großen Protestwelle, scheinbar eine Ernüchterung breit. Die Musenjünglinge hatten keine Hoffnungen mehr auf eine Karriere im Koordinatensystem des Regimes. Und schon gar keine Spekulationen auf Vorteile im DDR-Schriftstellerverband oder lukrative Aufträge im offiziösen Verband der Bildenden Künstler. Die Biermann-Teufelsaustreibung provozierte offenbar eine schmerzliche und zugleich heilsame Ernüchterung. Ausgebürgert wurden also mit meiner Person auch die Illusionen über eine Reformierbarkeit des DDR-Regimes im Sinne des Prager Frühlings.

In jenen Tagen hast Du in Eurer großen dunklen Parterre-Wohnung den Kristallisations-punkt, eine geräumige Höhle für eine neue Literatur- und Kunst-Szene begründet, eine warme, gastliche Wartehalle in der Bleiernen Zeit.

Junge Lyriker, unbekannte Dichter und Literaten und allerhand nicht systemkonforme Maler und Zeichner versammelten sich in Deinem privaten Salon. Eure Zusammenkünfte fanden also statt, direkt neben der Töpferei-Werkstatt Deiner Frau Wilfriede. Lebendiger Ost-Underground. Interessant für mich, dass die nicht-etablierten jungen Poeten und Künstler sich dort austauschten auch mit arrivierten DDR-Schriftstellern, wie Volker Braun, Franz Fühmann, Christa Wolf und ihrem Hintermann Gerhard, mit Heiner Müller, auch mit der Berliner Prosadichterin Katja Lange. Deine Bude wurde, ähnlich wie einst meine Höhle in der Chausseestraße 131, ein Treffpunkt der nachgewachsenen Rebellen, und automatisch auch ein Klassenkampfplatz für allerhand kleine und große Spitzel: die IMs der Staatssicherheit.

Ich schnappte von Dir unbekannte ostberliner Namen auf: Lyriker und Lürigger, Schriftsteller und Schraftstuller. Ich hörte neue Namen wie Schall und Rauch. Aber für meine Ohren in Hamburg blieb es ein Schall ohne Melodie, für meine Augen in Paris war es ein Rauch ohne Feuer.

Mich erreichten im Westen Kassiber über Prominente aus Ost und West, die Euch da besuchten. Etwa der brachiale Sibiriak und Kraft-durch-Wut-Poet Jewgeni Jewtuschenko. Und sogar sein Gegenstück, der weltbekannte Dichter der Beat-Generation in New York, Allen Ginsberg. Der unbeugsame Dissident Sergei Kowaljow traf sich also in Deiner Herberge zur Heimat mit tschetschenischen Politikern. Und Dein liebster Gast war – das leuchtet mir ein – der russische »Barde« des Moskauer Arbat-Viertels: der Georgier

Bulat Okudschawa. Dass Dich dort auch die Frauen von der oppositionellen »Union des Komitees der Soldatenmütter Russlands« heimsuchten, habe ich erst jetzt erfahren.

Als ich Dich im Kiez, freilich erst nach dem Fall der Mauer, in der Schönfließer Straße 21 besuchte, musste ich lächeln: Alle Wände bis hoch zur Decke vollgepflastert mit Bildern, der fast gleiche Stil wie einst in meiner Chausseestraße 131. Aber doch alles ganz anders, schön exotisch … georgisch! Ich hockte am zentralen großen Tisch, den Dein Freund Ralf Kehrbach dann so akribisch gezeichnet hat, die böse Szene, als 1991 der Spitzel Sascha Anderson noch einmal seine besten Freunde belog, bevor er auffliog. Diese Skizze von der hochnotpeinlichen Befragung der Canaille A. habe ich mir in Hamburg an die Wand gepinnt. Grotesk, wie Euer aufgeblasener Dada-Zwerg vom Prenzlberg sich ein ehrliches Menschengesicht über seine Maske zieht! Um ihn herum die schwer irritierten Freunde. Nun saßen da also Wirrkopf an Wahn-Kopf, hockten Hintern an Hintern. Ich zählte auf dem Bild an die zwanzig hin- und hergerissene Gefährten, einige auf dem durchgesessenen Plüschsofa, andere auf den ausrangierten, den wunderbar alten Kirchenbänken aus dem Naumburger Dom, die Du über Deinen Vater, den Dorf-Pastor, clever abgestaubt hattest.

Ich kannte es ja gar nicht, Euer skandalöses Zentral-Arschloch. Es ist schade – womöglich sogar ein echter Schaden, dass, bei gelegentlichen Gesprächen über die munteren Eskapaden des sympathischen Prenzlberg-Völkchen, immer automatisch auch die stinkende Fußnote vom Stasi-Spitzel Sascha Anderson einem in die Nase steigt.

Der »Arschloch-Skandal« – kurz nach dem Ende der DDR –, er war meine Schuld, will sagen: mein Verdienst. Komisch unfreiwillig hatte ich Euren MfS-Spitzel Anderson 1991 über Nacht erst richtig populär gemacht, als ich in meiner obligaten Rede zum Georg-Büchner-Preis diesem Menschen in einem Nebensatz – ohne dessen bürgerlichen Klarnamen auch nur zu erwähnen – seinen lebenslänglichen Spottnamen »Sascha Arschloch« einbrannte. Ärgerlich daran ist nur, dass für einen abgebrühten Schurken, der so viele aufrichtige Freunde belogen und betrogen hat, solch ein anales Schimpfwort im Grunde viel zu harmlos und salopp ist.

Alexander Anderson wurde in den 80er Jahren in etlichen Zeitungen der Bundesrepublik offenbar als ein Anführer der DDR-Opposition gehandelt. Ich hatte es gar nicht mitgekriegt.

Er belieferte allerhand West-Kiebitze und Feuilleton-Fuzzis mit oppositioneller Alternativ-Kunst aus dem Osten, so war er zu einem Undercover-Darling der westdeutschen Medien avanciert.

Mein Freund Jürgen Fuchs, der redliche Wahrheitssucher und behutsame Untertreiber, hatte beim Studium der Stasi-Akten entdeckt, dass der vielarmige und vielzüngige Anderson in all den Jahren als professioneller Dauerspitzel der Staatssicherheit in Dresden und dann besonders effektiv in Ostberlin gewirkt hatte. Unter den Decknamen IMS »David Menzer«, alias IMB »Fritz Müller«, alias IMB »Peters« funktionierte er für die interessierten West-Journalisten als authentische Oppositions-Quelle. Jeden Abend ein Gläschen echtes Oppositionsblut, frisch vom Fass. Seine Fans in der Bundesrepublik stachen ihn für ihre Schmetterlingssammlung entzückt auf die Nadel. Kennst Du Goethes böses Spottwort über das Mode-Vergnügen der feinen Dämchen und eleganten Herrchen auf der bunten Wiese mit dem Insekten-Kescher? »Erst auf der Nadel wird's interessant!«

Als Freund Fuchs in den MfS-Akten entdeckte, dass Kollege Anderson als ein »IMB« geführt wurde, lernte ich, dass der Buchstabe »B« im Kader-Jargon der Staatssicherheit »Inoffizieller Mitarbeiter mit Feindberührung« bedeutet. Die Feinde, die Anderson damals berührte, waren all die jungen unangepassten Zeitgenossen, seine Weiber und alle Kumpel und Kollegen der »Prenzlberg-Szene«, auch in Deinem Salon.

An mir rauschte all das vorbei. Ich hatte in jenen Jahren im Westen andere Esel zu kämmen. Der fast Einzige, der mir gelegentlich paar Eizes über das Auf und Ab in Eurem Kiez kolportierte, lieber Ekke, warst Du. Und damals wurde ich, Du erinnerst Dich, eher misstrauisch und ungeduldig. Mir imponierten diese DDR-Dadaisten in der post-stalinistischen Zeit gar nicht. Sie wollten, so verstand ich es, den »Mühen der Ebene« im Streit gegen die SED-Diktatur feige-mutig ausweichen. Sie wollten den Repressionen des DDR-Realsozialismus entkommen, durch eine surrealistisch aufgemotzte Entpolitisierung. Witzlos witzelndes Kunstgewerbe. Natürlich ist es jedes Menschen Recht, sich dem Polit-Gewurstele zu verweigern. Womöglich war genau die Flucht in dieser Situation auch eine clevere Form des Streits. Aber ich war verbissen in den vertrauten Freund-Feind-Krieg, ich fand diese Wortespielereien nur öde-blöde-schnöde. Mir kam das vor wie eine Flucht der Duckmäuser ins Mauseloch. Und ästhetisch lieferten sie einen dünnen Aufguss der einstmals ja mutigen L'art-pour-l'art-Aufrührer.

All dieses Hin- und Her ist nun lange vorbei. Es bleibt aber Dir und so manchem Weggefährten schmerzlich im Gedächtnis, dass Anderson systematisch Verrat übte an so vielen gutgläubigen, begabten und ehrlichen jungen DDR-Künstlern.

Inzwischen wuchs, nach dem Fall der Mauer, eine digitalisierte Generation heran. Die Kämpen von damals sind Grauköpfe und rechnen sich schon ihre Rente aus. Die Prenzlauer-Berg-Szene wurde eine rührende Legende der DDR-Geschichte. Mich interessieren an diesem alten Drama Prenzl-Berg drei Protagonisten: Natürlich erstens Du, lieber Ekke! Aus meiner Perspektive warst Du der Spiritus Rector, der wohlmeinende Moderator, der geduldige Gastwirt.

Und zweitens denke ich mit etwas Wehmut an den versackten Kiez-Poeten aus der Sächsischen Dichterschule, Adolf Endler.

Aber drittens wuchs in diesem Stadtteil auch ein Aufsteiger auf, ein unverbogener Poet. Sein Name: Paul Hartmut Würdig. Dieser Rap-Rabauke beliefert derzeit unter dem Künstlernamen »Sido« wunderbar lukrativ seine deutsche Fangemeinde. Dieser hochgekommene Underdog war noch ein Knäblein, als die Mauer fiel.

Unsere Tochter Mollie wird dieser Tage sechzehn Jahre alt. Sie bewundert Sidos raffe Wortkaskaden und inhaliert die rhythmische Rap-Musik. Meine kluge Mollie kennt solche Texte auswendig. Ich staune.

Und sie verklart ihrem greisen Dad gelegentlich – mit leicht indignierter Ungeduld – den Rap-Background. Ich brauche meine kleine Dolmetscherin, damit ich diese »Saufen-Kiffen-Kotzen«-Poesie richtig missdeuten kann. Ist das »Da dadada daaaaada, Da dadada daaaaada« in Sidos »Arschfickersong« originell, oder nur aufgewärmter After-Dadaismus?

Als ich dich 1989 zum ersten Mal besuchte, war Dein Tisch gastlich gedeckt. Alles so einladend und fremd. Wir tranken Tee, dann Wein. In Frankreich würde man sagen: ein Gueuleton für abgebrannte Gourmets, für magere Literaten und welthungrige Luft-Künstler. An solch einer gastlichen Tafel blühen die georgischen und russischen Trink-

Rainer Bonar: Grablegung des Soldaten, 1977

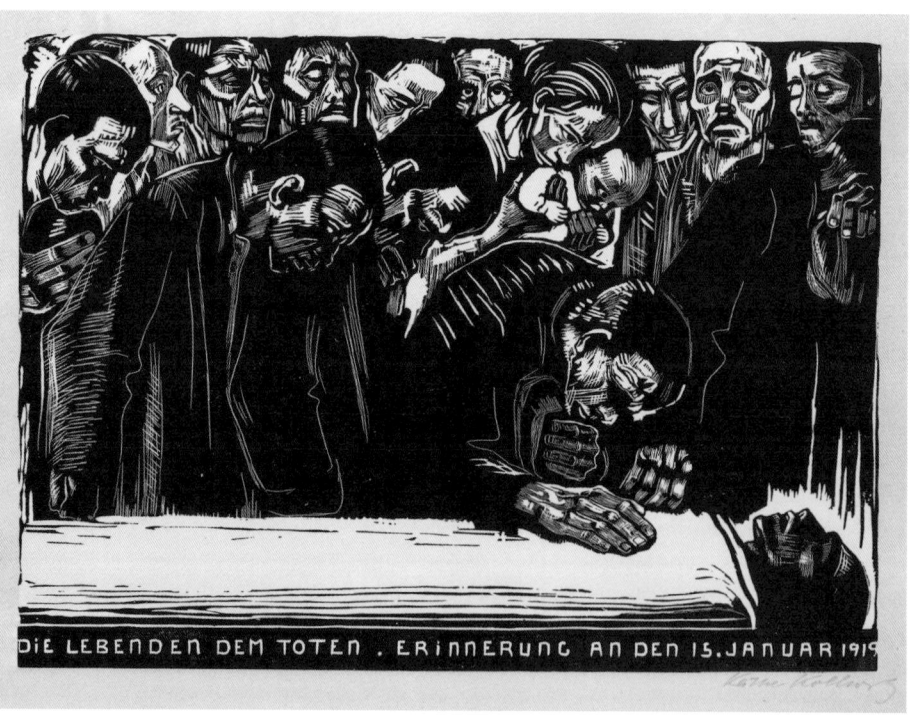

DIE LEBENDEN DEM TOTEN . ERINNERUNG AN DEN 15. JANUAR 1919

Käthe Kollwitz: Die Lebenden dem Toten, Holzschnitt, 1919

Wolf Biermann

sprüche, der Wein steigt in die Nasen. Und wild wuchern die Witze in Sklavensprache und Wortplänkeleien. Osteuropäische Fresserchen in Sauer. Georgisches Khatschapuri – die mit Käse gefüllten Teigfladen. Und als Hauptgericht Dein legendärer, dieser sättigende Dschingis-Khan-Fraß. Dieser Usbekische Plow ist wirklich lecker! Lammfleisch, Zwiebel, Mohrrüben Reis und Kreuzkümmel. Ich kenne ja die Bilder mit so georgischen Fressgelagen, gemalt von dem großen Naiven, dem Kneipen- und Schildermaler Niko Pirosmani.

Als ich in Tiflis zum ersten Mal im Konzert meine Lieder sang, konnte ich seine Werke im Original bewundern. All das hat Dich offenbar animiert. Und so wuchs seit 1976 in Deiner Prenzlberg-Höhle eine euro-asiatische Multikulti-Geselligkeit. Eine echt subversive Gegenwelt zum ordentlichen DDR-Schrebergarten, wo jedes Radieschen nummeriert an seinem Platz im Beet wuchs.

In all den Jahren bis zum Mauerfall war ich anwesend nur als der Abwesende, als der lange Biermann-Schatten, den die Abendsonne von Westen her über den Stacheldraht zu Euch in den Osten rüberdunkelte…

Aber lebendig anwesend immerhin in meinen Liedern, die, wie Du sagst, bei Euch »jeden Tag zur Gitarre gesungen« wurden. Und mein Kunze-Lied hast Du sogar schön begleitet auf dem asthmatischen Harmonium, der Refrain passte ja prima: »Wer sich nicht in Gefahr begibt, der kommt drin um!«

Dein Salon in der Schönfließer Straße 21 ist offensichtlich inzwischen eine Art lebendiges Museum der Zeitgeschichte geworden. Im Zentrum Deiner großen Wand hängt ein Ölbild. Der Titel: »Grablegung des Soldaten«. Diverse Trauernde umlagern eine aufgebarte Leiche. Im Jahr 1977 malte an der DDR-Kunsthochschule Berlin Weißensee einer der Studenten, Rainer Lietzke, dieses Bild, offensichtlich in enger Anlehnung an den berühmten Holzschnitt von Käthe Kollwitz, den sie unmittelbar nach dem Tod des Gründers der KPD, Karl Liebknecht, geschaffen hatte. Die Kollwitz zeigt den ermordeten Kommunisten. Er ist aufgebahrt, und die Arbeiter betrauern ihren Märtyrer.

Die Kulturverweser im ZK hatten der Hochschule ein obligates Thema vorgegeben: Die Studenten der KHB schaffen künstlerische Werke zur Feier des 60. Jahrestages der »Großen Sozialistischen Oktoberrevolution«.

Dem SED-Chefideologen und Mitglied des Politbüros, Professor Kurt Hager, stach dann aber bei seinem Rundgang durch die Ausstellung die provokante Kollwitz-Adaption ins Auge. Der Obergenosse kreischte: »Das ist ja der Biermann!« – Dieses konterrevolutionäre Machwerk wurde umgehend abgehängt; und den jungen Maler haben seine Professoren prompt exmatrikuliert.

Du, lieber Ekke, hast den Rebellen damals in Deiner Wohnung beherbergt. In großer Not kam er zu Euch in die Schönfließer Straße. Und der Geächtete zahlte Dir, als er endlich in den Westen ausreisen durfte, Kost und Logis und Solidarität mit diesem Skandalbild. Und er hat seinen Namen schön französisiert. Offenbar nach dem späten Impressionisten Pierre Bonard nannte Dein Freund sich als Maler dann Rainer Bonar.

Auch ich kenne die fatale Story dahinter: Des renitenten Künstlers Frau galt in Ostberlin als die Schönste im ganzen Land. Und obgleich auch die Musen den Unglücksmenschen küssten – nahm dieser junge Kerl sich 1996 das Leben. Er tat es aus Enttäuschung, aus Wut und Verzweiflung über die ungebrochenen Karrieren der skrupellosen Kunst-Kader, der ostalgischen Wendehälse in Ostberlin. So wurde der Maler ein ermordeter Selbstmörder. Sein skandalöses Werk hängt bei Dir im Salon über dem Sofa, genau richtig in dieser geschichtsträchtigen Bude. Dort kannst Du Deinen interessierten Gästen unter dem Originalgemälde zum Nachtisch nicht nur paar wohlschmeckende russische und deutsche Lieder servieren, sondern auch paar gut gewürzte deutsch-deutsche Anekdoten auftischen.

Vorwort in Form eines Briefes an meinen alten Freund Ekke Maaß

Ekkehard Maaß, der Gründer des Salons

Eine kurze Biographie

Geboren am 25.6.1951 in Naumburg/Saale als Sohn des aus dem Baltikum stammenden Pfarrers Wolfram Maaß, der wegen Ablehnung der SED-Diktatur 1958 inhaftiert war; aufgewachsen im Dorf Schönburg bei Naumburg/S.; Besuch der Erweiterten Oberschule mit Berufsausbildung; Nichtpionier, Nicht-FDJler und Wehrdienstverweigerer.

Seit dem dreizehnten Lebensjahr enge Kontakte zu Soldaten der Sowjetarmee, die im Wald des Dorfes ihre Sommerlager abhielten und im Pfarrhaus ihren Seelenhunger nach Menschenwürde stillten.

Von 1970 bis 1973 Theologiestudium am Kirchlichen Oberseminar Naumburg und am Sprachenkonvikt Berlin; wegen inzwischen erfolgter Heirat und der Geburt zweier Kinder Unterbrechung des Studiums und Arbeit als Traktorist und Tierpfleger im VEG Zingst/Darß.

Seit 1971 enge Freundschaft mit Wolf Biermann und Verbreitung seiner Lieder; Versuch, den »Marsch durch die Institutionen anzutreten« (Rudi Dutschke), deshalb Wehrdienst und 1976 Aufnahme des Philosophiestudiums an der Humboldt-Universität; wegen des Sammelns von Unterschriften gegen die Ausbürgerung Wolf Biermanns Einleitung von »operativen Maßnahmen« des Staatssicherheitsdienstes und nach zähem Ringen 1979 Relegierung vom Studium.

Arbeit als Kleindarsteller an Berliner Theatern (Volksbühne, Berliner Ensemble, Maxim Gorki Theater), literarischer Übersetzer und Sänger von Okudshawa- und im privaten Rahmen auch von Biermann-Liedern.

Unter der Mentorenschaft von Volker Braun, Elke Erb, Heiner Müller, Christa und Gerhard Wolf Organisation von Lesungen in seiner Wohnung mit Schriftstellern und Dichtern, mit denen die DDR-Führung Schwierigkeiten hatte, weil sie sich vom verlogenen Sozialismus in der DDR lossagten. Es entstand die sogenannte Prenzlauer-Berg-Dichter-und-Maler-Szene. Bespitzelung durch Inoffizielle Mitarbeiter der Stasi, besonders durch den IMB Sascha Anderson (siehe den Film »Anderson« von Annekatrin Hendel).

Reisen durch alle Sowjetrepubliken und Anlaufpunkt für Maler und Dichter aus dem Baltikum, Russland, Mittelasien und vor allem Georgien. Organisation von Begegnungen namhafter Autoren aus Ost und West wie Tschingis Aitmatow, Andrej Bitov, Allen Ginsburg, Ernst Jandl und Bulat Okudshawa.

Seit 1983 Freundschaft mit dem in Berlin geborenen Schriftsteller georgischer Abstammung Giwi Margwelaschwili, der 1946 in die sowjetischen Speziallager Hohenschönhausen und Sachsenhausen und Ende 1947 nach Georgien verschleppt wurde; Einsatz für seine Rückkehr nach Deutschland und die Herausgabe seines umfangreichen literarischen Werkes.

1991 nach politischer Rehabilitierung durch den Rektor der Humboldt-Universität Wiederaufnahme des Philosophie- und Theologiestudiums; von 1990 bis 1997 ehren-

Lesung Paul Gratzik, 1983. Volker Henze (links), Ekke Maaß

Verleihung des Bundesverdienstkreuzes im Salon durch Staatssekretär André Schmitz, 2011

Ekkehard Maaß, der Gründer des Salons

amtliche Arbeit im Fachbeirat »Nachbarschaft in Europa« der Heinrich-Böll-Stiftung; in Zusammenarbeit mit dem »Kaukasischen Haus« in Tbilissi Organisation zweier gesamtkaukasischen Konferenzen zu den Themen Politik und Menschenrechte, Ökologie und Kultur.

1996 Gründung der Deutsch-Kaukasischen Gesellschaft und deren Vorsitzender; Projekte zu den Themen Politik und Menschenrechte, Ökologie, Kultur und Kunst und zahlreiche Veröffentlichungen.

Mit Hilfe russischer Dichter Übersetzung von Biermann-Liedern ins Russische und Programme in russischer Sprache zur jüngsten deutschen Geschichte; Konzerte mit Liedern von Wolf Biermann und Bulat Okudshawa; Vorträge zu Politik und Geschichte der Kaukasusvölker.

Nachdichtung der Gedichte des tschetschenischen Dichters Apti Bisultanov und 2004 Herausgabe seines zweisprachigen Lyrikbandes »Schatten eines Blitzes« im Kitab Verlag Klagenfurt.

Teilnahme am Literaturfestival Berlin 2002, 2004 und 2005; Interviews in Funk und Fernsehen; bekannt als Spezialist für den Kaukasus, für Russland und Tschetschenien und für die Beratung und Betreuung in Deutschland lebender Flüchtlinge aus dem Kaukasus; von 2007 bis 2011 Mitglied im Integrationsbeirat Pankow.

Auszeichnungen: 1998 Zusatzstipendium der Deutschen Nationalstiftung im Zusammenhang mit der Verleihung des Nationalpreises an Wolf Biermann; 2003 Stipendium der Stiftung Kulturfonds (Künstlerhaus Lukas Ahrenshoop); 2007 Berliner Freiwilligenpass; 2011 Verdienstkreuz am Bande der Bundesrepublik Deutschland; 2015 Orden Kumen Si der Tschetschenischen Republik Itschkeria (Exilregierung).

Veröffentlichungen: *Wladimir Majakowski, 4 Gedichte, dt. Ekke Maaß,* in: W. Majakowski, Gedichte, Leipzig 1985; *Die Schnupftabakdose (Kinderbuch),* Berlin 1987; *Und Vogel Schmerz aus der Schläfe ist leis verflogen, verflogen. Lieder von Bulat Okudshawa. Künstlerbuch Ekke Maaß/Moritz Götze,* Halle 1991; *Was über dich erzählt wird,* in: Festschrift für Elke Erb, CorvinusPresse, zum 18.2.1998; *Vom Pfarrhaus in Schönburg zur Schönhauser Allee,* in: Die Ausbürgerung, Fritz Pleitgen (Hg.), Berlin 2001; *Lang mögest Du leben, Giwi! Festschrift für G. Margwelaschwili zum 75. Geburtstag,* Berlin 2002; *Apti Bisultanov. Schatten eines Blitzes, Gedichte,* dt. Ekke Maaß, Klagenfurt 2004; *Ein talentierter Diktator? – Ramzan Kadyrov auf den Spuren russischer Zaren, Stalins und Putins,* in: Herwig Schinnerl / Thomas Schmidinger (Hg.): Dem Krieg entkommen? Wien 2009; *Okudshawa im Gepäck,* in: Cornelia Klauß / Frank Böttcher (Hg.): Unerkannt durch Freundesland, Berlin 2011; *Der Pfiff,* in: Stimmen der Freunde – Gerhard Wolf zum 85. Geburtstag, hg. v. Friedrich Dieckmann, Berlin 2013; *Volker Braun und die Dichterszene vom Prenzlauer Berg,* in: Michael Opitz / Erdmut Wizisla (Hg.): Im Zwiegespräch mit Volker Braun, Leipzig 2014; *Wo sich das Private und das Politische überschneiden, wird Geschichte konkret,* in: Ingeborg Quaas / Henryk Gericke (Hg.): brennzeiten. Die Keramikwerkstatt Wilfriede Maaß, Berlin 2014; *Flucht und Vertreibung im Kaukasus im Spannungsfeld von Imperium, Nationalstaat und Minderheiten,* Vorwort zu: Jan Zychlinski: Jenseits der Grenzen. Erkundungen bei den vergessenen Flüchtlingen im Südkaukasus, Fotos, Halle/S. 2016.

Gogi Tsouloukidse und Gia Kiantscheli, 1994

Otar Iosseliani vor Ekkes Laube und dem Wandbild von Gerd Sonntag, 1991

Ekkehard Maaß, der Gründer des Salons

Klaus Staeck, 1994

Dmitrij Prigov und Allen Ginsberg, 1993

Ekkehard Maaß, der Gründer des Salons

Ekkehard Maaß, der Gründer des Salons

Gegenüberliegende
Seite, unten: Bau
einer Holzplastik im
Hof der Schön-
fließer Straße; Ernst
Löber (IM Reinhard),
Noreen Klose und
Ekke Maaß, 1983

Ekkehard Maaß, der Gründer des Salons

Die Lesungen von 1978 bis 1989

Ich hatte schon in meiner Kindheit im Pfarrhaus literarisch-musikalische Abende für russische Soldaten und Offiziere organisiert und besaß Talent für Gesellschaften, das hatte bei meinen deutsch-baltischen Vorfahren ein lange Tradition. Ich suchte nach einer Möglichkeit, die offene Atmosphäre der Biermann'schen Wohnung, die Begegnungen von schöpferischen Menschen, fortzusetzen. Im März 1978 gelang es mir, in eine große, dunkle und kalte Parterre-Wohnung zu tauschen, die ideal für Veranstaltungen war. Hier fand gleich mein erstes öffentliches Okudshawa-Konzert statt, welches im Museum für Deutsche Geschichte plötzlich verboten und das Publikum zu uns umgeleitet wurde.

Zunächst sporadisch, ab September 1979 regelmäßig, organisierte ich nun Lesungen für Autoren, die in der DDR in irgendeiner Form Schwierigkeiten hatten. Weil sich nach dem Weggang vieler Schriftsteller und Künstler, unter ihnen Günter Kunert, Sarah Kirsch, ach, viele, Schriftsteller wie Christa Wolf, Franz Fühmann und Heiner Müller für die neue Künstlergeneration interessierten, wurden die Lesungen schnell bekannt, die Wohnung mit der anliegenden Keramikwerkstatt meiner Frau zu einem der wichtigsten Treffpunkte der sogenannten Dichter- und Malerszene vom Prenzlauer Berg, in der auch fast alle russisch-sowjetischen Schriftsteller am Tisch saßen, Tschingis Aitmatow, Jewtuschenko, Andrej Bitow und natürlich Bulat Okudshawa.
(Aus: Ekke Maaß: Vom Pfarrhaus in Schönburg zur Schönhauser Allee, in: Fritz Pleitgen [Hg.]: Die Ausbürgerung, Berlin 2001)

Gegenüberliegende Seite: Christa Wolf, Dieter Schulze und Elke Erb, 1981

28. März 1978   Ekkehard Maaß – Lieder von Bulat Okudshawa

Ekkehard Maaß: literarischer Übersetzer, Liedersänger, Publizist, Kaukasusspezialist; geboren 1951 in Naumburg/Saale; Theologie und Philosophiestudium in Naumburg und Berlin; 1978 Gründung eines Literarischen Salons; seit 1996 Leitung der von ihm gegründeten Deutsch-Kaukasischen Gesellschaft und vor allem Hilfe für Flüchtlinge aus Tschetschenien.

Am 28. März, wenige Wochen nach dem Einzug in die Schönfließer Straße, wurde mein erstes öffentliches Konzert mit Okudshawa-Liedern im Jugendclub des Museums für Deutsche Geschichte, organisiert von Ulrike Poppe, verboten. Abgesehen davon, dass ich wegen meiner Freundschaft mit Wolf Biermann bereits negativ aufgefallen war, hatte zwei Wochen zuvor der Dichter Frank-Wolf Matthies mit seiner Lesung für Aufregung gesorgt. Die Besucher des Okudshawa-Konzerts wurden in die Schönfließer Straße umgeleitet, und es erfüllte sich mein Traum, nach dem Vorbild der Biermann'schen Wohnung in der Chausseestraße 131 einen Salon zu gründen, um dem Staat Freiräume für Lesungen und Begegnungen von Autoren und Künstlern abzuringen.

(Aus: brennzeiten)

Bulat Okudshawa
LIED VON DEN SOLDATENSTIEFELN
Deutsch: Ekke Maaß

Ihr hört, es stampfen Stiefel durch das Land
Vögel sind verstört und fliegen auf
Und Frauen schauen unterm Schirm der Hand
Ob ihr versteht, wohin die Frauen schaun?

Es dröhnt der Schlag der Trommel, ob ihrs hört?
Soldat, sag ihr Lebwohl, Lebwohl!
Der Zug marschiert in graues Nebelmeer…
Vergangenheit tritt klar hervor, hervor

Doch wenn es nach dem Kriege heimwärts geht
Dann wo, Soldat, ist unser Heldenmut?
Ihn werden sicherlich die Frauen stehln
Verstecken ihn wie'n Küken an der Brust

Und wo sind unsre Frauen, bester Freund
Betreten wir die Tür zum eignen Haus?
Sie kommen auf uns zu und führn uns rein
In unserm Hause aber riechts nach Raub!

Die Hand scheucht das Vergangne: Lug und Trug!
Wir, voller Hoffnung, sehn die Zukunft licht!
Doch mästet sich im Feld die Krähenbrut
Und auf dem Fuße folgt von Neuem Krieg

Und wieder stampfen Stiefel durch das Land.
Vögel sind verstört und fliegen auf
Und Frauen schauen unterm Schirm der Hand
Den kahl geschorenen Hinterköpfen nach…

DER PAPPSOLDAT
Deutsch: Ekke Maaß

Es lebte einmal ein Soldat
Ein tapfrer, wunderbarer!
Jedoch ein Spielzeug, bunt und platt
Ein Pappsoldat nur war er

Die Welt befrein, wie schön das klingt
Für jeden Glück und Wahrheit!
Der zappelnd an den Fädchen hing –
Ein Pappsoldat nur war er

Ach, Heldentode tausendfach
In Feuern und Gefahren
Litt er für euch – ihr habt gelacht:
Ein Pappsoldat nur war er

Was euch geheim und wichtig ist
Das hat er nie erfahren
Warum? Darum! Ein nichtiger
Ein Pappsoldat nur war er

Er flehte ohne Unterlass
Ihm ja nichts zu ersparen
Rief: »Feuer! Feuer!« Ach, vergaß
Ein Pappsoldat nur war er

Ins Feuer! Vorwärts! Oder nicht?
Losstürmte wunderbar er
Verbrennt für nichts und wieder nichts –
Ein Pappsoldat nur war er

Ekkehard Maaß singt Lieder von Bulat
Okudshawa, Einladungsgrafik von
Michael Redecker für die abgesagte
Veranstaltung im Museum für Deutsche
Geschichte

Nach einem Bericht des IM »Villon«

Bezirksverwaltung Berlin   Berlin, 3.4.1978

Veranstaltung im Museum für Deutsche Geschichte am 28.3.1978

Am 28.3.1978 sollte um 20:00 Uhr in Fortsetzung der Veranstaltungsreihe der FDJ Gruppe des Museums für Deutsche Geschichte ein Vortragsabend mit Liedern von Bulat Okudshawa (UdSSR) mit dem Philosophiestudenten der Humboldt Universität

Ekkehard Maaß, 1071 Berlin, Schönfließer Straße 21

stattfinden.

Im Zeitraum zwischen 19:30 und 20:15 Uhr versammelten sich ca. 20 Personen am Eingang des Vortragsaales des Museums für Deutsche Geschichte. Durch einen Mitarbeiter des Museums erfolgte gegen 20:00 Uhr die Information, dass die Veranstaltung aus technischen Gründen ausfalle. Diese Information wurde mit Gelächter aufgenommen und als Vorwand für Aktivitäten des MfS bezeichnet.

Die ebenfalls erschienenen Mitglieder der FDJ-Gruppe des Museums für Deutsche Geschichte

Redecker, Michael, geb. am 14.4.1954

Schultz, Sylvia, geb. am 17.3.1956

verteilten an die Anwesenden Zettel mit der Aufschrift

Schönfließer Straße 21 (Wohnung des Maaß), S-Bahnhof Schönhauser, Dänenstraße bis zur Fußgängerbrücke

und informierten darüber, dass in der dortigen Wohnung die Veranstaltung stattfinden werde.

In der Wohnung versammelten sich bis 20:30 Uhr ca. 40 Personen. Der größte Teil der Anwesenden gehörte zu den Besuchern der in den vergangenen Monaten stattgefundenen Veranstaltungen im Museum für Deutsche Geschichte. Es waren jedoch auch Leute erschienen, die offensichtlich aus reinem Interesse an den Liedern Bulat Okudshawas gekommen waren, z.B. Jack Mitchell, Gruppe Jack & Genossen. Es konnte festgestellt werden, dass der Veranstaltungstermin vor allem durch die Aushänge in verschiedenen Buchhandlungen der Innenstadt, in der Humboldt-Universität und der Staatsbibliothek bekannt geworden war.

Bis etwa 23:30 Uhr trug Maaß Lieder von Okudshawa (jeweils Deutsch und Russisch) vor; er begleitete sich dabei selbst auf der Gitarre. Der Inhalt der Lieder fiel durch seine pazifistische Grundrichtung auf. Außer einigen Zweideutigkeiten konnte keine negative Aussage festgestellt werden.

In einer Pause diskutierte der Personenkreis über die Absetzung der Veranstaltung. Dabei wurde von allen Empörung geäußert. Es war jedoch gleichzeitig Ratlosigkeit zu bemerken, da es unmöglich sei, auf längere Sicht interessante Veranstaltungen zu organisieren. Derartige unpopuläre Schritte, wie Verbote, würden jedoch zu einer immer tiefer greifenden Differenzierung zwischen der »Parteibürokratie« und der Bevölkerung, besonders den Intellektuellen, führen.

Der in der Januar Veranstaltung aufgetretene

Matthies, Frank Wolf

schlug vor, sich an den Schriftsteller Franz Fühmann zu wenden und ihm die entstandene Lage zu schildern. Fühmann würde dann seine »guten Verbindungen« nutzen, um eine Weiterführung der Veranstaltungsreihe durchzusetzen. In dieser Beziehung habe er bereits geholfen.

Konkrete Absprachen zum weiteren Verhalten wurden aufgrund des großen Personenkreises nicht getroffen. In den nächsten Tagen sind jedoch weitere Zusammenkünfte zu erwarten, wo über die entstandene Lage diskutiert wird.

2. April 1979   Lesung Helga Königsdorf

Autorin, geboren 1938 in Gera; Mathematikstudium; 1974–90 Professorin für Mathematik an der Akademie der Wissenschaften der DDR; 2014 verstorben.

Veröffentlichungen: *Meine ungehörigen Träume*, Berlin 1978; *Der Lauf der Dinge*, Berlin 1982; *Respektloser Umgang*, Berlin 1986; *Lichtverhältnisse*, Berlin 1988; *Ungelegener Befund*, Berlin 1990; *Adieu DDR*, Berlin 1990; *Gleich neben Afrika*, Berlin 1992; *Im Schatten des Regenbogens*, Berlin 1993; *Über die unverzügliche Rettung der Welt,* Berlin 1994; *Die Entsorgung der Großmutter*, Berlin 1997; *Landschaft in wechselndem Lich*t, Berlin 2002.

Helga Königsdorf las aus ihrem Buch »Meine ungehörigen Träume«.

18. April 1979 und 29. Mai 1980
Hans-Eckardt Wenzel (Lieder), Steffen Mensching (Gedichte)
und Ekke Maaß (Lieder von Bulat Okudshawa)

Hans-Eckardt Wenzel: Liedermacher, Musiker, Autor, Regisseur, Komponist; geboren 1955 in Kropstädt bei Wittenberg; Studium der Kulturwissenschaften an der Humboldt-Universität; 1976–85 Musikgruppe Karls Enkel; 1982 Liedtheater Hammer-Rehwü; Neues, Altes, Letztes aus der DaDaeR; ca. 40 Alben mit Liedern.

Veröffentlichungen: *Poesiealbum 193. Gedichte,* Berlin 1981; *Lied vom wilden Mohn. Gedichte*, Leipzig 1982; *Antrag auf Verlängerung des Monats August. Gedichte,* Leipzig 1987; *Reise-Bilder. Prosa*, Leipzig 1989; Wenzel & Mensching: *Allerletztes aus der DaDaeR / Hundekomödie*, Leipzig 1991; *Malinche. Legenden von Liebe und Verrat*, Leipzig 1992; *Ich mag das lange Haar. Liederbuch*, Berlin 1998; *Der Abschied der Matrosen vom Kommunismus*, Berlin 1999; *Hundert Lieder. Band I*, Berlin 2009; *Seit ich am Meer bin. Gedichte*, Berlin 2011; *He sacado mi esperanza a lucir*, Berlin 2014.

ICH BRAUE DAS BITTERE BIER
Ich braue das bittere Bier
Den Wermut; ich breche den Stab
Ich treib hinter meiner Tür
Die sorglosen Kinder ab

Ich male mir Narben zum Fest
Vergesst doch, wie schön ich noch bin!
Bis man von den Reden lässt
Und reicht mir Almosen hin

Ich singe den Übermut her
Und redet man laut von Gefahr
Von alledem weiß ich nichts mehr
Ich tanze und hänge am Haar

Ich spucke die Galle; das Gift
Ich streue den Sand in das Brot
Dass uns nicht so plötzlich trifft
Gemütlicher Heldentod

Ich rieche das künftige Glück
Von Lächeln verwaschen das Herz
In Aussicht ein Himmelsstück
Und sehne mich erdenwärts

Ich braue das bittere Bier
Den Wermut; ich breche den Stab
Ich treib hinter meiner Tür
Die sorglosen Kinder ab

IN NAUMBURG AN DER SAALE
Für Ekke Maaß aus Naumburg

In Naumburg an der Saale
Steht eine Kirche schön
Mit einem hohen Turm
Von dort aus kann man sehen
Auf all die spacken Straßen
Und kleinen Fensterlein
Und auf die Stille Sonntags
Pass auf, sonst schläfst du ein

Und weißt du, wie der Turm da heißt?
Du wirst es gar nicht glauben
Der heißt wie ich! Heißt Wenzelsturm
Und wär ich als ein Held geborn
Dann würd ich ihn mir rauben

In Naumburg an der Saale
Der Frühling kam zu spät
Wir suchten in der Ferne
Wo wohl die Sonne steht
Wir spuckten und wir zählten
Wie lang die Spucke fliegt
Vom Himmel bis zur Erde
Auf Naumburg, das dazwischen liegt

Und weißt du wie der Turm hoch ist?
Du wirst es gar nicht glauben
Der ist so hoch wie alt und grau
Und obendrauf die Türmerfrau
Die würd ich auch mit rauben

In Naumburg an der Saale
Wir blickten auf die Stadt
Die kleinen Polizisten
Die gingen auf und ab
Wie nette grüne Käfer
Mit einem weißen Band
Die hielten in der Tasche
Die Ordnung fest in ihrer Hand

Und weißt du wie der Turm da steht?
Du wirst es gar nicht glauben
Grad wie ein preußischer Soldat
Und nur wer schon gedienet hat
Der könnte ihn sich rauben

Von Naumburg an der Saale
Sieht man die ganze Welt
Und nachts paar Kneipenlichter
Und ja, das Sternenzelt
Die Stadt liegt still als ginge
Sie ganz allmählich ein
Das ist, verrät die Türmerin
Das schwer erzogene Artigsein

Und weißt du wie der Turm da steht?
Das kann man fast nicht glauben
Der steht da gerade frech und hoch
Schaut nur nicht hin, das könnte doch
Naumburg den Frieden rauben

Christa Wolf, Hans-Eckardt Wenzel und Steffen Mensching,
4. November 1989

In Naumburg an der Saale
Könnt ich begraben sein
Doch nicht darinnen leben
Ging ohne Frischluft ein
In Naumburg auf dem Tore
Geschützt hoch im Gebälk
Vor Fürsten, Besserwissern
Das wär schon meine Welt
Ich mustere erst die Köpfe
Wen lass sich zu mir hoch?
Die Welt fliegt mir durchs Fenster
Wie Störche und paar Kinder noch

Du weißt ja wie der Turm da heißt
Und willst es nur nicht glauben
Der heißt doch schließlich so wie ich
Wär ich geborn drauf, braucht ich nicht
Ihn morgen mir zu rauben

Steffen Mensching: Autor, Regisseur, Intendant; geboren 1958 in Berlin; Studium der Kulturwissenschaften an der Humboldt-Universität; 1976–85 Musikgruppe Karls Enkel; 1982 Liedtheater Hammer-Rehwü; Neues, Altes, Letztes aus der DaDaeR; seit 2008 Intendant des Theaters Rudolstadt.

Veröffentlichungen: *Poesiealbum 146*, Berlin 1979; *Erinnerung an eine Milchglasscheibe. Gedichte*, Halle/Leipzig 1984; *Tuchfühlung*, Halle/Leipzig 1986, *Pygmalion (Roman)*, Halle/Leipzig 1991; *Struwwelpeter, neu erzählt*, Leipzig 1993; *Berliner Elegien*, Leipzig 1995; *Quijotes letzter Auszug*, Berlin 2001; *Jacobs Leiter*, Berlin 2003; *Lustigs Flucht*, Berlin 2005, *Ohne Theo nach Lodz. Und andere Reisegeschichten*, Berlin 2006; *Mit Haar und Haut. Xenien für X.*, Berlin 2005; *Das gewisse Etwas*, Berlin 2009.

STALINGRADER FILMSCHNIPSEL

Der Kameramann hält die Kamera.
Die Kamera filmt den MG-Schützen.
Der MG-Schütze hält das MG.
Das MG schießt auf den MG-Schützen.
(Den da drüben, den andern.)
Der andere MG-Schütze hält das andere MG.
Das andere MG schießt auf den MG-Schützen.
(Den hier, den vor der Kamera.)
Der Kameramann hält die Kamera.
Die Kamera filmt den MG Schützen.
Den MG Schützen treffen vier Kugeln.
(Von dem da drüben, dem anderen.)
Der MG Schütze stirbt ganz schnell.
Der Kameramann hält die Kamera.
Die Kamera sieht zu, wie der MG Schütze stirbt.
Die Kamera kommt mit, als sie ihn forttragen.
Die Kamera sieht zu, wie sie ihn hinlegen.
Die Soldaten setzen die Helme ab.
Die Soldaten setzen die Helme auf.
Die Kamera sieht zu, wie sie Salut schießen.
Die Soldaten schießen auf den MG Schützen.
(Den da drüben, den anderen.)
Der Kameramann nimmt den Film aus der Kamera.
Der Kameramann schickt den Film nach Moskau.
Der Film wird entwickelt und hektografiert.
Der Film wird in den Kinos gezeigt.
Die Frau geht jeden Tag ins Kino.
Der MG Schütze hält das MG.
Die Frau geht nicht zur Schicht.
Der MG Schütze schießt auf der Leinwand.
Die Frau sieht sich nie den Hauptfilm an.
Der MG Schütze kämpft in der Wochenschau.
Die Frau geht jeden Tag ins Kino.
Der MG Schütze schießt, schwitzt und stirbt.
Ist der Film abgesetzt, ist der Mann ihr gefallen.

25. Juni 1979   Salon mit Armin Mueller-Stahl

Konzertgeiger, Schauspieler, Maler, Autor, geboren 1930 in Tilsit (heute Sowjetsk).

Armin-Mueller-Stahl, mein Cousin und Patenonkel, war als einziger pünktlich 20 Uhr zu dem Abend erschienen. Eine Stunde lang fragte er immer wieder, wo die Leute blieben. Ich lief alle 5 Minuten zur Straße, mir brach der Schweiß aus. Vielleicht wurden sie von der Polizei nicht durchgelassen? Sie kamen dann alle 21 Uhr, ca. 50 Leute schoben sich durch die Tür und sortierten sich auf den Kirchenbänken. Dann sang Armin am Harmonium seine Lieder.

(Aus: Tagebuch Ekke Maaß)

SEIT UNTERZEICHNUNG DER PETITION

Verhört mich die Stasi brutaler Ton
Dann schleimig und süßlich verhört sie mich
Nenne uns Namen wir lieben dich

Um die Stasi mir wegzuschlafen
Ging ich früh ins Bett und fühlte die Strafen
Das Foltern und Prügeln wenn ich Namen nicht nenne
Und wie ich in Stasis Liebe verbrenne

Dann im Schlafe bevor ich begriff
Hatte ein Alptraum mich fest im Griff
Ich war in der Hölle und habe gezittert
Trotz Hitze es wurde gehackt und zersplittert

Von einem Genossen viel Eichenholz
Er schwitzte grinste schlug zu und sagt stolz
Ich hab sie hier im Kamin verbrannt
Die Verräter starben durch meine Hand

Du ein Verräter dich werd ich verbrennen
Doch vorher musst du mir Namen noch nennen
Du weißt doch tödlich ists zu fliehn
Doch du darfst durch den Schornstein in 'n Westen ziehn

Ohne Kontrolle leicht luftig und schön
So lass ich dich in den Westen wehn
Fliegst über Mauer und Häuser hinweg
Und landest drüben auf der Straße als Dreck

Du wolltest abhaun ich weiß es doch
Und jetzt die Namen alle noch
Ich schrie viele Namen die mir teuer
Er packte mich hart und schmiss mich ins Feuer
Ich schrie, ich schrie …

Gebadet in Schweiß bin ich aufgewacht
Die Stasi stand in der Tür
Ich sollte mich warm anziehn
Damit ich in Bautzen nicht frier …

(1976)

WER MICH VERRÄT,
Wär ja wer nicht
Schenk mir ein scharfes Augenlicht
Wen kann ich wirklich Freund noch nennen
Kann Freund und Feinde nicht mehr trennen

(1976, aus: Armin Mueller-Stahl: Die Jahre werden schneller, Berlin 2010)

29. Oktober 1979
Antikriegslieder mit Hans-Eckardt Wenzel, Steffen Mensching und Ekkehard Maaß

Bericht des IM »Villon«

Hauptabteilung VII   Berlin, den 31.10.1979

Information über eine Zusammenkunft in der Wohnung des Maaß, Ekkehard

Am 29.10.1979, ca. 15.00 Uhr rief mich

Ekkehard Maaß, wohnhaft: Berlin, Schönfließer Straße 21

an und teilte mir mit, dass seine Ehefrau eine Reihe von Keramikgegenständen fertiggestellt hätte. M. lud mich ein, am Abend des gleichen Tages in seine Wohnung zu kommen, um die Keramiken zu besichtigen.

Ich sagte zu und traf gegen 21:00 Uhr in der Wohnung des M. ein. M. begrüßte mich und führte mich in die Wohnküche seiner Wohnung, in der sich bereits ca. 35 Personen versammelt hatten. Da mir M. keinen besonderen Platz zuwies, setzte ich mich zwischen die bereits anwesenden Personen. Ich wurde von M. nicht vorgestellt, ebenfalls wurden mir die anwesenden Personen nicht vorgestellt.

Bis auf zwei Personen, die mir vom Sehen her in Zusammenhang mit Wolf Biermann bekannt waren, waren mir alle anderen Personen unbekannt.

Zu folgenden anwesenden Personen kann ich noch Hinweise geben:

-   ca. 7 Studenten der Humboldt-Universität, die mit M. bis zu dessen Exmatrikulation in der gleichen Seminargruppe studierten
-   ein mir unbekannter Schriftsteller, ca. 30 Jahre, dessen Bücher bisher nicht verlegt wurden
-   ein Pfarrer, der 1963 sein Studium in Halle abgeschlossen hat und in Berlin Hohenschönhausen wohnhaft ist, mit seiner Ehefrau
-   eine Person mit Namen Wenzel
-   eine Philosophieprofessor (vermutlich Humboldt-Universität), ca. 50 Jahre alt, soll in Schottland geboren sein, Vorname: Jack, wohnhaft: Berlin-Pankow

Während der gesamten Zeit meiner Anwesenheit wurden in erster Linie durch M. und 2 weitere mir unbekannte Personen Lieder und Gedichte vorgetragen. Das Hauptthema dieses Abends befasste sich mit Antikriegsliedern. Mir fiel auf, dass besonders die NVA und die Grenztruppen der DDR in den Liedern und Gedichten verunglimpft wurden.

In den am diesem Abend wenig geführten Diskussionen wurde über die Ausreise und das Auftreten in westlichen Massenmedien von Nico Hübner gesprochen. Mir fiel auf, dass die Anwesenden von Hübner keine gute Meinung hatten und ihn als Spinner bezeichneten.

In diesem Zusammenhang brachten mehrere Anwesende ihre Sympathie und Verbundenheit zu Rudolf Bahro zum Ausdruck.

Mehrere Diskussionen wurden in kleineren Kreisen geführt, sodass ich keine Kenntnis von dem Gegenstand der Diskussionen erhielt.

Mir fiel jedoch immer wieder auf, dass über die Rolle der NVA und über die Militärparade anlässlich des 30. Jahrestages der DDR diskriminierende Äußerungen getätigt wurden. Ein Anwesender äußerte:

»Honni (gemeint war der Generalsekretär des ZK der SED) hätte während der Parade vor Angst, dass irgendetwas passieren könnte, fast in die Hose gemacht.«

Weitere Angaben zu den geführten Diskussionen kann ich nicht machen. Die Atmosphäre an diesem Abend würde ich mit der bei Wolf Biermann vergleichen. Gegen 23:30 Uhr verließ ich die Wohnung von M. und fuhr nach Hause. Die Mehrzahl der Personen verblieb zu diesem Zeitpunkt noch in der Wohnung des M.

2. Juni 1980   Lesung Adolf Endler

Dichter, Vertreter der Sächsischen Dichterschule; geboren 1930 in Düsseldorf; 1955 Übersiedlung in die DDR; Studium am Literaturinstitut »Johannes R. Becher« in Leipzig; 1979 Ausschluss aus dem Schriftstellerverband; 2009 verstorben.

Veröffentlichungen: *Erwacht ohne Furcht*, Halle 1960; *Weg in die Wische*, Halle 1960; *Das Sandkorn. Gedichte*, Halle 1974; *Nackt mit Brille. Gedichte*, Berlin-West 1975; *Zwei Versuche, über Georgien zu erzählen*, Halle 1976; *Verwirrte klare Botschaften. Gedichte*, Reinbek 1979; *Akte Endler. Gedichte aus 25 Jahren*, Leipzig 1981, *Ohne Nennung von Gründen. Vermischtes aus dem poetischen Werk des Bobbi »Bumke« Bergermann*, Berlin 1985; *Schichtenflotz. Papiere aus dem Seesack eines Hundertjährigen*, Berlin 1987; *Vorbildlich schleimlösend. Nachrichten aus einer Hauptstadt 1972–2008*, Berlin 1990; *Den Tiger reiten. Aufsätze, Polemiken und Notizen zur Lyrik der DDR*, Frankfurt/M. 1990; *Die Antwort des Poeten. Roman*, Frankfurt/M. 1992; *Tarzan am Prenzlauer Berg. Sudelblätter 1981–1993*, Leipzig 1994; *Der Pudding der Apokalypse. Gedichte 1963–1998*, Frankfurt/M. 1999; *Trotzes halber. Gedichte*, Rudolstadt 1999; *Uns überholte der Zugvögelzug. Alte und neue Gedichte*, Aschersleben 2004, *Nebbich. Eine deutsche Karriere*, Göttingen 2005; *Krähenüberkrächzte Rolltreppe. Neunundsiebzig kurze Gedichte aus einem halben Jahrhundert*, Göttingen 2007; *Nächtlicher Besucher, in seine Schranken gewiesen. Eine Fortsetzungs-Züchtigung*, Göttingen 2008; *Dies Sirren. Gespräche mit Renatus Deckert*, Göttingen 2010; *Kiwitt, kiwitt. Gedichte und Capriccios*, Göttingen 2015.

Am 2. Juni 1980 fand in der Schönfließer Straße die erste »richtige« Dichterlesung statt, zu der fast sechzig Leute kamen. Adolf Endler las aus seinen fantasmagorischen Romanfragmenten, danach Sascha Gedichte. Zu der Lesung passten am Tag zuvor der Besuch in der Galerie Schweinebraden, die bald danach schließen musste.

Ich wollte ab September regelmäßig Lesungen veranstalten, wenn möglich am letzten Sonntag des Monats, und beriet mit Anderson, wer als erstes lesen sollte. Mich interessierten besonders die Dichter, die in einer für die DDR neuartigen Weise mit der Sprache umgingen, sie bis in die Silben zerlegten und spielerisch wieder zusammensetzten, scheinbar reinigten von dem geschichtlichen und ideologischen Ballast, der in Quadraten, Rhomben, Trichtern, Treppen dann doch wieder durchschimmerte wie die Steine der Berliner Trümmerberge.

(Aus: brennzeiten)

GEDENKEN UND MAHNUNG

1

Das Mutter Butterbrot vom letzten Vatertag
Blieb leise liegen Und ein jeder mag
Doch Mutterbutterbrote Schlag für Schlag
In einem Birkenhain nicht weit im Dornenhaag
Leis' blieb es liegen wo die Leiche lag
Ein wenig zögernd es und seltsam zag

2

Kommt wer ins Schleudern da ihm Pfändung droht
Ob man uns argen Schimpf sonst nichts entbot
Und räkeln rings sich Sauerei und Zot'
Schon winkt und sei es aus tiefstem Elefantenkot
Ein Mutterbutter – Mutterbutterbrot
Nur Leichen achten seiner nicht längst tot

KAMPFLIED

1

Tja der Hemdkragen eher was speckig / Tja das Barthaar
voll Käsebrot / Die Ohrmuscheln auch ganz schön dreckig /
Doch die Augen leuchten glutrot - // - Aeve de Oogen die
lühchten Dat is dat Wichtickste

2

Nimm die Brille ab liebe Luise / Nur näher herankommen
mußt / Gelt will auch der Hemdkragen stinken / *Rot* Daß
Du das nicht gewußt - // - Aeve dat is dat Wichtickste De
Oogen de lühchten un lühchten

LIED DES REGIMENTS LATRINELL
            (Gesungen nachts um drei in der Dunckerstraße 18;
            Dritter Hinterhof rechts, viereinhalb Treppen)

1

Wir wir wir ja und wir die Magermilchinfanterie die sich
immer weiter ins Hinterland zurückstöpselt einszweidreivier
stöpselt und stöpselt sich frei von künstlichen Zusätzen immer weiter zurück ins Hinterland schier die Magermilchinfanterie des Heimatlands Zier liberal elastisch mobil tolerant

Adolf Endler in der
Lychener Straße 22

elegant das Regiment Latrinell wenn es vorbeizischt ge-
schieht das in der Regel recht schnell - // - (Kehrreim:) *Frau
H. duscht immer nach den Lottozahlen*

2

*Manchmal scheint die Uhr des Lebens stillzustehn** Wir stöpseln
uns weiter zurück *Manchmal scheint man immer nur im Kreis zu
gehn* Wir stöpseln uns weiter zurück *Manchmal ist man wie von
Fernweh krank* Wir stöpseln uns weiter zurück *Manchmal sitzt
man still auf einer Bank* Wir stöpseln uns weiter zurück mit uns
die Sonne mit uns das Glück frei von künstlichen Zusätzen
stöpseln wir uns mit Recht davon zu den Müttern - / /-
(Kehrreim:) *Klingelstreiche sollte man ohne weiteres überhören
können Madame*

3

Wir wir wir ja und wir die Magermilch Infanterie die sich
immer weiter ins Hinterland zurückstöpselt *sehen Sie hier*
stöpselt und stöpselt sich frei von künstlichen Zusätzen immer weiter zurück ins Hinterland schier die Magermilch Infanterie des Heimatlands Zier liberal elastisch mobil tolerant
elegant das Regiment Latrinell wenn es vorbeizischt hellen
sich die Antlitze auf und gleich wird es hell - // - (Kehrreim:) *Laura liebt sichs am besten*

* Die kursiv ge-
druckten Passagen
mit *Manchmal...*
stammen aus dem
Schlagerlied »Über
sieben Brücken
mußt du gehn« von
H. Richter/Leipzig)

Sascha Anderson

Die Lesungen von 1978 bis 1989

29. September 1980   Lesung Sascha Anderson

Schriftsetzer, Autor, Inoffizieller Mitarbeiter der Staatssicherheit; geboren 1953 in Weimar; 1986 Übersiedlung aus der DDR nach Westberlin; lebt bei Frankfurt/M.

Veröffentlichungen: *Jeder Satellit hat einen Killersatelliten. Gedichte*, Berlin 1982; *Totenreklame. Eine Reise. Gedichte und Texte*. Mit Zeichnungen von Ralf Kerbach, Berlin 1983; *Waldmaschine. Übung vierhändig*, Berlin 1984; *Brunnen, randvoll. Erzählungen und Gedichte*. Mit Holzschnitten von Ralf Kerbach, Berlin 1988; *Jewish Jetset. Gedichte und ein Essay*. Mit Zeichnungen von A. R. Penck, Berlin 1991; *Herbstzerreissen. Gedichte*, Berlin 1997; *Sascha Anderson. Autobiographie*, Köln 2002; *Acht Gedichte des Ichs, das an ihr vorüberging*, Konstanz 2004; *Crime Sites – nach Heraklit. Gedichte 1998–2005,* Frankfurt/M. 2006; *Totenhaus. Novelle*, Frankfurt/M. und Weimar 2006; *DA IST … 33 Gedichte über Kunst oder Leben,* Frankfurt/M. und Weimar 2008.

Am 6. März 1980 lernte ich nach einem meiner Okudshawa-Auftritte in der Dresdner Galerie Mitte Sascha Anderson kennen. Wahrscheinlich war es ein Mitarbeiter der Staatssicherheit, der mich auf ihn aufmerksam machte. Obwohl Sascha kein Russisch konnte, nicht wie angekündigt, auch Okudshawa-Lieder übersetzte und meinen russophilen Vorstellungen überhaupt nicht entsprach, war ich von dem jungen Dichter begeistert; er war genau das, was ich für meine Lesungen brauchte. Seine Gedichte waren in Rechtecken und Quadraten geschriebene, aneinandergereihte Metaphern, deren Sinn sich zwar oft nicht vollständig entschlüsseln ließ, die aber Assoziationsräume öffneten. […]
Am 29. September 1980 fand Saschas Lesung bei uns statt vor etwa fünfzig Leuten. Ralf Kerbach hatte dafür einen schönen Holzschnitt gedruckt. Rainer Kirsch kommentierte: Ich vermisse in den Texten die Arbeit. Sie haben keine Struktur. Heiner Müller: Auch ohne nächtelange Anstrengungen können Texte gut sein, aber sie seien zu weit entfernt von der Umgangssprache. Elke Erbs treffende, aber sicher auch etwas kompliziertere Bemerkungen wurden leider nicht festgehalten. Sascha rettete sich verlegen in eine Free-Jazz-Kassette von Penck.

(Aus: brennzeiten)

Monika schreibt in ihr Tagebuch,
Grafik von Ralf Kerbach mit Text
von Sascha Anderson, 1980

Einladungsgrafik von
Ralf Kerbach

Bericht des IM »David Menzer«

BV Dresden, Abt. XX/2 grau   Dresden, den 31.10.1980

Betr.: Lesungen, bei denen der IM anwesend war

Der IM brachte zum Ausdruck, dass immer am letzten Montag im Monat eine Lesung bei

    Maaß, Ekkehard, Berlin, Prenzlauer Berg, Schönfließer Straße 21

stattfinde.

Bei dem M. handele es sich um eine Person, welche in der Vergangenheit Verbindungen zur Wolf Biermann unterhielt. Die Familie Maaß habe eine sehr große Wohnung, so dass dort 50–60 Personen teilnehmen können.

Bei der Lesung durch ihn selbst am 29.9.1980, 20:00 Uhr waren anwesend:

    Rainer Kirsch, Halle

    Heiner Müller, Berlin

    Elke Erb, Berlin

Richard Pietraß, Berlin

Volker Braun, Berlin

Stefan Döring

Uwe Kolbe

Bert Papenfuß

Lutz Rathenow

Vorkommnisse habe es keine gegeben. Nach der Lesung gebe es stets fachliche Einschätzungen und Diskussionen über die »Werke«. Man äußere im Prinzip Interesse oder Desinteresse.

26. Oktober 1980   Lesung Bert Papenfuß

Autor, Kneipier, Anarchist; geboren 1956 in Stavenhagen; Elektronikfacharbeiter, Beleuchtungstechniker; lebt in Berlin.

Veröffentlichungen: *Aton-Notate*, Grafik-Lyrik Mappe mit Mitch Cohen, Berlin 1984; *harm. Arkdichtung 77*, Berlin 1985; *Die Freiheit der Meere* mit Siebdrucken und Handzeichnungen von Strawalde, Berlin 1986; *dreizehntanz*, Berlin und Weimar 1988; *dreizehntanz*, München 1989; *SoJa*, Berlin 1990; *tiské*, Göttingen 1990; *vorwärts im zorn &sw.*, Berlin 1990; *led saudaus. notdichtung, karrendichtung*, Berlin 1991; *nunft*, Göttingen 1992; *naif. Gesammelte Texte 1 (1973–1976)*, Berlin 1993; *till. Gesammelte Texte 2*, Berlin 1993; *harm. Gesammelte Texte 3*, Berlin 1993; *mors ex nihilo*, Berlin 1994; *routine in die romantik des alltags;* Berlin 1995; *TrakTat zum ABER. Gesammelte Texte 4*, Berlin 1996; *Berliner Zapfenstreich: Schnelle Eingreifgesänge*, Berlin 1996; *SBZ – Land und Leute*, Berlin 1998; *hetze. Gesammelte Texte 5 (1994–1998)*, Berlin 1998; *Haarbogensturz. Versuche über Staat und Welt*, Berlin 2001; *Rumbalotte Continua. 1. bis 5. Folge* (mit Zeichnungen von Silka Teichert), Osthcim/Rhön 2004–2008; *Atlon-Aganda: Gedichte 1983/1990*, Basel, Weil am Rhein und Wien 2008; *Pro tussi à gogo*, Berlin 2011.

Zu der Lesung von Bert Papenfuß am 26. Oktober kamen ca. 35 Leute, unter ihnen Volker Braun, natürlich Elke Erb, Stefan Döring, Uwe Kolbe, Lutz Rathenow, Richard Pietraß, Roland Manzke und Reiner Lietzke (Bonar) sowie Anderson. Es war ein guter Abend, vermerkt die Tagebuchnotiz. Es gab Knoblauchbrot und Wein. Nur bei den Bemerkungen von IM Lutz Gattnar und IM Peter Tepper zuckten alle zusammen.

(Aus: brennzeiten)

LAMMFELLMAENTEL DER MODE SIND TOTE LAEMMER DER MODE

nicht zeitungen zeitulken frauenmannschaften des sportwunders
& deren freude alles zu einern ja alles entzweizuzweiern doch
auch die maennermannschaften frauen sich schon darauf
gelegenheitsschuetzen und hunde per kimme & korn zu foppen
blokkmeister aller rigen & meister des spotts hans beier sagt
es ist nicht so dass wir stets mit hohen leistungen brillianten
so nicht eins zwo nicht so eins zwo so nicht eins zwo sondern
dass sich alle beteiligten & freude am schiessen finden
& den feind finden diesen laemmerlichen feind finden

JEDE UHR ISN ZEITZUENDER

ich hab mich
          fon der zeit
                    ferspottet gefuehlt

jede zeit ferspottet jeden augenblikk
    jede zeit ferspottet jede uhr
        jede uhr ferspottet jeden augenblikk

jede uhr isn zeitzuender
    zeit is mir   nichts
        jedes ich ferspottet jedes   nichts

im rechten augenblikk
    das linke zu tun
        & rechtzeitig zu gehn

jede uhr ferspottet jede zeit
    jede uhr ferspottet jeder zeit den

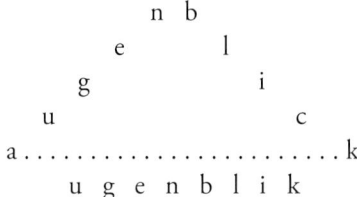

Bericht des IM »Villon«

Hauptabteilung XX/OG Berlin, 28. Oktober 1980
Tonbandbericht über die Lesung des Papenfuß-Gorek, Bert bei Maaß, Ekkehard am 26.10.1980
Quelle: IME »Villon«
Entgegengen.: Hptm. Heimann
Da ich zu der Lesung des Papenfuß am 26.10.1980 bei Maaß keine Einladung hatte, besuchte ich zunächst
den Schauspieler Peter Tepper (erf. BV Berlin, Abt. XX), der in der Nähe von Maaß wohnt und mich somit
einladen konnte, da er die Absicht hatte, dort hinzugehen.
Wir trafen gegen 19:15 Uhr bei Maaß ein. Bis etwa 20:30 Uhr, als die Lesung begann, waren ca. 40–45
Personen in der Wohnung des Maaß. Namentlich bekannt sind darunter

    Braun, Volker, Schriftsteller

    Hofmeister, Martin und Frau, Pastor

    Braband, Jutta

    Anders, Alexander »Sascha«, Maler und Schriftsteller

    Liane, Zahnärztin, wh. Moosdorferstr. 10

Einen Teil der anderen Anwesenden kannte ich von ähnlichen Veranstaltungen bei Maaß, ein anderer
Teil war offensichtlich dem Bekanntenkreis von Papenfuß zuzuordnen. Durchschnittsalter 25–35
Jahre.
Die Lesung von Papenfuß dauerte etwa von 20:30 bis 23:30 Uhr, einschließlich einer Pause. Anschließend
war eine Diskussion, an der ich bis etwa 0:15 Uhr teilnahm.
Etwa um 24 Uhr zeigte der Anders einen Farbfilm über die Arbeit eines Künstlerkreises in Dresden. Dieser
Film war politisch nicht relevant.
Zum Vortrag des Papenfuß:
Es ist schwer, die »Gedichte« inhaltlich wiederzugeben. U.a. las er eine Arbeit unter der Bezeichnung
»Notat an Amon«. Das soll ein in sich geschlossener Zyklus sein.
Zu Anfang las er ältere Arbeiten, zwischendurch las er aus einem Band, der eindeutig eine Verhöhnung
der Roten war. Eine sehr komplizierte Wortzusammenstellung, was ähnlich klang wie der rote Mist.
Die »Gedichte«, die Papenfuß las, sollten ausreichend sein, um ihn aus dem Verkehr zu ziehen. Das geht
los mit Verleumdungen der Staatsgewalt. Die mit den »grünen Jacken«, diese Untermenschen, die nur
auf der Suche nach Leuten sind, um sie in den Knast zu bringen, sie seien Nichtstuer. In einem langen
Traktat über Asoziale wurden die Mitarbeiter des Staatsapparates als »Oberassis« bezeichnet, die an der
Mauer beerdigt werden müssten.
Des weiteren waren Wortschöpfungen, die bei vielen Anwesenden ankamen, enthalten. Sie diffamierten
Berlin als Hauptstadt der DDR und die »Bonzen«.
Obwohl es nach den Vorträgen keinen Beifall gab, war die Wirkung auf das Publikum eindeutig im Sinne
Papenfuß'.
Wenn man die Wortspielerei und das Bla-Bla weglässt, bleiben bei der Mehrzahl der »Werke« Angriffe
und Verleumdungen auf die Staatsmacht übrig, obwohl so direkt nur wenig so ausgesprochen bzw. ge-
schrieben wird.
Die Art und Weise des Vortrages erzielt eine besondere Wirkung.
In der anschließenden Diskussion, die zunächst durchweg pro Papenfuß war, meldete sich auch Volker
Braun zu Wort, der das »Aufbrechen der Sprache« in den »Gedichten« hervorhob und für diese Art
plädierte.

Bert Papenfuß, Stefan Döring, Kerstin Gorek und Sascha Anderson, 1981

Aufgrund dieses Verlaufs der Diskussion sah ich mich veranlasst, dagegen Stellung zu beziehen. Ich sprach über allgemeine Sprachtheorie und Fragen der Kommunikation und habe sie wegen ihrer Unverständlichkeit auseinandergenommen.

Peter Tepper trat mir zur Seite und sprach sich unter künstlerischen Aspekten gegen die »Arbeiten« des Papenfuß aus.

Darüber waren die meisten Anwesenden entrüstet und der Künstler pikiert, aber in der Pause kamen mehrere auf uns zu und sagten, dass sie gleicher Meinung seien und glauben, dass 2/3 der Anwesenden ähnlich dächten.

Braun verzog sich unmittelbar nach dem Auftritt von mir und Tepper.

Ich werte diesen Abend folgendermaßen:

Jedem der Beteiligten war klar, dass die »Gedichte« in ihrer Machart unerhört gefährlich sind, weil dabei ein Gesellschaftsangriff codiert wird, der nur hintergründig erkennbar und damit rechtlich schwer fassbar ist.

Jeder, der den Vortrag hört, kriegt als Kontext mit, dass der »Künstler« zu seinen »Gedichten« steht und damit nicht sich, sondern seine Haltung dokumentiert.

Wenn man das ganze Blabla weglässt, bleibt ein außerordentlich harter Angriff auf den Sozialismus übrig. Papenfuß will Situationen darstellen und jeder erfasst sofort, dass er irgendwie »dagegen« ist.

Es sprach auch eine junge Schriftstellerin, deren Namen ich nicht mitbekommen habe. Sie sagte, dass sie der Vortrag, wenn er auch starke intellektuelle Spielereien enthielt, sehr berührt habe.

Ich glaube, dass Papenfuß insbesondere junge Intellektuelle ansprechen und erreichen will und kann. Darin dürfte auch die Gefährlichkeit zu sehen sein. Bewusste Falschschreibung von Worten und falsches Betonen verdecken die staatsfeindlichen Angriffe und lassen juristische Festlegungen nicht oder nur schwer zu.

Die Lesungen von 1978 bis 1989

Ich glaube, dass die Haltung von Volker Braun eine Art Michael-Kohlhaas-Rolle darstellt, weil er genau weiß, dass der künstlerische Wert der Gedichte des Papenfuß gleich Null ist. Ich weiß nicht, was er im Schilde führt, aber ich hatte den Eindruck, dass er mit großer Gehässigkeit gegen uns ist, deshalb Papenfuß sein willkommener junger Mann ist.

Eigenen Angaben zufolge hat Papenfuß derzeit Schwierigkeiten, seine Werke drucken zu lassen.

gez. »Villon«

Anmerkung

Durch Beobachtung wurde festgestellt, dass etwa 40 Personen die Wohnung des Maaß betraten. Die Braband, Jutta sicherte sich vor Betreten besonders ab. Etwa 10 min. nach ihrem Erscheinen führte eine unbekannte männliche Person einen Kontrollgang durch. Von dieser Absicherungsmaßnahme konnte der IM nichts feststellen.

Heimann
Hauptmann

30. November 1980   Lesung Eberhard Häfner

Metallformgestalter, Restaurator, Autor; geboren 1941 in Steinbach-Hallenberg; lebt in Berlin.

Veröffentlichungen: *Syndrom D*, Gedichte, Berlin und Weimar 1989; *Die Verelfung der Zwölf*, Prosa, Berlin und Weimar 1990; *Excaliburten*, Gedichte 1979–1991, Berlin 1992; *Vergoldung der Innenhaut*, Prosa, Berlin und Weimar 1993; *Igelit. Abenteuerlicher Kunststoff*, Klagenfurt und Wien 1995; *Haem Okkult. Ein Facettenroman* mit Zeichnungen von Gerd Sonntag, Klagenfurt und Wien 1997; *Wessen Zuhause ist dessen*, Künstlerbuch mit Magdalena Häfner, Mariannenpresse, Berlin 1997; *Zeit ist ein einsames Monster*, Gedichte, Berlin 1998; *Kippfiguren, Nippfiguren. Eine Romanze*, Klagenfurt und Wien 2000; *No Limerick, echt Leberhart*, Gedichte, Künstlerbuch mit Gundula Ess, Berlin 2000; *Die entspiegelte Landschaft*, Gedichte, Rheinsberger Bogen 17, Rheinsberg 2003; *Geigenharz*, Gedichte, Klagenfurt und Wien 2003; *In die Büsche schlagen*, Gedichte, München 2008; *Per Anhalter durch den Verstand*, Gedichte, München 2011; *Katzenaugen lichte Weite*, Künstlerbuch mit Strawalde, Berlin 2011; *Irrtum zeigt im Alphabet Methode*, Gedichte, Berlin 2013.

Am 30. November las bei uns Eberhard Häfner, die Einladungsgrafik stammte von Reinhard Zabka. Es waren mehr als vierzig Leuten gekommen, unter ihnen Volker Braun, Elke Erb, Rainer Kirsch, Heiner Müller. Die Dresdner waren da, Eva und Sascha Anderson, Cornelia Schleime, Ralf Kerbach. Der Kommentar von Rainer Kirsch: Es gäbe keine Struktur, die Metaphern seien beliebig. Darauf Sascha: Natürlich ist da eine Struktur. Ich spüre sie sehr genau. Und die Beliebigkeit von Metaphern ist doch überhaupt kein Nachteil, sondern ein Vorteil.

(Aus: brennzeiten)

Eberhard Häfner

Einladungsgrafik von Reinhard Zabka

ADMINISTRATION

man küsste in preußen
vor fünzig jahren waren
wir noch nicht dabei
man fischte mit reusen
vor fünfig jahren waren
die aale noch einwandfrei
man müsste den deutschen
vor fünfzig jahren waren
die alten geschichten neu
ihre sprache verbieten

LIEBE PIONIERE

sportwagen entflammt auf warteliste
liegt tiefes entzücken sanft
suchte seine hand liderschwer
höhnische karteiaugen was zärtlichkeit
vergeht wenn liebesrausch abgeschliffen
wird ausgeschlachtet bis aufs blut
und stündlich abhauen wortlos gehen
im suff ein lied auf schweinehund den
genossen am grab rumkriegen mit flieger
fliegen voll gepackt einen kartengruß
kennt sich aus nimmt was ihn trennt
heißes geschäft belügt sich selbst
schleimscheißer mit dauerfall
frisst alternatives gemüsemundgeruch
wohnt endlich allein sein problem
abends in den reklamestraßen
letzter schimmer wird vereitelt
ein kaltes glattes fremdes laken
darüber eine handvoll geld gestreut
lässt vergessen steril und eingestampft
schweigend ausgegossen bekaut er
seine fingernägel splittern doch
dabei kotzt ihn alles an
im geknackten wagen whiskytoll
was gewesen ist erdrosselt zurück
der leib ist längst zerbrochen
schüttelfrost und übelkeit er bricht
Schädelknochen hart verriegelt diese tür
nur eine weile rast die hundezeit mit
geschwindigkeit in vergangenheit
im wunderland gibt pfötchen hin
steuerfrei und grabensprung man kann
kühn & schrecklich sein im rampenlicht
macht dich dein führer vogelfrei suchst
du die alte weise vom notenbündel und
der sonatenbank zu dank verpflichtet
ein firmenschild auf deiner stirn im
gedränge ein hölzerner gleichschritt
verkündet schrill zu alt kalt & welk
unter dem denkmal zerschlissene blätter
auf schmierigem asphalt ratmal
todesnachricht für dich

Nach einem Bericht des IM »Villon«

Abteilung XX/7   Berlin, 11.12.1980
Information
Illegale Lesung bei E. Maaß am 30.11.1980 von Häfner
Die Quelle nahm auftragsgemäß an dieser Lesung teil. Die Einladung dazu erfolgte wiederum durch E. Maaß, der auch ca. 50 weitere Personen durch persönliche Besuche und zum Teil durch Zettel- informationen eingeladen hat.
E. Maaß lud auch die Schriftsteller

Rainer Kirsch

Elke Erb

Volker Braun

Heiner Müller

persönlich ein. Diese nahmen, außer H. Müller, der nur zusagte aber nicht kam, an der Lesung teil.
Weitere Personen:

Ehefrau von Maaß

Frau, die in Haft war (hinterlässt einen sehr intelligenten Eindruck)

ein Schauspieler aus dem Berliner Ensemble

Papenfuß, Berthold

Liane, Zahnärztin

Gattnar und Frau Rosel (er kam, obwohl er von Maaß nicht eingeladen wurde; er hatte von der Lesung von »Liane« erfahren.)

Der anwesende Kreis war zum Teil anders zusammengesetzt als bei den drei letzten Lesungen. Es waren viele bekannte Personen (z.B. Schriftsteller) eingeladen, um für diesen Kreis eine »Alibidemonstration« nach der Verhaftung von vier Personen, die in diesem Kreis verkehrten, zu schaffen.
Durch eine aus Westberlin oder der BRD stammende Frau wurde viel fotografiert.
Maaß, von der Quelle angesprochen (Schutz vor Veröffentlichung), brachte zum Ausdruck, dass eine »Dokumentation« der Lesungen erarbeitet werden soll. Dazu sind auch die Fotos vorgesehen. Die Quelle brauche keine Befürchtungen haben, da sich diese Aufnahmen in zuverlässigen Händen befinden.
Nach Einschätzung der Quelle erfolgt eine »Außensicherung« der Lesung. Ekke Maaß war gegen 21:30 Uhr darüber informiert, dass sich zwei Herren auffallend für die Fenster der Wohnung interessieren. Maaß hatte die Küche aber nicht verlassen.
Aufgefallen ist, dass eine in der Nähe befindliche Baustelle in einem ungewöhnlichen Maße hell beleuchtet war. Nach Einschätzung des Maaß gegenüber der Quelle sei dieser Umstand sehr verdächtig. Bei der Veranstaltung wurden Plakate über diese Lesung für 5.- Mark verkauft.
Beschreibung der »Westdame«

attraktiv, ca. 38 Jahre

mittelgroß

braune Haare

zurückhaltend

kleiner, im Westen üblicher Fotoapparat

Die von dem Häfner verlesenen Gedichte waren nicht ganz so unverständlich wie die von Papenfuß. Sie liegen aber in demselben Kunstbereich. Es erfolgt ein Zerschlagen der Umgangssprache und Schaffen von Assoziationsbildern (verbal). Es erfolgt eine scheinbar willkürliche Aneinanderreihung von Symbolen,

Jan Faktor und Eberhard Häfner

Reiseorten und Zitaten, durch die eine Unzufriedenheit mit der real existierenden Umwelt in der DDR dargestellt wird.

Der Häfner brachte in einem Gespräch mit der Quelle zum Ausdruck:

Er schreibe erst seit ca. einem Jahr.

Er arbeitet in einem Metallbetrieb evtl. kirchliche Metallkunstwerkstatt in Erfurt.

Er wünscht Hilfe durch Schriftsteller, war sehr begeistert, da ihm Volker Braun Hilfe zusagte. V. Braun will mit dem Häfner etwas arbeiten und ihn an Lektoren vermitteln, die ihm bei Veröffentlichungen behilflich sind.

Er habe zum ersten Mal vor einem solchen großen Kreis gelesen.

Er wünscht Kontakt zu Menschen, mit denen er über die von ihm erkannten und in den Gedichten reflektierten Probleme sprechen kann.

Er lehnt Haltungen ab, wie sie in der Diskussion von einem männlichen Besucher geäußert wurden, dass Schriftsteller in den Westen gehen müssen, wenn sie in der DDR Schwierigkeiten bekommen.

Nach Einschätzung der Quelle handelt es sich bei Häfner um einen sehr sensiblen Menschen, der durch die von ihm erkannten Schwierigkeiten im real existierenden Sozialismus zur aktiven Auseinandersetzung mit seiner Umwelt gelangte. Gegenwärtig sucht er nach Wegen, wie er verändernd (subjektiv im positiven Sinne) eingreifen kann. So ist er offensichtlich über seinen Umgangskreis zum Schreiben gekommen. Gegenwärtig besteht die Gefahr, dass er zum Spielball feindlicher Kräfte wird, da kaum in unserem Sinne positive Kräfte auf ihn einwirken. Wichtiger scheint der Quelle die Haltung des Häfner, dass er die DDR als sein Land ansieht und hier verändernd eingreifen will.

Nach Ansicht der Quelle ist Häfner gegenwärtig noch nicht intellektuell verdorben, hinterlässt einen menschlich guten Eindruck.

Die Lesungen von 1978 bis 1989   51

In den Diskussionen gab es Lob und Kritik zu den Gedichten von Häfner. Volker Braun lobte ihn als förderungswürdiges Talent. Elke Erb lobte, sie sei neidisch, nicht mehr derartig »frisch« zu sein. Rainer Kirsch brachte Lob an und kritisierte, dass in den Gedichten nicht ersichtlich werde, aus welcher Position heraus der Autor schreibe. Es sei über den Dingen schwebend, scheinbar neutral, geschrieben.

Bemerkung:
Die Quelle erhielt den Auftrag, von sich aus keine Aktivitäten in Bezug auf Ekke Maaß zu unternehmen. Dieser müsse von sich aus auf die Quelle zu kommen.
    Girod
    Oltn.

25. Januar 1981   Lesung Stefan Döring

Entwicklungsingenieur, Autor, Kneipier; geboren 1954 in Oranienburg; Studium der Informationstechnik an der TU Dresden; lebt in Berlin.

Veröffentlichungen: *Ich fühle mich in Grenzen wohl* (Sascha Anderson, Stefan Döring, Bert Papenfuß, mit Lithografien von Ouhi Cha.), Berlin-West 1985; *Heutmorgestern. Gedichte.* Berlin und Weimar 1989; *Zehn.* Mit Fotoarbeiten von Thomas Florschuetz, Berlin 1990; *drei etüden,* Berlin 2009; *morgestern,* Ostheim/Rhön 2011.

Am 25. Januar fand die nächste Lesung mit Stefan Döring statt, die Einladungsgrafik war ein Siebdruck von Martin Hoffmann, ein Berliner Hinterhof in Grautönen. Die Küche war prall gefüllt, die Dresdner, Elke Erb, Häfner, Papenfuß, Gerhard Wolf. Zum ersten Mal waren der Schauspieler und Regisseur Hans-Joachim Frank und Bernd Weißig da, Peter Brasch und Paul Gratzik, Katja Lange.

(Aus: brennzeiten)

MITMACHEN – MITMACHT

    jeder hat die freiheit die feigheit
    schmächtig und mächtig verächtlich
    zu blicken auf die betroffnen gestalten
    des nie und nimmer landes
    glückswürfler des gesellschaftsspiels
    die verzogen sind und nicht abgemeldet
    unstatthaft unstaatliche wesen

die abzuschiessen man sich einschiessen
sich befreit bereit halten sollte
denn wer mitmacht hat mitmacht
sei er auch inwendig ein aussenseiter
hält er doch hoch was ihm die luft nimmt
was ihn mächtig schwach macht
und ihn umkehrt dass er auswendig spricht
so kann er lassen was er nicht tun kann
sanftwütig sich einlassen
mit dem nächsten diesem nahziel
dieser kommt freiwild und vogelfrei
und jener aktenkundiger der abschusslisten
trifft ihn auf der strasse

gestellte gestalten des niemalslandes
er hats auswendig gelernt

DER GEGENWERT DER GEGENWART

vergangenschaften zunftkünftler
des ständigen todaussaufens flaschenpfänder
zünftig und geschäftig all ihr
wegwärter vom leitfaden zur richtschnur
so der nase lang dass ihr euch nicht riecht
verwest ihr hinkend ins komm und geh ende
handel mit zeit der gegenwert der gegenwart
zeitfirmen schildern den weg vertreiben zeit
klingeln an deiner tür fernsehn dir zu
bieten sich an booten dich aus
(rückgabe der gegenwart nur
gegen entsprechende zeitabschnitte)
kaufen die gegenwart auf für ein gut haben
all deine zugkunft und verlangenheit nach jetzt:
erst heute das morgen schon heute das gestern
heutmorgestern
liebe mitverbürger eifriger geschicklichkeit
begreift begeifert dies wunder zeit
das in der mitte zusammenfliesst
in unser aller mitte liebe mitwürger der gegenwart
und hoch schnellt als springwasser zeit
und der tod ist ein hut obenauf

Einladungsgrafik von Martin Hoffmann

Stefan Döring

Bericht des IM »Villon«

Hauptabteilung XX/OG   Berlin, den 26.1.1981

Quelle: IMB »Villon«

Treff am: 25.1.1981

Der IMB wurde mit operativer Technik ausgerüstet, um an der Lesung des

    Döring, Stefan

am 25.1.1981 in der Wohnung des

    Maaß, Ekkehard

teilzunehmen und einen konspirativen Mitschnitt anzufertigen. An der ca. 20:30 Uhr beginnenden Lesung nahmen 62 Personen teil. In der Wohnung des Maaß war es dadurch derart eng, dass der IM aus Sicherheitsgründen die operative Technik nicht betätigte. Von den Anwesenden waren dem IM folgende Personen bekannt:

    Döring, Stefan

    Herzberg, Guntolf

    Maaß, Ekkehard und Frau

    Erb, Elke

    Anders[on], Sascha

    Häfner, Eberhard

    Papenfuß, Bert

Ein Großteil der Anwesenden nahm bereits an vorhergehenden Lesungen teil. Der Anteil von Personen, die durch den IM erstmals gesehen wurden, war relativ hoch.

Die Lesung selbst war nach etwa 30 Minuten beendet und nach Einschätzung des IM ohne künstlerische Bedeutung oder ernstzunehmende politische Aussage. Die von Döring vorgetragenen Gedichte waren derart banal und zudem auch noch wenig, dass die ganze Veranstaltung von vielen Teilnehmern als misslungen eingeschätzt wurde.

Die Gedichte waren Wortspielereien, die zwar verständlicher als die des Papenfuß waren, aber bedeutungslos, auch in der politischen Aussage. Zum Beispiel solche Verknüpfungen wie das Schälen eines Apfels und die Beziehungen von Personen dazu oder willkürlich zusammengetragenen Worte aus einem Artikel des »Sonntag« wirkten bei vielen Zuhörern nahezu lächerlich.

In der anschließenden Diskussion wurde von mehreren Personen Kritik an Döring geübt. Elke Erb und Sascha Anderson führten ein intellektuelles Streitgespräch über die Legitimität solcher Wortverknüpfungen, ohne sich selbst festzulegen.

Der IM hatte den Eindruck, dass (geschwärzt)

Der IM verließ die Wohnung des Maaß nach 22:00 Uhr, als die Diskussion abflaute.

In einem Gespräch in der vergangenen Woche äußerte Maaß dem IM gegenüber, dass sein Anliegen bei der Organisation derartiger Lesungen darin bestehe, allen jungen Künstlern, die in der Öffentlichkeit nicht oder kaum auftreten können, diese Möglichkeit so zu verschaffen. Da jungen Künstlern durch den Staat erschwert sei, sich zu artikulieren, sehe er sich veranlasst, diese Möglichkeit einzuräumen. Weitere Teilnehmer werden in Zusammenarbeit mit der BV Berlin identifiziert.

Heimann
Hauptmann

1. März 1981   Konzert Wasja Götze

Bühnenbildner, Initiator der jährlichen Petersberg-Fahrrad-Rallye, Wanderer, Liedersänger, Popart-Künstler: geboren 1941 in Altmügel bei Oschatz; Studium an der Hochschule für Industrielle Formgestaltung Halle, Burg Giebichenstein; lebt in Halle.

Zahlreiche Ausstellungen, u.a. *Das Hupon*, Halle 2008

Am 1. März gab es eine Lesung besonderer Art: das Konzert von Wasja Götze aus Halle. Sascha hatte mir im Jahr zuvor seine Adresse gegeben, ich hatte mehrfach bei meinen Auftritten in Halle bei ihm gewohnt. Wasja war Künstler, Dichter, Klampfensänger, Anarchist. Mit seinen Aktionen, z.B. der Fahrrad-Rallye zum Petersberg jedes Jahr zu Himmelfahrt, brachte er die Hallesche Parteileitung und Stasi zur Weißglut. Die Einladungsgrafik für sein Konzert hatte er selbst gestaltet, eine Radierung, auf der ein Junge vor einer Druckerpresse sitzt und sich die Augen zuhält. Bereits um 17 Uhr war die Küche voller Leute, Elke Erb, Eddi Endler, Rainer Kirsch, Klaus Schlesinger, Helga Paris. Wasja betrat die Küche und legte sofort fest: Er singt vor der Küchenzeile! Rainer Kirsch schaltete das Tonband ein. Nach wenigen Minuten bogen sich die Dichter vor Lachen, Wasja war großartig!

(Aus: brennzeiten)

AKTIONS – SONG
ODER ANTIAUTORITÄT MUSS SINT

Faul verstreicht der Abend und dann geht man ins Bett
Findet sich schnell ab und findet das auch noch nett
Lässt die Zeit vergammeln wie Gehacktes im Mai
Wird gezähmt und brav gemacht und lächelt dabei
Und die meisten sind wie Greise so kraftlos schon
Die Trägheit, die sitzt auf dem Thron

Rülpst und furzt und johlt und popelt mal im Café
Werft nach dicken Fraun und Polizisten mit Schnee
Lasst einmal das gute Schwätzen quasselt nur dumm
Bringt am Wochenende einen Nachbarn mal um
Macht mit Büchern und mit Bildern Feuer an
Und verdrescht den Feuerwehrmann

Ihr Mädchen geht zur nächsten Wahl mal ohne BH
Und ihr Burschen kommet ihnen unzüchtig nah
Und die Straßenbahn betrügt zusammen ihr dann
Oder zündet irgendwo ein Kaufhäusle an
Schreibt an die Behörden, wenn ihr bargeldlos seid
Und sucht mit jedermann Streit

Die Lesungen von 1978 bis 1989

Prellt die Zeche aber trinkt das Bier vorher aus
Werft aus den Fenstern Zeugnis, Impfschein, Ausweise raus
Liebt euch auf der Straße wies die Hunde tun
Grölt des Nachts und lasst die Bürger nicht mehr ruhn
Schneidet euch die Haare nicht und wascht euch nie mehr
Und färbt euch die Ärsche mit Teer

Tut alles, was verboten ist, denn das macht Spaß
Macht mit Pisse öffentliche Anlagen nass
Randaliert und schmeißt mit Steinen Scheiben ein
Es kann ja ruhig der eigne Wintergarten sein
Dreckt auf Toilettenränder überall
Macht Striptease beim Jungwählerball

In die Luft jagt auch einmal ein Interhotel
Hüllt unsern Fernsehturm in Leopardenfell
Sauft die Ostsee oder den Atlantik aus
Besetzt den Mond und macht ein Pionierlager daraus
Oder singt so dumme Lieder wie ich es gerade tue
Das reicht für ein Aktiönchen schon mal zu

Refrain:
Macht mal Aktion, macht mal Aktion
Dass was passiert, wann gibt's das schon
Macht mal Aktion, macht mal Aktion
Denn ohne Einsatz gibt es auch keinen Lohn

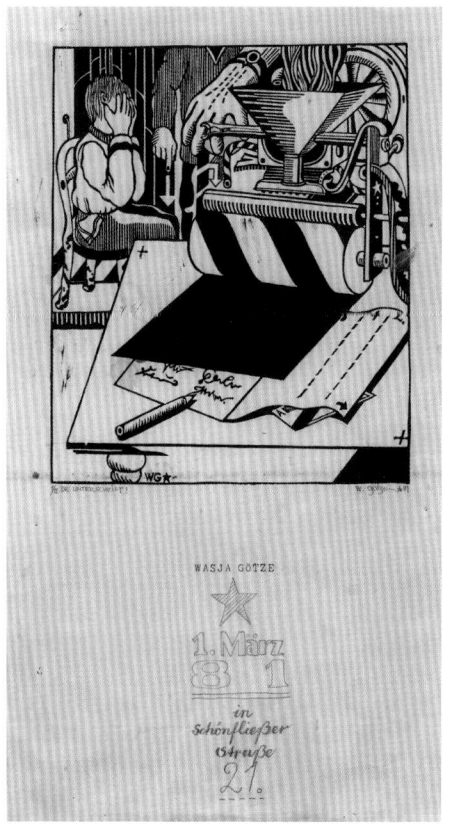

Einladungsgrafik von Wasja Götze

Bert Papenfuß und Uwe Kolbe (lesend)

29. März 1981   Lesung Uwe Kolbe

Transportarbeiter, Lagerverwalter, Dozent, Autor; geboren 1957 in Berlin; Sonderkurs am Literaturinstitut »Johannes R. Becher«; 1983–87 mit Bernd Wagner und Lothar Trolle Herausgabe der nichtoffiziellen Literaturzeitschrift »Mikado«; 1988 Ausreise nach Hamburg; lebt in Hamburg.

Veröffentlichungen: *Hineingeboren,* Berlin und Weimar 1980 / Frankfurt/M. 1982; *Abschiede und andere Liebesgedichte,* Berlin und Weimar 1981 / Frankfurt/M. 1982; *Bornholm II. Gedichte,* Berlin und Weimar 1986 / Frankfurt/M. 1987; *Vaterlandkanal. Ein Fahrtenbuch,* Frankfurt/M. 1990; *Nicht wirklich platonisch,* Frankfurt/M. 1994; *Die Situation,* Göttingen, 1994; *Vineta. Gedichte,* Frankfurt/M. 1998; *Renegatentermine. 30 Versuche die eigene Erfahrung zu behaupten,* Frankfurt/M. 1998; *Die Farben des Wassers. Gedichte,* Frankfurt/M. 2001; *Der Tote von Belintasch. Kriminalerzählung,* Heidelberg 2002; *Thrakische Spiele. Kriminalroman,* München 2005; *Ortvoll. Gedichte,* Aschersleben 2005; *Terrassen,* Schwetzingen 2005; *Rübezahl in der Garage. Franz Fühmann in Märkisch-Buchholz und Fürstenwalde 1958–1984,* Frankfurt/O. 2006; *Diese Frau. Liebesgedichte.* Mit Farbholzschnitten von Hans Scheib, Frankfurt/M. 2007; *Heimliche Feste. Gedichte,* Frankfurt/M. 2008; *Storiella – Das Märchen von der Unruhe,* Potsdam 2008; *Vinetas Archive. Annäherungen an Gründe.* Essaysammlung, Göttingen 2011; *Lietzenlieder. Gedichte,* Frankfurt/M. 2012; *Die Lüge. Roman,* Frankfurt/M. 2014; *Mein Usedom,* Hamburg, 2014; *Gegenreden,* Frankfurt/M. 2015; *Brecht. Rollenmodell eines Dichters,* Frankfurt/M. 2016.

Am 29. März fand die Lesung von Uwe Kolbe statt. Die Einladungsgrafik stammte von Rainer Lietzke, der sich nach seiner Ausreise Rainer Bonar nannte; nach der Wende nahm er sich das Leben. Die Grafik zeigte, passend für die Gedichte von Uwe Kolbe, die Mauer am damaligen Ende der Bernauer Straße. Es waren viele gekommen, Wolfgang Hilbig, Rainer Kirsch, Katja Lange, Lutz Rathenow, Christa und Gerhard Wolf. Uwe war so aufgeregt, dass ihm, als er anfangen wollte zu lesen, die Stimme wegblieb und ein anderer die ersten Gedichte vorlesen musste. Aber dann ging es, und ein Foto von Helga Paris zeigt ihn mit langem dichten Haar vor der Küchenzeile sitzend, neben ihm Bert Papenfuß und dessen Freundin Kerstin.

(Aus: brennzeiten)

Einladungsgrafik von Rainer Lietzke (Bonar)

MANIFESTER BEITRAG
Wahrlich, ich sage euch:
Nicht Angst ist, was das Zögern bedingt
Beim Hinbau der Zukunft, nicht Angst.
Blödigkeit ist's
Sich schlängelnder Revolutionäre
Vorm Agrarladen in der Liebknechtstraße zu Berlin.
Wahrlich, ich sage euch:
Nicht Angst vor Krieg ist's,
Die hemmt diese Mäuler im Abhusten
Der schleimigen Brocken aus dem Schlund.
Lust am ledernen Sessel im Büro,
Darin der Genosse morgen schon thronen könnte, die ist's.
Wahrlich, ich sage euch:
Nicht Angst vor dem belfernden Gegenüber
Jenseits der Mauer verhindert die Freiheit
Dieser sogenannten Presse. Sagt, welche Genitalien
Wären dem noch zu zeigen? Feigheit ist es vor dem wahren
Stand der Alkoholsäule im Thermometer
Des deutschen Kommunismus.
Wahrlich, ich frage euch:
Verstand man Brecht wirklich,
Den nach dem Tod man so genüsslich ausgestopft?
»Freunde, ein kräftiges Eingeständnis
Und ein kräftiges WENN NICHT!«
Wahrlich, ich sage euch:
Die Beschwörung jener großen Lehrer,
Deren Traum vorgeblich wahr sei hier,
Ist Götzendienst vor leeren Hüllen. Oder hieß wohl
Ruhe und Ordnung das Ideal?
Wahrlich, ich sage euch:
Kontrolliert, die euch kontrollieren.
Verzichtet auf die Bestätigung eurer Wahl
Durch irgend eine Leitung.
Glaubt euch selbst.

»GEDICHTE, DACHT ICH, WERDEN NACHTS GESCHRIEBEN«
Ja, manchmal stimmt's, der platte Tag verdreckt
Die Hoffnung, klebt mit Losungen dem freien Auge
Jede Tiefe, jeden Schatten zu, umstellt
Die blütenfeste drillichfein, der panscht den
Wein zu Wasser, lobt Inzest von Hemdenblau
Und Bindenrot und uniformem Blaugrüngrau, der

Übt den Stechschritt, pflegt die Tradition,
Der treibt geschickt zurück in irgendein Jahrtausend
Seinen Schüler, bis er nichts mehr sucht,
Der nimmt im Sommer kaum noch Abschied,
Herzt die Schwester, bis auch sie verstaubt,
Und morgens nur ins Lied der ersten Amsel
Fall ich ein und lüge uns ein wahres Liebeslied.

Bericht des IM »Gerhard«

XX/4   Magdeburg, 9.5.84
Tonbandabschrift
Quelle: »Gerhard«
Angenommen: Hptm. Predel
Information über die Gründung eines Bundes unabhängiger Schriftsteller auf Initiative von Uwe Kolbe
(Berlin) in Berlin
Im Anschluss an die Woche, in der sich in der Berliner Lychnerstr. [sic] junge Autoren getroffen haben
wurde durch [Name geschwärzt] bekannt, dass sich im engeren Kreis getroffen wird, um über die
Gründung eines Bundes unabhängiger Schriftsteller zu debattieren. Diese Zusammenkunft fand am
8.4.1984 statt. Es waren anwesend:
     Endler, Adolf
     Erb, Elke
     Reichenau, Georg
     Trolle, Lothar
     Kolbe, Uwe
     Schedlinski, Rainer
     Papenfuß, Bert
     Döring, Stefan
     Opitz, Detlef
[Name geschwärzt] und auch [Name geschwärzt] hatten keine Zeit. Es fehlten darüber hinaus eine Reihe
von eingeladenen Personen. Aus diesem Grund fand die beabsichtigte Gründung o.g. Bundes nicht statt.
In der Diskussion wurde betont, dass es einer Gründung dieses Bundes nicht bedarf, sondern die Zu-
sammenarbeit untereinander mehr in den Vordergrund treten muss. Dazu gehörte Sascha Anderson und
Bert Papenfuß z.B.
Die Absicht von Uwe Kolbe war es zum einen, ein soziales Absicherungsnetz zu schaffen, z.B. mit einer
gemeinsamen Kasse, um Autoren, die in sozial unsicheren Verhältnissen leben, zu helfen, und zum
anderen ein Informationsnetz zu schaffen, für den Fall, dass jemand verhaftet wird oder in einer anderen
Art mit den Sicherheitsorganen in Konflikt gerät. D.h., dass in diesem Fall durch Anderson oder Elke Erb
ein Verlag in der BRD benachrichtigt wird, mit der Bitte, eine Öffentlichkeit herzustellen (in westlichen
Medien).

Die Lesungen von 1978 bis 1989   61

Anderson war der Meinung, dass beides auch ohne einen Bund unabhängiger Schriftsteller stattfindet. Uwe Kolbe war jedoch der Meinung, dass aus demonstrativen Gründen so ein Bund entstehen sollte, um es als eine spektakuläre Aktion zu werten und um der Ignoranz des Kulturministeriums gegenüber diesen Schriftstellern zu begegnen.

Die nächste Zusammenkunft dieser Gruppe findet am 25. Mai bei Detlef Opitz statt.

Als Programm für diesen Bund wurde von Bert Papenfuß das Manifest der Sozialistischen Internationale verlesen, dass in den fünfziger Jahren in Italien von Enrico Berlinguer geschrieben wurde.

In diesem Zusammenhang ist zu erwähnen, dass der Berliner Autor [Name geschwärzt] viele Kontakte zu ehemaligen Ostberlinern besitzt. Da er selbst häufig nach Westberlin fährt, sind diese Kontakte als stabil einzuschätzen.

Uwe Kolbe sucht ständig Texte für eine Schriftenreihe, die er herausgibt mit dem Titel
        »Mikado«. Dort haben bereits Endler, Opitz, Anderson veröffentlicht.

Unter vier Augen erzählte der K., dass er eine Bekannte hat, die diese Texte abtippt und auf Ormig vervielfältigt. Diese soll im Ministerium für Kultur arbeiten und diese Arbeiten dort durchführen.

F.d.R.d.A.   gez: IM

Predel, Hptm.

Der IM berichtet ehrlich und zuverlässig. Info ist nur im MfS auswertbar.

[...]

Der IM wurde beauftragt, sich zielgerichtet weiter in dieser Gruppe zu integrieren, um den Kontakt zu [Name geschwärzt] und Endler auszubauen. Zielstellung ist es, ins Blickfeld des evangelischen Akademiepfarrers [Name geschwärzt] zu kommen, um den IM im Rahmen von Schriftstellerlesungen bei [Name geschwärzt] an die Familie heranzuführen.

Nächster Treff: 26.5.84 – 8.00 Uhr in Berlin.

        Predel, Hptm.

26. April 1981   Lesung Detlef Opitz

Bibliothekstechniker, Oberkellner, Puppenspieler, Verkäufer und Briefträger in Halle, Autor; geboren 1956 in Steinheidel-Erlabrunn; Ausbildung zum Schienenfahrzeugschlosser in Dresden; lebt seit 1982 in Berlin.

Veröffentlichungen: *Idyll. Erzählungen und andere Texte*, Halle 1990; *Klio, ein Wirbel um L.*, Roman, Göttingen 1996; *Die Nachtt, die Nachtt – der solituderten Herrtzen!* Mit Grafiken von Hans Scheuerecker, Berlin 1997 (aus: »Roulette mit Neigung«; unveröffentlichter Roman von 1988); *Das dritte Foto*. Mit 5 farbigen Linolschnitten von Wolfgang Jörg, Berliner Handpresse 1997; *Wenn die Blüten blühen grünt mir Schwanes!* Mit 5 farbigen Linolschnitten von Wolfgang Jörg, Berliner Handpresse, 1998; *Der Tod & der Philologe*. Mit 5 farbigen Linolschnitten von Wolfgang Jörg, Berliner Handpresse, 2002; *Der Büchermörder*, Frankfurt/M. 2005

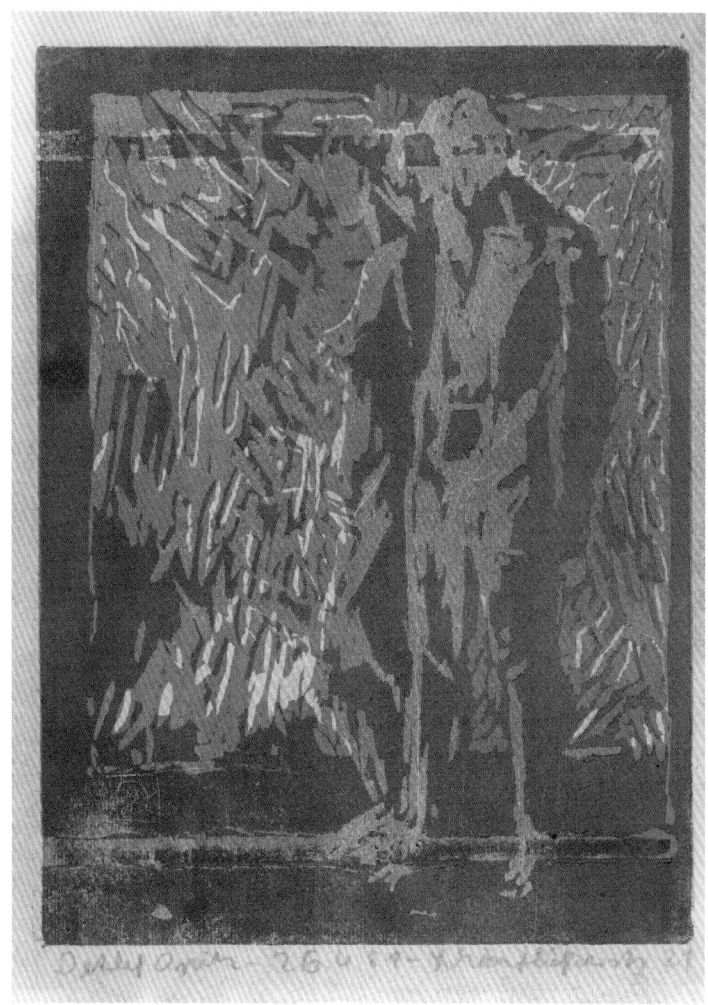

Einladungsgrafik
von Dörte Michaelis

26. April: Lesung von Detlef Opitz, die Einladungsgrafik stammte von Dörte Michaelis, einer Künstlerin aus Greifswald, die in Halle studierte und uns damals oft besuchte. Die Küche war voll, unter ihnen Rainer Kirsch, Heiner Müller, Elke Erb. Zu dieser Zeit gab es bereits die legendären Nudelsalate, die Wilfriede und ich vor jeder Lesung bereiteten: vier Packungen Spirellinudeln, bissfest gekocht, Büchsen mit Rind- und Schweinefleisch, Äpfel, Zwiebel, alle möglichen Früchte, immer zwei riesige irdene Schüsseln voll. Dazu zwei oder drei Mischbrote, nach russischer Art in grobe Stücke geschnitten. Es blieb nie etwas übrig! Den Rotwein versteckte ich im Bauch des Klaviers hinter einer Klappe, die nur ich öffnen konnte. Die Dichter bekamen den Wein spendiert; wer Geld hatte, musste die Flasche bulgarischen Rotwein Marke Cabernet zum Einkaufspreis von 6 Mark kaufen. Es gab immer genug!

(Aus: brennzeiten)

Aus: … PUZZLES

II.
tenteenstuntoof tun
diskoatischer kradfahrwind macht haar majakowskischen büsten zu
recht und den geist kool fürs glimmen & pinkeln.
diesmal klappts mit der klunte wetten, sonst bleibt kein strauch
heil heut nacht.
§ 215: rowdytum

III.   !:diesemaßnahme
       ist nicht wegen/
       eines grenzverge
       hens ergriffen w
       orden das lässt s
       ich ihnen nicht/
       nachweisen der g
       rund ist dass sie
       nicht die gewähr
       bieten unser lan
       d als staatsbürg
       er im sozialisti
       schen ausland wü
       rdig zu vertrete
         n abtreten!!

         die
        s bedar
       f keiner we
      iteren erklärun
       g oder sonsti
        ger begrü
         ndung
          !

IV.
BITTERkeitBITTERfeldBITTERlemon bitte SCHÖN
           Diese farbkompositionen der blumen
Wenn alles noch jung ist. Da müsste wer ein
           BITTERSCHÖNES kinderbuch schreiben,
Das heißen sollte:
Vom Franzel Der Erst Soldate Werden Wollte Und Dann Nicht Mehr So Sehr Toll.

VII.

presste mit beiden daumen öffnung des gesäßes auseinander – stop – geschlecht
kontrolliert, fehlenden hoden registriert – stop – fotos vorn plus profil – stop – fünf
finger rechte hand einzeln, einzeln fünf finger linke hand, zweimal fünf finger
gemeinsam, auf rückseite beide hände komplett – stop – vielleicht nehmen wir
auch noch den arsch haha – stop – geruchsprobe konserviert – stop – zwei mal drei
schritt, eine pritsche, liegen am tag verboten – stop – weitere leibesvisitationen zum
auffrischen – stop –
A: wie soll diese äußerung verstanden werden? – stop – C: und damit, was meinen
sie damit – stop – B: nehmen Sie sich ruhig zeit, davon werden sie demnächst genug
haben– stop – B: mit wem verkehren sie hier eigentlich, name und anschrift bitte –
stop – B: sie lügen, wenn sie s maul aufmachen, sie bisexueller auswurf – stop – A:
pornosau – stop – sekretärin: sie personifizierte blödheit– stop – B plus C: ekelhaftes
geschöpf, spucknapf – stop – A: was zucken sie, hier wird nicht geschlagen! ich mach
mir doch meine hände nicht schmutzig an dir – stop – C: sie sind ein nichts, wenn
wir wollen – stop – A oder B: wir wollen – stop – (eine tages– und nachtfüllende
etüde voller ungewissheit)
D: ' tschuldigung war missverständnis – stop – D: ermittlungsverfahren eingestellt,
beschlagnahmtes material zurück – stop – D: ganzes auto hm halb voll – stop – D:
wiedersehen – stop – Pförtner: auf baldiges – stop –
    : ein telegramm, gefunden zu werden. zu mehr war keine lust mehr zur zeit.
aus einem fiktiven Protokoll: (s. v. d.) EXPERIMENT KANN ALS ERFOLGREICH
ABGESCHLOSSEN BETRACHTET WERDEN PUNKT SUICIDVERSUCH
GEGLÜCKT PUNKT
(A-Z-n-III:7003-fünf, Bereich Omikron 0034)

31. Mai 1981   Lesung Katja Lange-Müller

Bildredakteurin, Requisiteurin, Hilfsschwester, Lektorin, Autorin; geboren 1951 in
Berlin-Lichtenberg; Lehre als Schriftsetzerin, Studium am Literaturinstitut »Johannes
R. Becher« in Leipzig, 1982 einjähriger Studienaufenthalt in der Mongolei; lebt in Berlin.

Veröffentlichungen: *Wehleid – wie im Leben*, Frankfurt/M. 1986; *Kasper Mauser – die Feigheit vorm
Freund*, Köln 1988; *Verfrühte Tierliebe*, Köln 1995; *Die Letzten: Aufzeichnungen aus Udo Posbichs
Druckerei*, Roman, Köln 2000; *Biotopische Zustände*, Berlin 2001; *Preußens letzte Pioniere*, Rheins-
berg 2001; *Stille Post*, Schwetzingen 2001; *Der süße Käfer und der saure Käfer*, Berlin 2002; *Was
weiß die Katze vom Sonntag?*, Berlin 2002; *Die Enten, die Frauen und die Wahrheit*, Köln 2003;
Der nicaraguanische Hund, Berlin 2003; *Böse Schafe*, Köln 2007; *Drehtür*, Köln 2016.

Katja Lange-Müller (lesend)

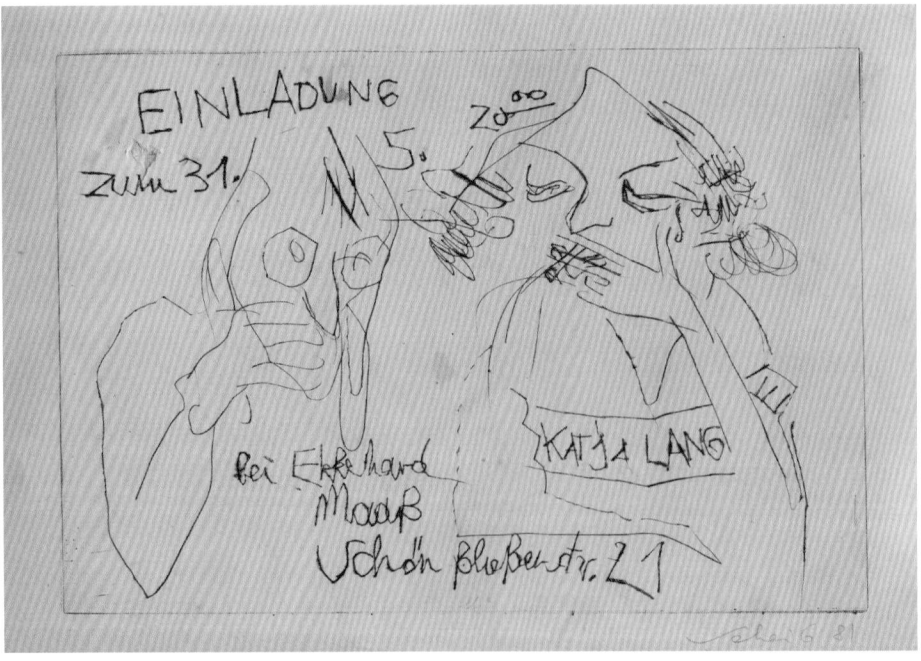

Einladungsgrafik von Hans Scheib

Die Lesungen von 1978 bis 1989

Lesung von Katja Lange. Hans Scheib hatte eine schöne Einladungsgrafik gemacht, die sie neben Sascha zeigt. Die Küche war mit fast sechzig Gästen wieder brechend voll, einige saßen in der Schlafkammer auf dem Hochbett und schauten durch ein Fenster, das ich irgendwann eingebaut hatte. Unter den Gästen war die Fotografin Helga Paris, die seit einiger Zeit die Lesungen dokumentierte.

(Aus: brennzeiten)

BERLINER IDYLL – EIN ABZÄHLREIM

hängen betten aus dem fenster
        dicke rote taggespenster
federn fliegen weiß wohin
        kinderleicht und ohne sinn
die da oben diese schweine
        lassen wochenlang alleine
nasses baby mit der katze
        ohne laken auf matratze
machst du schluss mit dem geschrei
        heute gibt's kein spiegelei
früh die kinder voll kakao
        später arsch voll vater blau
eine kleine spinne spinnt
        langsam wie die milch gerinnt
einen faden übern hof
        ronni mayerbeer ist doof
der muss in die doofenschule
        für negerbullenfixerschwule
coca cola mit aroma
        bringt den opa auf die oma
auf dem sterbeelchfell liegt
        aber bloß noch wasser kriegt
ronnis opi klein und grün
        keiner guckt mehr gerne hin
und der war früher fernsehstar
        doch das ist bald nicht mehr wahr
stirbt er aus der wohnung raus
        ziehen wir ins vorderhaus
hängen betten in die fenster
        rosarote nachtgespenster

Bericht der IM »Marion«

Kreisdienststelle Pankow

Berlin, 15.6.1981
Tonbandmitschnitt – fr

Treff am 15.6.1981

Am Sonntag, den 31. Mai, 20 Uhr, fand bei

Ekkehard Maaß, Schönfließer Straße,

eine Lesung statt. Zu dieser Lesung las

Katja Lange,

die z.Z. am Literaturinstitut in Leipzig im Direktstudium studiert. In der Wohnung des Ekkehard Maaß
befanden sich zum Zeitpunkt der Lesung etwa 55 Personen, später kamen noch etwa 10 Personen hinzu.
Namentlich bekannt sind mir von den teilnehmenden Personen folgende:

Ekkehard Maaß,

Bert Papenfuß,

Elke Erb,

Uwe Kolbe,

Viola Sandberg und Mutter,

Dieter Eue,

Thomas Klein

und seine Freundin

Jutta Braband,

Sascha Anderson,

Katja Lange,

Rommy Baumann

und ein gewisser

Volker.

An dieser Veranstaltung nahmen außerdem einige Schauspieler der »Volksbühne« Berlin teil, die mir
namentlich nicht bekannt sind. Die Lesung sollte um 20 Uhr beginnen. Ein größerer Personenkreis war
jedoch schon zu 19 Uhr eingeladen. Dieter Eue hoffte, dort Uwe Hübner zu treffen, von dem er zu 19 Uhr
bestellt worden war. Uwe Hübner hat an dieser Veranstaltung aber nicht teilgenommen. Katja Lange las
dann ab 20 Uhr aus unveröffentlichten Manuskripten.

Sie las die Erzählung »Lebenslauf«, die die Geschichte eines in der DDR geborenen Jungen schildert, der
später als Berufsoffizier zur Armee geht und dann einen italienischen Kommunisten erschießt. Die Geschichte bezieht sich auf ein reales Vorkommnis, ist aber fiktiv gestaltet.

Katja Lange las außerdem ca. 50 Gedichte und einige Kurzprosatexte, zudem Texte, wer erschießt mich
für 50 Mark?

Vorgestellt wurde Katja Lange von Ekkehard Maaß. Allerdings nur in zwei Sätzen, er nannte lediglich
ihren Namen und was sie zur Zeit macht. Die Lesung dauerte ca. 45 Minuten. Eine anschließende Diskussion war zwar geplant, kam aber nicht zustande, lediglich eine Wortmeldung erfolge von einem
Jungen, der Katja Lange bestätigte, dass sie in sehr ehrlichen Worten geschrieben habe und es sei wohl-
tuend, solches zu hören. Der Beifall war einmütig.

Ekkehard Maaß und Dieter Eue kannten sich persönlich nicht, aber als Dieter Eue sich bei Ekkehard Maaß
vorstellte, wusste dieser gleich Bescheid und sagte, »dein Manuskript habe ich gerade hier«. Das Manuskript von Dieter Eue war offensichtlich aus Dresden zu Ekkehard Maaß gelangt. Von dieser Aktion

wusste Dieter Eue ebenfalls nicht. Ekkehard Maaß stellte fest, dass ihm das Manuskript sehr gut gefallen habe, und fragte Dieter Eue, ob dieser bereit sei, daraus zu lesen. Dieter Eue sagte diese Bereitschaft zu, und so wurde die Lesung für den Juli 1981 vereinbart. Sie findet voraussichtlich am 28. Juli statt.

Da die letzte Lesung am 31. Mai stattfand, die nächste für den 28. Juni geplant ist und ich ein Plakat einer früheren Lesung sah, die auch an einem Monatsende stattfand, ist anzunehmen, dass die Lesung monatlich einmal, wahrscheinlich am letzten Sonntag des Monats, stattfindet. Die Wohnung des Ekkehard Maaß macht einen recht geräumigen Eindruck. Ich sah zwei recht große Zimmer und die sehr geräumige Küche, in der auch die Lesung stattfand. Nach der Lesung verteilte sich das Publikum in diese drei Örtlichkeiten. Wahrscheinlich ist aber noch ein dritter Wohnraum vorhanden. Einige der anwesenden Personen erschienen erst, nachdem die Lesung bereits beendet war. So auch Bert Papenfuß und Sascha Anderson. Über dieses Verhalten war Katja Lange recht erbost. Auch während dieser Veranstaltung wurde deutlich, dass untereinander doch recht erhebliche Diskrepanzen bestehen. So berichtet Uwe Kolbe, dass Bert Papenfuß und Sascha Anderson in der Vorwoche betrunken bei ihm erschienen seien, um mit ihm zu diskutieren, dass er aber nach 10 Minuten die Schnauze voll gehabt hat, weil schließlich er ihre Sprachspielereien nicht mehr ertragen könnte, da er immer noch der Meinung sei, dass Sprache zur Verständigung zwischen mindestens zwei Menschen beitragen müsse. Uwe Kolbe erzählte ebenfalls über die von Franz Fühmann beauftragte Sammlung junger Autoren für eine Anthologie und teilte mit, dass zwischen Anderson und Papenfuß recht erheblich unterschiedliche Auffassungen zur Literatur bestünden, weshalb man sich da recht heftig zusammenraufen müsse. Später sprach Sascha Anderson mit Katja Lange und lud zu einer im Juni stattfindenden Lesung nach; Ort und Zeit sind mir unbekannt, ein: Katja Lange wollte dort nicht allein lesen und bat Uwe Kolbe, dort mit ihr gemeinsam zu lesen, der lehnte ab, so wurde ein mir unbekannter junger Mann namens Volker für diese Lesung engagiert.

In diesem Zusammenhang wurde mir bekannt, dass Sascha Anderson regelmäßig einmal monatlich in einer Kirche Lesungen organisiert. Es handelt sich unter Umständen dabei um eine Kirche in einem kleinen Ort in der Umgebung von Dresden, da Sascha Anderson z.Z. in Dresden lebt. Sascha Anderson erzählte über die letzten Lesungen, und auch aus den Worten von Katja Lange war zu entnehmen, dass diese Lesungen regelmäßig stattfinden und auch stattgefunden haben. Sascha Anderson berichtete außerdem von einer Lesung, die er organisiert habe, bei der Elke Erb und zwei weitere bekannte Autoren gemeinsam lesen würden. Bei den zwei anderen Autoren handelte sich unter Umständen um

    Adolf Endler

und

    Martin Stade.

Bei vielen der Gespräche wurde lobend Franz Fühmann erwähnt, der sich sehr für die jungen Autoren in der DDR einsetzt. Besonders gute Beziehung hat er zu Anderson und Papenfuß. Zu dem Dresdner Kreis gehören außer Anderson und Hübner der junge Autor

    Michel Fritz.

Eine junge Frau hat übrigens während der Lesung und bei den Gesprächen danach Gruppenportraits gemacht.

Für die Lesungen bei Ekkehard Maaß werden jeweils Plakate von jungen Grafikern angefertigt. Pro Lesung etwas über 30, die dann bei einigen Schriftstellern etc. ausgehängt werden. So zum Beispiel bei der Autorin Elke Erb. Bei den Grafikern handelt es sich um unterschiedliche Personen.

    f. d. R.

Reise

Leutnant   gez. IM

Bericht des IM »David Menzer«

Während einer Lesung im März oder April diesen Jahres sprach Hans Jürgen Scheib – Maler und Grafiker, Berlin – mit Ekkehard Maaß und schlug ihm vor, Katja Lange bei Ekkehard Maaß lesen zu lassen. Die Organisation dieser Lesung lag bei Ekkehard Maaß, Ekkehard Maaß wurde von Hans Jürgen Scheib angesprochen und hat sich bei mir nur rückversichert, ob Katja Lange eine gute Literatin sei und ob es sich lohne, sie lesen zu lassen. Katja Lange hat ungefähr dreiviertel Stunden gelesen. In der anschließenden Diskussion ging es hauptsächlich um literarische Komplexe von Kurzprosa und Lyrik.

Im großen Ganzen lässt sich immer wieder feststellen, dass nach Lesungen doch weniger über politische Themen und politische Dinge diskutiert wird, als dass Kontakte geschlossen werden, dass Verabredungen getroffen werden, dass man Gemeinsamkeiten feststellt, dass man versucht, immer wieder innerhalb der Generation zwischen 20 und 30 eine Abgrenzung zur Generation zwischen 40 und 50 zu finden, oder dieses Verhältnis zu klären. Die anwesenden Literaten waren diesmal hauptsächlich aus der jüngeren Generation, Bert Papenfuß, Stefan Döring, Dieter Eue, Roland Manzke, Uwe Kolbe, Dieter Schulze, Leonhard Lorek und von den älteren Literaten war nur Elke Erb anwesend, außer Elke Erb noch Rainer Kirsch.

Im Grunde war das eine Lesung eines literarischen Außenseiters, der sich kaum einordnen lässt in die literarische Szene der DDR. Insgesamt waren zur Lesung ungefähr 70 Besucher gekommen, was auf einen ziemlichen Bekanntenkreis von Katja Lange und auf eine ziemliche Reklame von seiten Ekkehard Maaß schließen lässt.

Dresden den 10.6.1981   »David Menzer«

28. Juni 1981   Lesung Dieter Eue

Ausbildung zum Werkprüfingenieur, Autor, Journalist, Redakteur; geboren 1947 in Berlin; lebt in Berlin.

Veröffentlichungen: *Ketzers Jugend*, Hamburg 1982/87; *Ein Mann namens Kohlhaas. Novelle*, Hamburg 1983; *Alles Kino. Ein Trip durch die Republik*, Frankfurt/M. 1989; *Haste mal ne Mark. Umsonst durch die Republik. Ein Bericht*, Frankfurt/M. 1992.

Am 28. Juni war die Lesung von Dieter Eue, der als erster in der Schönfließer Straße Prosa vortrug. Er las aus seinem Manuskript »Ketzers Jugend«. Sascha Anderson lieferte der Stasi einen Tonbandmitschnitt und das Manuskript, das nach Einschätzung der Hauptabteilung IX der Staatssicherheit »den Tatbestand der staatsfeindlichen Hetze« erfüllte. Dieter Eue konnte im selben Jahr ausreisen.

(Aus: brennzeiten)

Aus: KETZERS JUGEND

– Tach. Ich bin Constantin (das für einer?).
– Guten Tag. Ich heiße Detlef Schädlich (hipipi, hat mir
    grad noch gefehlt).
Sie reichen sich die Hände. Kühl schrammen die Blicke.
– Kannst Brian zu mir sagen.
– Brian? Wieso Brian? Bist du ein Engländer? Das obere
Bett ist frei.
Ketzer legt seine Cordjacke auf das Bett. Blauweiß ge-
mustertes Leinenzeug. Dreht sich zu Schädlich.
– (eintopp) kennste nich Brian Jones? Den Rhythmus-
gitarristen der Rolling Stones? Nie was von gehört?
– Bist wohl Musiker?
Ketzer nickt. Nickt und dreht den Kopf. Wenig so eine
Zelle. Wie ein Sarg, denkt er.
DIESE ZELLE: 10 m², ein Doppelstockbett, drei Holz-
schemel, ein Klapptisch, ein kleiner Wandschrank. In diesem
greift Schädlich, fingert sich eine Zigarette, lässt sich auf
einen Schemel fallen. Zündet an. Raucht.
– Haste nich n Zigarette für mich? Hab schon seit Sonn-
abend nich mehr geraucht (sonnabend, war ich noch, nobs
kriegte das klaviersolo bei we love you nich hin, voll war
der saal).
Schädlich reicht Ketzer ein Paket Tabak und Zigaretten-
papier.
– Hier! Musst du dir selber drehen.
– Selber drehen?
– Na klar! Was denkst du denn? Mit dreißig Mark Einkauf kommste nicht weit! Meensch,
pass auf! Du saust ja alles untern Tisch. Ircch! So macht man das.
Schädlich nimmt Ketzer den Papierstreifen aus der Hand. Macht vor.
– Hier, stoß an. Streichhölzer musste auch sparen. Hier gehts anders lang als draußen.
Ketzer stößt an, zieht, saugt, saugt. Kitzelnd gurgelt der Rauch durch die Luftröhre.
– Konnt überhaupt nichts mitnehmen. Ausm Bett haben se mich geholt.
– Weswegen bist du n drin?
– N Witz. Hab n Witz erzählt.
– N Witz?
– Ja, n Witz. Vonner Bühne, durchs Mikro.
– Was war denn das für ein Witz?
– Ach, n ganz doofer.
– N politischer?
– Politisch, politisch! N Witz eben!
– und deswegen biste im Gefängnis?
Schädlich hebt die Augenbrauen. Ungläubig federn die Wimpern.

Einladungsgrafik von Dieter Eue

– Deswegen kommt doch keiner in Knast?!

– Kommter doch! Siehste ja! (nicht mal was essen durftich, tür auf, sind sie bür, ziehen siesich, verhaftet, omas augen, omas augen, omas au).

– Und weswegen bist du drin?

 Wollste abhauen? Won?

– In Sacro.

– Wo istn das?

– Hier in Potsdam.

– Wassn, so über die Mauer rüber? Die schießen doch!

– Ach, d-durch n Jungfernsee. Schwimmen (fragen, fragen, immer nur fragen).

– Schwimmen! Määnsch!! Alleine?

– Neeein!

Schädlich atmet schneller. Rot sprenkelt sich sein Gesicht.

– Sind die auch in-U Haft?

– NEIN!! Die sind drüüüben! (drüben sind die! drüben sind die! die haben es geschafft, geschafft! mich haben sie hängen lassen, die schweine, schweine, schwein).

Wie Kreissägen rotieren die Worte. Ritzen. Schneiden. Verletzen. Schädlich krümmt sich vor Schmerz. Ketzer verstört.

– Wa… ähem, wann warn das?

– Im. Im Juli. Aaam fünften.

Schädlich schneuzt sich. Nimmt Ketzer die brennende Kippe aus der Hand.

– Nicht wegschmeißen! Rauchen wir später mit Tütchen.

– Tütchen? Wasn das nu schon wieder?

Schädlich erhebt sich. Zwängt sich an Ketzer vorbei. Geht zum Fenster. Drückt sein Gesicht gegen die Sichtblenden.

– Draußen ist Sommer (sind bestimmt schon paris, place de la concorde, on parle francais, on sera un étudiant de la sorbonne, und ich hier drin, *ich hier drin*! wie lebendig eingemauert! barbaren! ich muss hier raus, ich muss hier raus, hier werde ich verrückt, verrückt, verrück).

Schädlich schleudert sich in die Zelle zurück. Lässt sich auf das Bett fallen. Wirft den Kopf auf die aufgestützten Arme. Rührt sich nicht mehr. Ketzer sitzt mit offenem Mund. Eng spannt der Kragen um seinen Hals. Er schluckt und schluckt. Will etwas sagen. Doch nur rauh reiben die Stimmbänder. Plötzlich.

– Aber runter da vom Bett! Sonst mach ich Ihnen Beine!

Gallertauge im Spion. Schädlich sieht zur Tür, erhebt sich knarrend, schlurft zum Tisch zurück. Zufrieden scheuert die Spionklappe gegen das Holz.

– Heut hat Knochenkarl Dienst, da musste dich vorsehen. N ganz scharfer Hund ist das. Der ist so leise, den hörste nie. Miststück!

– Darf man denn nicht aufm Bett liegen?

– Pfffih! Haste doch gesehen! Nicht mal sitzen darfste am Tage drauf! DAS LIEGEN AUF DEN BETTEN IST DEN UNTERSUCHUNGSGEFANGENEN NUR ZWISCHEN DEM EINSCHLUSS UND DEM AUFSCHLUSS GESTATTET! Hier, lies dir das durch, dann weiste Bescheid, wies hier langgeht.

Schädlich holt zwei cellophanierte Blätter aus dem Schrank. Reicht sie Ketzer. […]

ANSTALTSORDNUNG FÜR DIE UHA-POTSDAM

Es ist verboten…
Es ist verboten…
  ist verboten…
   verboten…
    boten…
    bo
    b
    Baff

Hauptabteilung XX   Berlin, den 29. Juni 1981

Streng geheim   gef. 5 Exemplare

Information 655/81

über die Lesung des Eue, Dieter am 28.6.1981

Am 28.6.1981 fand in der Wohnung des im OV »Keller« der Hauptabteilung XX/9 operativ bearbeiteten

   Maaß, Ekkehard, ohne Tätigkeit

die angekündigte Lesung des

   [geschwärzt] Eue, Dieter, Angestellter, Kaufhalle Berlin-Pankow

statt.

Anwesend waren 38 Personen, von denen bisher folgende identifiziert werden konnten:

   Maaß, Ekkehard und Frau

   Eue, Dieter

   Pastor Hofmeister, Martin und Frau

   Dr. Klein, Thomas

   Brabant, Jutta

   Gorek-Papenfuß, Bert

An der weiteren Identifizierung der Personen wird gearbeitet. Konspirativ wurden Dokumentationen gefertigt.

Eule las aus seinem negativ-feindlichen Manuskript »Ketzers Jugend«, trotz der durch die Untersuchungs- organe erteilten Auflage, jegliche Lesungen daraus zu unterlassen. Die Grundaussage der durch Eue verlesenen Auszüge aus diesem Manuskript war durchweg pessimistisch und enthielt nur negative Aus- legungen politischer Ereignisse und angeblicher eigener Erlebnisse aus dem Strafvollzug.

Die Reaktion des Publikums auf die Aussagen des Eue waren im wesentlichen zustimmend. Kritische Einwände gab es durch mehrere Teilnehmer wegen der überhäuften Anreihung sogenannter DDR-Tabus (u.a. Austausch Corvalan – Bukowski, Tod Brüsewitz, Ausbürgerung Biermanns). Die Lesung mit an- schließender Diskussion dauerte von ca. 20:30 Uhr bis 24 Uhr

Es wird vorgeschlagen, nach Auswertung des konspirativ angefertigten Mitschnitts eine Konsultation mit der Hauptabteilung IX und der KD Berlin – Prenzlauer Berg zu führen, um über mögliche rechtliche Maßnahmen gegen Maaß als Gastgeber und Eue als Autor zu beraten, wie z.B.

– Aufklärung von Zeugen;

– Anwendung der Veranstaltungsordnung;

– Anwendung anderer strafrechtlicher Maßnahmen

Die Lesungen von 1978 bis 1989   73

Hauptabteilung XX/9   Berlin, 9. Juli 1981

Information (Auswertung Tonbandmitschnitt) über eine Lesung des Eue, Dieter aus seinem Manuskript »Ketzers Jugend« am 28.6.1981 in der Wohnung des Maaß, Ekkehard, Schönfließer Straße 21

Am Anfang wurde Eue kurz von Maaß vorgestellt. Eue las aus folgenden Kapiteln:

Teil – Strafsache K.
   I. Kapitel, Seite 1–20
   II. Kapitel, Seite 44–52
Teil – Tod des Wassermanns, Seite 54–67
Teil – Endzeit, Seite 371–374

Der Inhalt ist, bis auf wenige weggelassene Sätze (mit wenig Aussage), mit dem vorhandenen Manuskript identisch.

In einer Pause (21:50 bis 22:35 Uhr) und nach der Lesung (22:50 bis 23:45 Uhr) wurden von bisher nicht identifizierten männlichen Personen in der Diskussion nachstehende Meinungen vertreten bzw. Fragen gestellt:

–   Eine Person (Jahrgang 47), fühlte sich bei der Lesung immer wieder an sein Erinnerungsvermögen appelliert. Das mache keinen Spaß, weil man sich an eigenen Erinnerungen totlaufe und alles zu konkret sei. Man habe alte Bilder vor Augen und könne Jahr für Jahr der Handlung abhaken. Beim Lesen eines Romans will er Gefühle entwickeln und nicht Dokumentarisches erfahren. Ansonsten sieht er sich mit der Person Ketzer fast identisch, weil er zur selben Zeit Ähnliches erlebt habe.

Zur Frage: »Warum ist Ketzer so alt wie die DDR?« bezieht Eue keinen konkreten Standpunkt.

Zur Frage: »Was war der Anlass des Schreibens?« äußerte Eue, es sei Sentimentalität über das Älterwerden bzw. die Mode, aus Rührseligkeit alte Sachen aufzumöbeln.

Auf die Frage: »Ist der Roman autobiografisch oder hat Eue einen Informanten?« gab Eue zu, dass der Informator als Figur im Roman auftaucht.

Eule teilt kurz den Lebensweg der Romanfigur Ketzer mit:

–   lebte im Dorf Zichten, Lehre Kfz Schlosser;
–   spielte als Musiker in einer Band in den umliegenden Ortschaften. Ein Mitglied der Band wurde 1969 in die Ereignisse um den Spittelmarkt verwickelt. Die Gruppe löste sich auf;
–   Ketzer steigt zum Gelegenheitsarbeiter ab. Rauschgift – arbeitet nicht mehr, zieht um;
–   geht freiwillig in eine Entziehungsanstalt;
–   wird Theaterbeleuchter in Dresden (Großes Haus), weibert und säuft viel rum und findet Kontakt zu Leuten von der Kunsthochschule;
–   wechselt mit einer Studentin der Dresdner Kunsthochschule, die in Berlin weiter studiert, nach Berlin über;
–   arbeitet in Berlin als Schlosser und Barkeeper;
–   wird Rausschmeißer in einem Berliner Jugendklub;
–   lebt mit einer Malerin zusammen;
–   wird Jugendklubleiter in Berlin, bekommt entsprechende Auflagen;
–   bekommt Ärger wegen der Organisierung eines Rockfestivals in Chorin;
–   freundet sich mit einer Schauspielerin an;
–   wird Tontechniker einer Band;
–   wird den Ereignissen 1976 um Renft und Biermann verwickelt
–   Ende Januartag 1977.

Auf die Frage, wo er seinen Roman bereits angeboten habe, antwortet Eue, er habe bei Hinstorff Verlag Erfahrungen gemacht. Obwohl Schriftsteller ihm abrieten, habe er über Bekannte (nicht über die Post) seinen Roman beim Hinstorff Verlag eingereicht. Er bekam eine Einladung vom Verlagschef und es habe ein »ziemlich gutes Gespräch stattgefunden«. Man sagte ihm, es sei zu episodenhaft geschrieben und es müsse einiges herausgenommen werden. Das Manuskript müsse erst entwickelt werden. Zu seinem Erstaunen hat keiner mit der Maschinenpistole dort gestanden, sondern man habe sachlich mit ihm gesprochen.

Eine Person vertrat die Meinung, dass Eue *alle* sogenannten Tabuthemen dieser Zeit lediglich aufgezählt hat und dabei wenig Fantasievermögen entwickelt hat. Von Brüsewitz bis Bukowski – Corvalan sei alles enthalten. Eue bemerkte, er komme um diese Tabuthemen nicht herum.

Einige Meinungen wurden zur Haftzeit der Romanfigur Ketzers geäußert. Die Darstellung sei realistisch, es gebe aber keinen Unterschied zwischen der Haft in der DDR und beispielsweise Plötzensee.

Andere Schwerpunktfragen oder Diskussionen konnten dem Mitschnitt nicht entnommen werden, da die Diskussion in Gruppen fortgesetzt und somit mit der Technik nicht mehr erfasst werden konnte.

Pesch
Hauptmann

20. September 1981   Panorama-Lesung
Eberhard Häfner, Jan Faktor, Heinz Kahlau, Uwe Kolbe, Roland Manzke, Wolfgang Hegewald, Peter Brasch, Dieter Schulze, Hans-Eckardt Wenzel, Michael Rom, Leonhard Lorek, Lutz Rathenow, Rainer Kirsch, Rüdiger Rosenthal, Traudl Kulikowsky, Sascha Anderson, Bert Papenfuß, Stefan Döring

Am 20. September hatte ich eine »Panorama-Lesung« organisiert, auf der »16 Nachwuchsautoren« jeweils ein neueres Gedicht lesen sollten, woran sich leider niemand von ihnen hielt. Mit großer Mühe gelang es mir, die Dichter nach der Lesung in Wilfriedes Werkstatt zu kriegen, wo Helga Paris ein Gruppenbild machen sollte. Als ich sie endlich beisammen hatte, musste ich Christa und Gerhard Wolf verabschieden und bin deshalb als Organisator und Gastgeber selbst nicht auf dem Foto. Dafür ist IM Heinz Kahlau mit drauf. Ich hatte ihn auf der Straße getroffen, mit Günter Kunert verwechselt und ihn spontan zu der Lesung eingeladen. Minuten später, als er schon weg war, fiel mir ein, dass Kunert ja längst im Westen war… Mit dabei war auch Eckardt Wenzel, mit dem ich an der Humboldt-Universität studiert hatte. Und Micha Rom, der Christine Schlegel mitbrachte, die uns dann oft besuchte und bei Wilfriede Keramik bemalte. Das Foto spricht für sich selbst, im Vordergrund sitzen die IMs Anderson und Traudl Kulikowsky. Der Mitschnitt, den Sascha für die Stasi gemacht hatte, gelangte irgendwie zu mir und ist ein Dokument besonderer Art.

(Aus: brennzeiten)

Panorama-Lesung: Eberhard Häfner, Jan Faktor, Heinz Kahlau, Uwe Kolbe, Roland Manzke, Wolfgang Hegewald, Peter Brasch, Dieter Schulze, Hans-Eckardt Wenzel, Michael Rom, Leonhard Lorek, Lutz Rathenow, Rainer Kirsch, Rüdiger Rosenthal, Traudl Kulikowsky, Sascha Anderson, Bert Papenfuß, Stefan Döring

Die Lesungen von 1978 bis 1989

Bericht des IM »David Menzer«

Tonbandabschrift

Information zur Lesung am 20.9.1981 bei Ekkehard Maaß, Schönfließer Straße 21

Der ursprüngliche Plan für diese Lesung war das Zusammenlesen Stefan Döring, Eberhard Häfner, Bert Papenfuß und Sascha Anderson. Der Plan hat sich insofern erweitert, dass alle anwesenden schreibenden Lyriker und Prosaleute zu Wort kommen, dass jeder das letzte, was er geschrieben hat, vorliest. Das Ergebnis sollte sein, vom Gefühl her eine Tendenz zu bestimmen, sagen zu können, wohin zielt diese Literatur, woher kommt sie, und einen Überblick zu geben über die jetzige Arbeit aller Schreibenden, die dort sind.

Ich habe ein Band zur Verfügung gestellt von dieser Lesung. Das Band ist technisch nicht ganz gut gewesen, deshalb sind fünf Lyriker ausgefallen, das Band hat geklemmt. Ich werde diese fünf jetzt hier aufzählen. Es sind:

Rainer Kirsch, der Nachdichtungen von Petrarca vorgelesen hat. Er hat also keine Gedichte von sich vorgelesen, sondern Rohübersetzungen und Nachdichtungen.

Wolfgang Hegewald hat die drei Texte vorgelesen, die er in der Sammlung des Arbeitsheftes der Akademie der Künste hat.

Uwe Kolbe hat nur zwei Gedichte vorgelesen, die im Arbeitsheft der Akademie enthalten sind. Das ist der Text über Tarkowski / Rubljow und »Am Abend komm ich vom Kino«.

Der Vierte ist ein anwesender tschechischer Gast Jan Faktor. Drei Gedichte hat der vorgelesen, wo es um die Problematik Vater-Mutter-Sohn geht. [geschwärzt]

Als Fünfter fehlt Peter Brasch, der zwei kurze Texte aus dem Prosatext und ein Gedicht vorgelesen hat, wo es um den Tod einer alten Frau in seinem Haus geht. Beide Gedichte behandeln dasselbe Thema. Die Texte heißen »Frau Zeuke ist tot«. [geschwärzt]

Alle anderen Lyriker und Prosaleute sind auf dem Band drauf. Es fehlen noch ganz am Anfang der Liedermacher Eckardt Wenzel, der bei der Gruppe Karls Enkel als Texter und Komponist arbeitet. Er hat drei Lieder gesungen. Eins davon behandelte in ironischer, aggressiver Form, ohne diffamierend zu sein, die Poetenbewegung in Schwerin. [geschwärzt]

In Reihenfolge sind an diesem Abend aufgetreten: Hans-Eckardt Wenzel, Dieter Schulze – Berliner – schreibt Lyrik, Eberhard Häfner aus Erfurt, Bernd Papenfuß aus Berlin, Rainer Kirsch aus Berlin. Über Rainer Kirsch, Wolfgang Hegewald, Uwe Kolbe, Jan Faktor, Peter Brasch habe ich gerade geredet. Dann Roland Manzke aus Berlin, Micha Rom aus Dresden, Leonard Lorek aus Berlin, Lutz Rathenow – Berlin, Traudel Kulikowski – Berlin, Stefan Döring – Berlin, Rüdiger Rosenthal – Berlin, Heinz Kahlau – Berlin und Sascha Anderson – Dresden.

Heinz Kahlau war zu dieser Veranstaltung konkret nicht eingeladen worden. Ekkehard Maaß hat den zu anderen Veranstaltungen immer wieder eingeladen und hat die allgemeinen Termine bekannt gegeben. [Geschwärzt] Rainer Kirsch und Heinz Kahlau waren die einzigen offiziellen Lyriker, die mit anwesend waren.

Günther Rücker von der Akademie der Künste war eingeladen worden, hat auch fest zugesagt, zu diesem Abend zu kommen, um sich zu informieren über die Lyrik und Prosa der jüngeren Leute, ist aber nicht gekommen.

Gez. David Menzer

22.9.1981

18. Oktober 1981   Lesung Peter Brasch und »Spätlese«

Dramaturg, Kinderhörspielautor, Autor; geb. 1955 in Cottbus als Sohn jüdisch-österreichischer Kommunisten; Studium der Germanistik, 1976 Exmatrikulation; 2001 verstorben.

Veröffentlichungen: *Rosalinde und 3 Knappen*, Theaterstück, 1987; *Herr Konnie und die Uhren*, Berlin 1988; *Rückblenden an Morgen*, Prosa, Gedichte, Stücke, Berlin 1991; *LebensGang*, Prosa, Gedichte, Berlin 1997; *Schön hausen*, Berlin 1999; *Status Quo*, Essays, Skizzen und Portraits, Berlin 2002.

Am 18. Oktober dann die Lesung von Peter Brasch. Die Einladungsgrafik, eine Radierung, stammt von Anatol Erdmann. Besondere Gäste waren Adolf Endler und Paul Gratzik, Hans Scheib, Sabine Grzimek, auch Sascha ist da mit Eva, Papenfuß, Häfner und ebenfalls aus Erfurt Gabriele Kachold (heute Stötzer).

Nach Peter Braschs Lesung gab es zu später Stunde noch eine Spätlese mit Gedichten von Häfner, Papenfuß, Gerd Adloff, Micha Rom. Nach Häfner las Adolf Endler einige der Testamente von Dieter Schulze vor. Paul Gratzik, der angetrunken halb hinter ihm saß, piekte ständig mit halbblauen Kommentaren, was Eddi maßlos reizte. Als vor ihm dazu noch Gabriele Kachold mit einer Dame schmuste und schwatzte, explodierte er: »Ich spreche Ihnen jedes Kunstgefühl ab, jedes Ihrer Gefühle stinkt!!!«. Obwohl es zwei Uhr Nachts war, ging die Lesung weiter. Eddi las auch sein »Mutterbutterbrot vom letzten Vatertag« vor, sehr lustig gereimt, aber es hatte neben den Gedichten von Häfner und Papenfuß keine Chance. Dieter Schulze las noch eines seiner Testamente.

Anschließend kam es zu einer heftigen Diskussion. Wilfrieds Bruder Ernst, Mitglied von Partei und Kampfgruppe und, wie sich später herausstellte, IM, kritisierte den pessimistischen Inhalt der Texte. Die Diskussion wurde politisch, gefordert wurde, stärkeren Druck auf die Obrigkeit auszuüben. Eberhard Häfner reiste, oft mit seiner Frau Magdalena, aus Erfurt an und wohnte bei uns, ebenso Sascha und Eva. Wie sie alle unterkamen, kann ich nicht mehr erinnern. Wir hatten ja auch Kinder, die jeden Morgen zur Schule mussten.

(Aus: brennzeiten)

KLEIST, EIN MORD AM WANNSEE

Still Henriette.
Hörst du den Wind in meinem Kopf.
Es ist ein Loch darin Sie
haben daraus einen Arsch
Gemacht Den Frieden zu finden mit Preußen
Schrie: Die eine Hälfte Krieg
Den Krieg erklärte die andere
Hälfte für den Frieden im Kopf:
Mit Papierkugeln auf den Staat schießen.

Ich bin zwei: Henriette.
Dazwischen ist ein Loch.

FRAU ZEUKE

5. Januar. Frau Zeuke tot. Drei Tage
lag sie auf dem Teppich
die Beine auf dem Bett. Der Kopf im Teppich.
64 Jahre alt und jedes Jahr in
diesem Haus die Dielen abgetreten seit
sie laufen konnte und jeden Tag in
diesem Haus die Stufen gezählt
bis in den vierten Stock.
Jetzt zählen Sie die Träger
vom Bestattungsinstitut.

Wo sind wir her
Wo gehn wir hin
Vom Mutterkuchenfressen
bis zum Fraß der Würmer
Die Spur dazwischen spült der Regen
schaben die Füße in der Choriner Straße 36
die Dielen im Haus wurden erneuert.

Wer schreit da noch von Geschichte.

DENKMAL
Zu einer Grafik von Scheib

I
Immer der Schrei nach
den steinernen Vergangenheiten
oder
Jeder entgeht seinem Tod
Durch Geburt in Granit.
Der Sieg ist die Niederlage
unter das Leben.

II
Aus dem Steinboden das Wasserblut
der ausgezogenen Kriegshelden
mit den StumpfsinnsAugen.
Jetzt diese Gemäuer einreißen.
Wir lassen uns nicht
Von der Vergangenheit ficken.

Berich des IM »David Menzer«

Information zur Lesung bei Familie Maaß am 18.10.1981, 20:00 Uhr

Der Autor der Lesungen war Peter Brasch. Peter Brasch hat Gedichte und Prosa vorgelesen, die hauptsächlich dem Bild entsprechen, das er in der Anthologie der Akademie hat. Peter Braschs Literatur ist
sehr geteilt. Einmal hat er das Thema der Berliner Gegenwart. Bei diesen Texten lehnt er sich sehr an die
Methodik seines Bruders Thomas Brasch an. Andererseits hat er eine Strecke der historischen Stoffe, wo
er die Historie gleichnishaft verwendet für gegenwärtige Verhaltensschemen, Verhaltensmuster. Peter
Brasch hat ungefähr eine Dreiviertelstunde gelesen. Bei der anschließenden Diskussion ist es zum ersten
Mal zu sehr, sehr heftigen Streitereien gekommen. Ich denke, das ist die Wirkung der totalen Härte Peter
Braschs Prosa und Lyrik, die den Leuten hinterher bewusst macht, wie unfähig sie sind, auf so etwas zu
reagieren. Es ist ein Nachteil im literarischen Sinne seiner Literatur, dass sie, wenn man so sagen will,
absolut schwarz malt. Das ist eine literarische Kritik in diesem Sinne.

Es waren bei der Lesung sehr viele Gäste, ungefähr 70 Personen anwesend. Die prominentesten der
Gäste sind gewesen: Adolf Endler, Elke Erb. Dann waren die Bildhauer Anatol Erdmann und Hans-Jürgen
Scheib anwesend. Es waren der Filmregisseur Dieter Scharfenberg anwesend. Wie bei allen anderen
Lesungen waren die gesamten jungen Berliner Literaten anwesend. Es war vom Verband ein junger Literat
anwesend, das ist Klaus Rahn, den Ekkehard Maaß vor drei Monaten eingeladen hatte zu kommen, sich
zu informieren. Klaus Rahn leitet im Verband, im Berliner Schriftstellerverband, die Literaturpodien in
den Berliner Verbandsräumen für junge Literaten. In welcher Funktion er bei Ekkehard Maaß außer seinem
Interesse ist, ist nicht ganz klar. Andere junge Literaten sind ihm gegenüber sehr misstrauisch.

Peter Brasch liest am 18.10. 20 Uhr bei Maaß. Schönfließer Str. 21

Einladungsfotografie von Hans Scheib

PETERBRASCH LESUNG
AM 18.10.81. 20.00 H
BEI MAASS / SCHÖNFLIESSER 21

Einladungsgrafik von Anatol Erdmann

»Nachlese«

In der Diskussion ging es diesmal sehr direkt um Polen. Der Bildhauer Ernst Löber, der in Berlin wohnt, begann die Diskussion mit einem sehr aggressiven Ton, in einem sehr politisch agitierenden Ton und reizte damit die gesamte anwesende Gesellschaft zu einer vordergründigen Diskussion. Es wurde ziemlich direkt darüber gesprochen, dass zurzeit die Gefahr herrscht, dass es in Polen zu einem Bürgerkrieg kommt, dass in Polen die sowjetischen Truppen eingesetzt werden. Es war genau der Tag, an dem Jaruzelski PVAP-Sekretär wurde und Kania abtrat. Es entstand ein sehr großer Streit zwischen Erdmann, Brasch, Scheib und Ernst Löber zum Thema Polen. Löber warf der junge Literatur in der DDR vor, keine Klärung zu finden, sondern nur Situationen zu beschreiben. Das Fazit dieser Literatur wäre für ihn ein Untergang der Literatur überhaupt. Die anwesenden jungen Literaten, wie Roland Manzke, wie Bert Papenfuß, wie Eberhard Häfner, Stefan Döring und viele andere, kamen daraufhin in der Diskussion zu dem Ergebnis, dass es keinen Sinn mehr hat, um konstruktiv in der politischen Diskussion zu sein. Dass es keinen Sinn mehr hat, konstruktiv Diplomatie zu machen überhaupt, sondern dass auch ihre Lyrik, ihre Literatur eine Absage an das konstruktive Verhalten einer institutionellen Macht sein müsste.

Einer der Gäste bei der Lesung war Paul Gratzik. Auf eine Tonbandaufnahme dieser Veranstaltung habe ich verzichtet, weil die gelesenen Gedichte von Brasch in der Anthologie der Akademie vorhanden sind. Die 34 Gedichte, die er gelesen hat, habe ich in meinem Besitz und stelle sie zur Verfügung, wenn es notwendig ist.

    Gez. David Menzer, Dresden, 20.10.81

10. November 1981   Lesung Dieter Schulze

Geboren 1958; Wochenheime, Sonderschule, Spezialerziehungsheim für schwererziehbare Kinder; Lehre als Hilfsmaurer; Schreiben von Gedichten und Kontakt zu Franz Fühmann, Heiner Müller, Christa und Gerhard Wolf, die ihn unterstützen; 1983 Übersiedlung nach Westberlin; derzeitiger Aufenthaltsort nicht bekannt.

Am 10. November las Dieter Schulze seine Testamente. U.a. waren Franz Fühmann, Christa und Gerhard Wolf sowie Elke Erb gekommen. Dieter Schulze las plötzlich ohne zu stottern! Anschließend gab es eine lange Diskussion über seine Texte und seine soziale Situation. Dieter Schulze, Heimkind, schrieb sehr besondere Texte, in denen seine traumatischen Erlebnisse in einer Art Traumprotokolle in wilden Metaphern mit der DDR-Wirklichkeit korrespondierten. Franz Fühmann und Heiner Müller waren von ihm fasziniert. Christa Wolf konnte mit seinen Texten, wie sie bekannte, eigentlich nichts anfangen, unterstützte ihn trotzdem. Die Beobachtungsberichte in den Akten hielten fest, wie Franz Fühmann benommen aus dem Haus trat und dreimal nach dem Weg zum S-Bahnhof fragen musste.

(Aus: brennzeiten)

Die Lesungen von 1978 bis 1989

A – TEXT

Testamentarische Einleitung
Am Grenzstrich des Wahnsinns – Traum einer Unterwelt

Weit weg von der Erde, im Nichts auf einem Hügel
hockte Christus und versuchte aus trockenem Sand
eine Säule zu formen …
Das gelang ihm nicht ..!
Nun versuchte er es mit jedem Sandkorn einzeln, das dauerte
sehr lange, bis auf einem Hügel noch ein Ansatz
von einem Hügel entstand …
Es blieb nur ein Ansatz ..!
Christus sprang auf und schrie ..: Verdammt noch mal ..!
Die Sandkörner lassen sich nicht halten, auch sind sie
zu klein ..!
Nun kam Gott angelaufen und schrie auch ..: Du Idiot ..!
Soll ich dich mit jedem Sandkorn einzeln erschlagen ..?
Christus packte Gott an den Ohren und rief leise hinein..:
Nein Herr ..!
Aber wollen wir nicht mit dem Satan ein Bündnis eingehen ..?
Da sprach Gott ..: Das ist ja ungeheuerlich ..!
Da sprach Christus ..: Herr - ich kann nicht immerzu
Sandkörner stapeln .. Das habe ich auch nicht nötig ..!
Gott gab nach und fragte ..: Was willst du vom Satan ..?
Christus wurde etwas verlegen und sprach ..: Er soll mir
Tote ranschaffen, diese möchte ich gern stapeln, auch hätte
ich dann die prächtigste Unterhaltung …
Als Gott das hörte, knisterte es in seiner Hand, als das
Knistern ihm unerträglich wurde, musste er die Hand öffnen …
Christus schrie entsetzlich ..: Die Hand ist ja verkohlt ..!
Warum ist deine Hand verkohlt..?
Der verwirrte Gott sprach ..: Bist du eifersüchtig ..?
Und Christus antwortete energisch ..: Ja Herr ..!
Nun musst du mir – nach der Gewohnheit – die Axt geben, gib
sie mir ..!
Gott wurde rot .. Beherrschte sich aber.. Gut Christus
nun spalte mir mal hübsch den Schädel ..!
Herr - du musst mir doch erst einmal die Axt geben …
Gott entsetzt ..: Spalt mir endlich den Schädel ..!
Der ausharrende Christus ..: Wo ist die Axt ..?
Gott ..: Schlag endlich .. endlich zu …
Christus ..: Dann gib mir die Axt …

Gott ..: Sie steckt in meinem Gürtel ..!
Christus riss die Axt nervös aus dem Gürtel seines Herren
und sprach mit sanfter Stimme ..: Oh Herr.. Ich kann
diesen Sand nicht mehr sehen .. Ich habe es nicht geschafft
daraus eine Säule zu formen …
Gott wurde zornig – riss Christus ein Ohr ab und fragte ..:
Willst du nun zuschlagen ..?!
Christus sagte nur ..: Schau dir die kleinen Sandkörner an.
Die sind wirklich zu klein .. Auch sind sie für meine
Augen zu schnell …
Gott rüttelte Christus und fragte angstvoll ..: Was ist mit dir ..?
Warum starrst du immerzu diesen Sand an ..?
Spalte mir lieber den Schädel …
Christus schlug nun doch zu …
Gott rief entzückt ..: noch mal – ja – fester – fester –
Oh … fester – fester …
Das reicht …!
Christus war sehr ermattet vom Zuschlagen und fragte seinen
Herrn – röchelnd: Lieber Herr – lieber Gott .. Soll ich
die Axt in deinem Schädel lassen ..?
Gott bejahte glücklich und lief weg …
Christus hockte wieder auf dem Hügel sich hin und murmelte
vor sich hin ..: ich versuche aus trockenem Sand eine Säule
zu formen … Das gelingt mir nicht …
Ich versuche es jetzt mit jedem Sandkorn einzeln …

Bericht des IM »David Menzer«

Information zur Lesung bei Maaß am 10.11.81 von Dieter Schulze
Nach den letzten Informationen ist der Fall Dieter Schulze als geographischer oder sozialer Fall soweit geklärt, dass Dieter Schulze eine Kassation seiner letzten Verhandlungen hat, die Verurteilung auf Bewährung wird nicht aufgehoben, aber der Vollzug der Haftstrafe wird mit der Kassation aufgehoben. Die Verhandlung dazu ist, glaube ich, nächste Woche.
Dieter Schulze hat aus dem Anlass, dass ihm bekanntere Schriftsteller, wie Christa Wolf, Franz Fühmann und Heiner Müller in den o.g. Fall geholfen haben, am 10. November bei Maaß eine Lesung gemacht, die von Ekkehard Maaß organisiert wurde.
Dieter Schulze hat seine Testamente, mit denen er in letzter Zeit sehr radikal den Literaturmarkt der DDR erobert hat, vorgelesen. Ich habe ein Band von Dieter Schulze (Lesungen) übergeben.
Bei der Lesung waren anwesend von den bekannteren Schriftstellern
    Christa Wolf
    Gerhard Wolf
    Franz Fühmann

Paul Gratzik

Dieter Schubert (Berliner Schriftsteller, der zurzeit in der BRD veröffentlicht)

Elke Erb

Bernd Wagner

Lutz Rathenow

Rüdiger Rosenthal

Bert Papenfuß

Uwe Kolbe

Jan Faktor

Thomas Günther

Peter Brasch

Eberhard Häfner

Anderson

Kulikowski

Lorek

Ansonsten waren ungefähr 50 Gäste anwesend, unter den Gästen bekannte, wie Jutta Brabant und ihr ehemalige Freund [...]
Wolfgang Hegewald war noch anwesend und insgesamt vielleicht noch ungefähr 50–60 Gäste. In diesem Falle ging es weniger um eine Diskussion zur Biografie von Dieter Schulze, sondern das erste Mal um eine wirkliche Reaktion auf seine Texte. Die Diskussion war insofern gespalten, dass die älteren Kollegen, die sehr vorsichtig mit Dieter Schulze umgehen, im Grunde genommen seine Literatur hinterfragten. Dieter Schulze ist vom Bildungsgrad her zurückgeblieben, dadurch ist ein Gespräch mit ihm sehr sehr schwierig. Er wird, wenn es in Gesprächen um ihn geht, leicht aggressiv. Im Großen und Ganzen zeigt er [geschwärzt] Symptome. Die jüngeren Kollegen waren von der Zustimmung und von der Ablehnung her sehr gespalten. Im Allgemeinen hält man die Lyrik von Dieter Schulze für einen ziemlichen Sonderfall in der DDR-Literatur und Dieter Schulze an sich für einen begabten Lyriker.

Einladungsgrafik (Holzschnitt in Frühstückbrett) von Dörte Michaelis

22. November 1981 Lesung Wolfgang Hegewald

Friedhofsgärtner, Autor; geboren 1952 in Dresden; Studium der Informatik an der TU Dresden und Theologie an der Leipziger Universität; 1983 Übersiedlung nach Hamburg; Leitung des Studios für Literatur und Theater an der Universität Tübingen; seit 1996 Professor für Rhetorik und Poetik an der Hochschule für Angewandte Wissenschaften in Hamburg.

Veröffentlichungen: *Das Gegenteil der Fotografie*, Frankfurt/M. 1984; *Hoffmann, ich und Teile der näheren Umgebung*, Frankfurt/M. 1985; *Jakob Oberlin oder Die Kunst der Heimat*, Frankfurt/M. 1987; *Verabredung in Rom*, Frankfurt/M. 1988; *Die Zeit der Tagediebe*, Hildesheim 1993; *Eine kleine Feuermusik*, Hildesheim 1994; *Der Saalkandidat*, Leipzig, 1995; *Ein obskures Nest*, Leipzig 1997; *Was uns ähnlich sieht*, Witzwort 2004; *Fegefeuernachmittag*, Berlin 2009; *Die eigene Geschichte*, Berlin 2010; *Herz in Sicht*, Berlin 2014.

Am 22. November folgte die Lesung von Wolfgang Hegewald. Mehr als siebzig Leute saßen dicht gedrängt in der Wohnküche, eine große Gruppe drängte sich in der Kammer auf dem Hochbett am winzigen Fenster. Alle fünfzehn Minuten hielt ein Polizeiauto vor der Tür, ein Bedrohungsszenario. Wir saßen und redeten bis morgens fünf Uhr. Zum ersten Mal war Christa Moog unter den Gästen, die auch bei uns schlief. Außerdem Max Dehmel von der bundesdeutschen Vertretung, der uns häufig besuchte.

(Aus: brennzeiten)

Peter Brasch, Uwe Kolbe und Wolfgang Hegewald (rechts)

Die Lesungen von 1978 bis 1989

NÄRRISCHE NACHRICHT

MEIN kleiner narr liebt außergewöhnliche wege.
Diesmal klimmt er das fallrohr empor, ich höre, wie
sich sein schnaufen nähert, schon erkenne ich seine
behende gestalt, die über die dachrinne turnt, ein
geborener narr wiegt so gut wie nichts.

    Ich greife dem ritus nicht vor: dreimaliges klopfen
und das schwenken des grünen sozialversicherungsaus-
weises hinter der scheibe, dann öffne ich das fenster.

    Mein kleiner narr zwängt den oberkörper
hinein, stemmt die ellbogen in den rahmen und
hält's flache gesicht grüßend schräg ins licht.

    Nach sieben jahren, flüstert mein kleiner
narr, indes sein körper im fenster zu zappeln anfängt,
kaum zu glauben, nach sieben Jahren hat mich der
könig, jawohl, seine exzellenz selbst, nach sieben
düsteren jahren also hat mich majestät zum lachen
gebracht, dass flüstert er mir zu, mein kleiner, ein-
geklemmter narr, und er will sich neuerdings schier
ausschütten vor gelächter.

    Ich sehe vom zimmer aus das konspirative zucken des
hintern meines kleinen narren in der zitronengelben
hose, ein schäbiger mond, der animierend über der
dunklen Straße tanzt.

Einladungsgrafik von Trak Wendisch

Bericht des IM »David Menzer«

Information zur Lesung am 22.11.1981 bei Familie Maaß von Wolfgang Hegewald
Wolfgang Hegewald hat einen Ausschnitt aus einer Erzählung vorgelesen, an der er gerade schreibt. Sie
soll ungefähr 150 Seiten umfassen. Er hat ungefähr 90 Seiten geschrieben.
Wolfgang Hegewald hat eine Gegenwartsgeschichte geschrieben, in der es darum geht, dass ein Ehe-
paar während eines Auslandsbesuches in Ungarn oder ČSSR, das ist nicht ganz klar, ich glaube der ČSSR,
verhaftet wurden, weil sie Kontakt zu einem Österreicher hatten, und für einen Tag festgesetzt waren.
Zwei parallel laufende innere Monologe zur Situation.
Ich habe ein Band mit der Lesung übergeben, die Gäste bei der Lesung waren das übliche Publikum. Die
Berliner jungen Schriftsteller Döring, Rosenthal, Hilbig, Kulikowski, Rathenow, Eue, Brasch, Katja Lange,
der Dresdner Uwe Hübner und Anderson, die Eisenacher Lyrikerin Christa Moog, die Maler Cornelia
Schleime, Ralf Kerbach, [Name geschwärzt] und [Name geschwärzt] aus Meißen, die alle an der Dresdner
Schule studiert haben. Roland Manzke, Leonard Lorek, Paul Gratzik und Elke Erb.

Es waren ungefähr insgesamt 70 Gäste anwesend. Die Diskussion anschließend an die Lesung war dieses Mal ziemlich theoretischer Natur. Es ging um Literatur, weniger um die Situation wie sonst.

Wolfgang Hegewald wurde sehr kritisiert für seinen etwas geschwollenen Sprachstil, der aus dem 19. Jahrhundert kommt. Es gab sehr viele Meinungen, Wolfgang Hegewald würde einen überalterten trägen und wenig interessierenden Stil schreiben, der mit unserer Zeit nicht zu tun hätte.

Einer der Aktivsten in der Diskussion und einer der Anstachelndsten war Dieter Schulze, der Wolfgang Hegewald frontal angriff.

Wolfgang Hegewald äußerte in einem Gespräch, er habe jetzt seine Manuskripte vom Hinstorff-Verlag zurückgefordert, da sie nicht erscheinen würden. Er hat außerdem einen Brief von dem Kulturminister Klaus Höpcke erhalten. Dieser Brief war eine Antwort auf einen Brief, den Wolfgang Hegewald geschrieben hat an ihn. In dem Brief von Wolfgang Hegewald, den er auch gezeigt hat, kam zum Ausdruck, dass er sehr persönlich getroffen war durch die Ablehnung einer Reise nach Österreich. Das war im allgemeinen doch sehr unglücklich verlaufen, da Wolfgang Hegewald bis drei Tage vor der Reise immer wieder gesagt bekam, an der Reise würde nichts schiefgehen, und das Visum läge auch schon auf dem Tisch. Es war nur noch eine Formalität nicht erledigt, die hätte schon drei Monate erledigt sein können. Wolfgang Hegewald hatte für die Österreichreise Lesungen und Übernachtungen und alles gebucht, und alles war organisiert, das Absagen dieser Reise hat ihn sehr persönlich getroffen. Außerdem die Ablehnung seiner Manuskripte beim Hinstorff-Verlag hat ihn in seiner Haltung beeinflusst, Klaus Höpcke einen Brief zu schreiben, der seine persönliche Konsterniertheit zum Ausdruck bringt.

Klaus Höpcke hat daraufhin an Wolfgang Hegewald geschrieben, er würde sich nicht weiter für ein solch schlechtes Manuskript, wie das von Wolfgang Hegewald, einsetzen. Außerdem würde er sich auch nicht dafür einsetzen, dass Wolfgang Hegewald eine Studienreise machen könne.

In diesem Brief kam zum Ausdruck, dass Höpcke sehr erbost über den Inhalt des Briefes von Hegewald war.

Das wiederum bringt nun Wolfgang Hegewald zu der etwas beleidigt wirkenden Haltung, den Brief überall herumzuzeigen, beide Briefe überall zu zeigen. Da der Brief in einer sehr miserablen Grammatik geschrieben ist, löst er natürlich bei allen, die ihn lesen, Lachanfälle aus.

Gerhard Wolf hat überall erzählt, dass Klaus Höpcke auf einer Tagung von Parteifunktionären in Halle oder Leipzig gesagt habe auf die Frage der jungen Literatur in der DDR, die nicht so will wie die Kulturpolitik, »sollen die doch lieber im Bauch des Kapitalismus verfaulen, als hier in unseren Gefängnissen.« Ich habe dieses Zitat von Klaus Höpcke ebenfalls von Wolfgang Hegewald erfahren, der z.Z. mit den Briefen und solchen Zitaten man kann fast sagen ähnlich wie Kolbe, der an dem Abend auch da war, überall Reklame macht.

Ich kann mir auch vorstellen, dass Wolfgang Hegewald, der jetzt sehr enge Verbindungen zu westlichen Verlagen hat, über Litfaß und mehrere andere Verbindungen möglicherweise diesen Briefwechsel zwischen ihm und Klaus Höpcke an diese Medien weitergibt.

20. Dezember 1981   Lesung Irina Kaschina-Rahn

Puppengestalterin, Dichterin; geboren 1947 in Kiew; Studium der Literatur am Maxim-Gorki-Institut in Moskau; 1977 Übersiedlung in die DDR.

Am 20. Dezember folgte die Lesung der jüdisch-russischen Dichterin Irina Kaschina-Rahn, die Einladungen hatte sie selbst gemacht. Ich hatte in langen Nächten ihre Gedichte übersetzt und nachgedichtet. Ihre Lesung war sehr ruhig und konzentriert, sie las ihre Texte auf Russisch, danach ich auf Deutsch. Elke Erb war da, Uwe Kolbe, Paul Gratzik, Sascha. Elke zeigte anschließend Dias des georgischen Malers Temo Dshaparidze, den ich später in Georgien kennenlernte. Ein Bild von ihm hängt in der Schönfließer Straße. Spätnachts begann Dieter Schulze zu brüllen und griff u.a. auch mich an. Sascha griff ein, Wilfriede rief die Polizei. Auch das Dreieck Wilfriede, Sascha und ich nahm dramatischere Formen an. Katja Lange: »Ob die nun Dieter Schulze oder Sascha Anderson heißen, bei all diesen Radikalen sitzt der Kleinbürger am anderen Ende der Bank.«

(Aus: brennzeiten)

x x x

Ach, in Moskau lebte eine junge Frau –
Heute soff sie von früh an Wodka
Der Herbst bläht ihr die Knöchel

Ich steh an ihrem Fenster
Klopfe und rufe…
Aber der griesgrämige Nachbar brüllt:
– Längst abgeholt!
Ihr war im Schrank ein
Haariges Monster erschienen

x x x

Ich erinnere das genau. Es ist lange her.
In einem unsicheren Jahr musste ich
In einer Pferdehaut am Zügel gehen
Die ganze Nacht

Mit hohen Knien mich wendend
Habe ich mich mit den Hufen verzuckelt
In jenem denkwürdigen Winter
Genau hier, auf eurer Straße

Und am Morgen lehnte das
Schaumbedeckte Pferd
Die Haut an eine Backsteinwand
Und starb

ABREISE

Ich wusste nicht
Dass es so schmerzhaft ist
Seine redende Zunge zu reißen
Aus dem Stimmklang der heimischen Straßen…

Ich wusste nicht
Dass es so schwierig ist
Seine zierlichen Fäden zu ziehen
Aus dem großen vergoldeten Spinnnetz…

Ich wusste nicht
Dass es so schmachvoll ist
Seinen Kram aus den Fächern zu raffen
Und das Telefon klingeln zu lassen…

Ich wusste nicht
Dass es so köstlich ist
Mit 'ner Handvoll Kopeken zu klimpern
Ohne irgendetwas hier noch zu wollen…

Übersetzung der Gedichte von Ekke Maaß

Bericht des IM »David Menzer«

Information zur Lesung bei Ekkehard Maaß am 20.12.1981, 20 Uhr von Irina Kaschina
Irina Kaschina ist eine Moskauerin, die am Literaturinstitut »Maxim Gorki« in Moskau studiert hat. Sie hatte während des Studiums ihres Mannes in Moskau die Entscheidung getroffen, mit in die DDR zu kommen, nach dem Studium ihres Mannes sind sie beide in die DDR gekommen.
Ihr Mann ist Architekt beim FDGB für Außenwandgestaltung verantwortlich. Irina Kaschina schreibt Intensivlyrik in russischer Sprache. In einem früheren Bericht habe ich über sie gesprochen in Verbindung mit einem Plainair von Klaus Werner in Gallentin bei Schwerin.
Irina Kaschina hat im Prinzip dieselben Texte gelesen wie in Gallentin, zum Teil neue Nachdichtungen, die Ekkehard Maaß besorgt hat. Die Übersetzerin von Irina Kaschina ist Ilse Tschörtner, die freischaffend für den Verlag Volk & Welt arbeitet. Mit einem Gedichtband gibt es Probleme, da Irina Kaschina sich eine Genehmigung aus Moskau besorgen müsste. Ihre Lyrik ist angesiedelt zwischen einer starken Traditionsgebundenheit der alten russischen Lyrik und einem etwas modernen Moskauer Realismus, leicht ins Komische.
Die Lesung war, wie sonst auch die Lesungen, besucht von jüngeren in Berlin lebenden Literaten. Nicht anwesend waren Stefan Döring und Bert Papenfuß. Ansonsten von der älteren Generation waren da Elke Erb, Paul Gratzik, Richard Pietraß, Bernd Wagner, von den jüngeren Rüdiger Rosenthal, Jan Faktor, Roland Manzke und die meisten anderen in Berlin lebenden jungen Autoren aus diesem Kreis.
Zur Diskussion kam es kaum, da die Lyrik von Irina Kaschina die DDR-Autoren kaum interessierte, es kam mehr zu persönlichen Gesprächen an diesem Abend, die ganze Lesung kann man als Informationslesung bezeichnen.

Einladungs-
grafiken von
Cornelia Schleime

Die Lesungen von 1978 bis 1989

24. Januar 1982   Lesung Christa Moog

Lehrerin, Inhaberin des Literaturhotels »Hotel Friedenau«, Autorin; geboren 1952 in Schmalkalden; Ausbildung als Kellnerin und Studium von Germanistik und Sport an der Universität Halle; 1984 Übersiedlung nach Westberlin; lebt in Berlin.

Veröffentlichungen: *Die Fans von Union. Geschichten,* Reinbek 1985; *Aus tausend grünen Spiegeln. Roman,* Reinbek 1991.

Am 24. Januar hatte Christa Moog eine Lesung bei uns. Die Einladungsgrafiken waren sehr schöne Radierungen von Cornelia Schleime, viel zu schade zum Verteilen. Es kamen mehr als neunzig Leute! Wir hatten mit Wilfriede und Christa riesige Salatberge gemacht und saßen, u. a. mit Volker Henze, bis vier Uhr morgens und erzählten uns unsere Russlanderlebnisse.

(Aus: brennzeiten)

ER WAR PFARRER IN H.

und – an seine Predigten erinnert man sich jetzt noch. »Der *konnte* wenigstens predigen«, hieß es viele Jahre später. Er wusste unglaublich viel, ein paar Sachen hatte er sogar veröffentlicht. Jedenfalls konnte man sich stundenlang mit ihm unterhalten.

Dann hatten sie ihn abgesetzt. Es hieß, er sei schwul. »Der ist falsch rum.« – »Der ist nicht ganz richtig, der ist nicht echt.« – »Von sowas lassen wir doch nicht unsere Kinder konfirmieren.« Menschlich, so hieß es offiziell, menschlich war er nicht einwandfrei.

Er fing an zu kellnern. Wenn man kellnert im Sommer in H., dann hat man sein Geld für den Winter. Nur der Job war zu hart für ihn. Durch die weiße Kellnerjacke konnte man sämtliche Rippen sehen, und er lief etwas krumm. »Dem sieste schon an, dass er linksrum ist«, sagten die meisten. Manche aber auch: »Das muss man den Schwulen lassen, *höflich* sind sie.«

Von Zeit zu Zeit in jenem Sommer tauchte er im Strandcafé auf. Zum Tanz. Zu Pfingsten zum Beispiel. Er trug ein weißes Hemd und eine weiße Hose, mit einer Borte besetzt. Das Hemd hatte einen Stehkragen und war hinten geknöpft. Seine Brust sah aus wie die von einem kranken Huhn. Er tanzte grazil, mit durchgedrücktem Rücken und ausgestrecktem Arm. Der ganze Saal machte sich über ihn lustig: »Guck mal, er schneidert sich seine Garderobe jetzt selbst.«

Die Fischersöhne fingen an, ihn »Hochwürden« zu nennen. »Hochwürden heute ganz in Weiß. Wolln wir ihm mal 'n ordentlichen Fisch in den Arsch stecken, der kriegt ihn anders doch nicht mehr zu.«

Am Pfingstsonntag zogen sie besoffen, eine ganze Horde, also mindestens fünf oder sechs, zum alten Küsterhaus, ganz am Ende vom Ort, wo die Gegend ziemlich verwildert ist: »Hochwürden, wir möchten Ihnen gern einen Besuch abstatten.«

Er kochte Tee für sie und machte ein paar Teller mit Broten zurecht. Sie aßen alles und sagten: »Hast du nichts besseres zum Saufen als Tee?« Und dann: »Zieh dich aus!«

Der eine holte eine Schnur aus der Tasche, irgendetwas zum Netzeflicken. Sie knoteten sie an die Schublade vom Schreibtisch und spannten sie bis zur Türklinke. »Spring drüber, bis wir sagen ›aufhören‹. Na los, spring schon.«

Ihre Augen waren glasig, und die Hände rot und geschwollen.

Bericht des IM »David Menzer«

Information zur Lesung von Christa Moog am 24.1.1982 bei Maaß

Von der Lesung existiert keine Tonbandaufnahme, das Bandgerät war kaputt, die Manuskripte, die sie gelesen hat, kann ich übergeben. Die Lesung war außerordentlich stark besucht, es war der bis jetzt stärkste Besuch der Lesung bei Maaß, der Zuhörerkreis umfasste ca. 90 Leute, alle die bei anderen Lesungen benannten Leute und ein paar Unbekannte mehr, die sich nach der Lesung sehr schnell verzogen, kamen kaum zur Diskussion, außer zu innerliterarischen Diskussionen, in diesem Falle. Ob es Literatur sei, was Christa Moog mache, oder nicht. Argumente von Lutz Rathenow und Rüdiger Rosenthal waren, dass sie die literarische Seite vernachlässige zugunsten einer Authentizität

Gez. David Menzer

Dresden, 3.2.1982

Bericht der IM »Marion«

Kreisdienststelle Pankow

Berlin, 26.1.1982
Tonbandabschrift

Treff am 26.1.1982

Bericht

Lesung bei Ekkehard Maaß am 24.1.1982

Die Lesung fand um 20 Uhr statt und es hat

Christa Moog

gelesen.

Von den anwesenden Personen waren mir namentlich bekannt:

Uwe Kolbe

Lutz Rathenow

Bert Papenfuß

Insgesamt waren zu dieser Lesung etwa 80 bis 90 Personen anwesend gewesen. Davon hat ein sehr großer Teil in der geräumigen Wohnküche auf schmalen Bänken gesessen, ca. 60 Personen, der Rest stand im Korridor bzw. in den anderen Räumen. In den Nebenräumen soll die Lesung kaum noch verständlich gewesen sein. Derartige Menschenmassen habe ich dort noch nie gesehen gehabt!

Zu ihrer Biografie: Christa Moog studierte Sport [Text geschwärzt]

Moog las verschiedene Prosatexte und Gedichte, die eine eindeutig politisch feindliche Tendenz enthalten. Zwar beschäftigte sich eine Vielzahl der von ihr gelesenen Texte mit sozialer Problematik, doch zeugten die Texte nicht von großem weltanschaulichen Überblick. Einer der Texte beinhaltete einen Besuch von

Offizieren in einer Schulklasse. Dabei handelte es sich um einen längeren Prosatext, als Geschichte angekündigt, und die Reflexion der Lehrerin über diesen Besuch in der Klasse. Die Texte enthielten eine Vielzahl von grammatikalischen Fehlern und sie waren auch sprachlich schwach gestaltet. Diese Texte sind meines Erachtens so geschrieben, dass sie schon durch ihre inhaltliche Tendenz eine Veröffentlichung in der DDR ausschließen.

Einer der Texte beschäftige sich mit einem Spanner aus der Sicht eines Er-Erzählers geschrieben, teilweise in die Ich-Person des Spanners geschlüpft. Verurteilt wurde in diesem Text von der Autorin die Haltung der Umwelt. Ein weiterer Text berichtet über den Alltag einer Kellnerin, die von ihrem Chef gezwungen wird, über das zu reproduzierende Maß zu arbeiten. Die Kellnerin muss täglich Doppelschichten fahren etc. und dabei wird ihre Gesundheit ruiniert.

Ein weiterer Text zeigte die Problematik einer ermordeten Frau auf, wo es darum ging, an wen ihr frei gewordenes Häuschen verschachert werden könnte bzw. um den jugendlichen Mörder.

Die Texte zeichnen sich, soweit es die kurzen Prosatexte sind, besonders dadurch aus, dass sie kaum eine Fabel besitzen, sondern eher Berichtsstil in einer sehr vulgär erotischen Sprache haben. Allgemein wurde die sehr ansprechende Vortragsweise, sehr gewählte Rhetorik und Intonation der Moog bestaunt, da die Texte vom visuellen Eindruck her gesehen nicht viel hergaben.

In der sich anschließenden Diskussion haben sich verschiedene Personen nur kurz geäußert, zum Teil mir unbekannte etwas ältere Damen, die die vorgetragenen Texte für ausgezeichnet befanden. Daraufhin meldete sich Rüdiger Rosenthal und kritisierte die sprachliche Gestaltung der Texte. Er fand dabei teilweise Zustimmung von Uwe Kolbe und einem neben ihm sitzenden jungen Mann, der mit einer Veröffentlichung im Heft »Temperamente« 4/81 erscheinen soll. Der Name dieses Gastes ist mir nicht bekannt. Ekkehard Maaß äußerte sich positiv über die von Moog gelesenen Texte. Vor allem wurde an Positivem an diesen Texten die gute Beobachtungsgabe und das tiefe menschliche Gefühl hervorgehoben.

In der Diskussion wurde von Rüdiger Rosenthal insbesondere darauf hingewiesen, dass sprachliche Bilder nicht stimmten, zu oft die Vergleichsvariante wie eingesetzt worden wäre u.ä. sprachliche Undeutlichkeiten sich ständig fortsetzen.

Auf einen Hinweis meines sehr guten Bekannten

    Klaus Rahn

hin, fragte mich Ekkehard Maaß, ob ich gewillt sei, in der nächsten Zeit in dem o.g. Kreis, also in seiner Wohnung, auch mal zu lesen. Weiterhin fragte M., ob er meine Manuskript lesen dürfe. In dem darauf folgenden Gespräch wurde vereinbart, dass ich innerhalb der nächsten 14 Tage mich mal bei ihm melde, sehen lasse bzw. anrufe, damit wir uns einmal länger unterhalten können. Auf diese Fragestellungen erhielt Maaß meinerseits eine zustimmende Antwort.

Weiterhin sprachen wir beide über den Beschluss des ZK vom November 1981 zur Arbeit mit jungen Nachwuchsautoren und zwar dahingehend, dass E. Maaß sich über die 6000,– Mark Formulierung äußerte, die darin enthalten sein soll, und betonte, dass diese Bestimmung die meisten der damit zu treffenden Personen nicht störe, da sie durch Ehepartner etc. sowieso sicher eingebunden seien. Leute wie Papenfuß, Anderson und Rathenow hätten inzwischen ohnehin erkannt, dass sie in der DDR nicht veröffentlichen könnten, und legten auch keinen Wert mehr darauf. Die 3 o.g. Personen produzieren jetzt ihre Bücher selber. E. Maaß erkundigte sich bei mir, ob ich schon gehört hätte, dass Sascha Anderson regelmäßig ein Poesiealbum herausgibt. Über die Art der technischen Herstellung ist mir nichts bekannt, außer, dass E. Maaß auf eine in seinen Zimmern hängende Grafikreihe verwies (Grafiken mit Text unterlegt), so in etwa in dieser Form. Außerdem unterhielten wir uns über das gestorbene Anthologievorhaben der Akademie der Künste der DDR. In diesem Zusammenhang sagte mir E. Maaß, dass er mir einen Brief zu lesen geben würde, den er mir dann nach etwa 45 Minuten wirklich gab. Bei diesem Brief handelt es sich um eine mit Schreibmaschine gefertigte Abschrift eines Briefes von Franz Fühmann an Konrad Wolf, datiert vom 22.12.1981. Der Brief umfasst 3 engzeilig beschriebene Seiten, A 4.

Zum ungefähren Inhalt:

F. Fühmann wendet sich an Konrad Wolf im Hinblick auf die als Anthologie vorgesehene Gruppenarbeit von jungen Autoren der DDR. F. Fühmann weist darauf hin, dass er in einem Gespräch mit K. Wolf vor einiger Zeit sich dahingehend geäußert habe, dass junge Autoren z.T. in der DDR sehr unbekannt seien, da sie über relativ wenige Veröffentlichungsmöglichkeiten verfügen und dass sie vor allen Dingen auch einem gewissen Kreis von älteren Autoren unbekannt seien und deshalb auch von ihnen nicht gefördert würden. Dabei handelt es sich nach Ansicht von F. Fühmann vorwiegend um Autoren, die auch in der DDR-Zeitschrift »Sinn und Form« noch nicht vorgestellt worden seien bzw. vorgestellt werden könnten. Darauf sei in Absprache mit Konrad Wolf der Vorschlag entstanden, dem die von F. Fühmann genannten Autoren unbekannt gewesen seien, eine Anzahl von Arbeiten junger Autoren zusammenzustellen und ihnen die Möglichkeit zu geben, in einem Arbeitsheft der Akademie der Künste veröffentlicht zu werden. F. Fühmann habe sich daraufhin an zwei ihm bekannte junge Autoren gewandt, nämlich an Uwe Kolbe und Sascha Anderson.

Bei diesen jungen Autoren handelt es sich um Autoren, die in ihrer literarischen Auffassung direkt diametral entgegengesetzt seien. Der Kolbe und Anderson hätten Texte von anderen jungen Autoren gesammelt. Die altersmäßige Begrenzung bei z.B.

    Hilbig, Wolfgang

sei auf etwa 40 Jahre angesetzt worden. Zur Bedingung wurde gemacht, dass diese Autoren noch nicht veröffentlicht hätten. Später seien der Kolbe und Anderson zu Fühmann mit einem Packen Manuskripte zurückgekehrt und der hätte dann je 2 bzw. 3 Exemplare eines Manuskriptes der Anthologie zusammengestellt. Später habe Fühmann eines dieser Exemplare an K. Wolf gesandt.

Die Autoren der in dem Anthologie-Vorhaben enthaltenen Texte seien untereinander kaum oder gar nicht bekannt gewesen, dass sie sich während der Sammelaktion teilweise kennengelernt hätten, sei die natürlichste Angelegenheit der Welt. Weitergehend beschäftigt sich Fühmann in diesem Brief noch damit, dass inzwischen Repressalien gegen bestimmte in dem Anthologievorhaben enthaltene Autoren eingesetzt hätten. Fühmann beschwert sich darüber, namentlich wird außer Wolfgang Hilbig, Uwe Kolbe und Sascha Anderson im unteren Teil des Briefes Dieter Eue, von dem Fühmann schreibt, dass er in wenigen Tagen die DDR verlassen wird, genannt. Ende des Briefes.

Mir ist bekannt, dass E. Maaß die Kopie dieses Briefes bereits Klaus Rahn zum Lesen zur Verfügung gestellt hatte. Weitere Personen, die diesen Brief gelesen haben, sind mir nicht bekannt. Nachdem ich diesen Brief gelesen hatte, brachte ihn E. Maaß wieder weg.

E. Maaß erklärte mir zum Sinn und Zweck der bei ihm ständig veranstalteten Lesungen und Diskussionsabende, dass er diese Zusammenkünfte veranstaltet, um jungen Schreibenden die Möglichkeit zu geben, vor einem größeren Publikum zu lesen und außerdem ihnen die Möglichkeit einzuräumen, sich untereinander kennenzulernen.

E. Maaß habe zahlreiche Angebote zu Veröffentlichungen in Verlagen der BRD erhalten, er habe diese Angebote jedoch bisher immer ausgeschlagen. In diesem Zusammenhang gab E. Maaß zu verstehen, dass er gerne in der DDR verbleiben möchte. Zurzeit arbeitet er noch als Kleindarsteller an verschiedenen Theatern, da ihn Theater interessiere; er habe diese Tätigkeit trotz seiner Steuernummer nicht aufgeben wollen. Außerdem entwickelte sich an diesem Abend noch ein kurzes Gespräch mit

    Rüdiger Rosenthal

Dazu ist zu bemerken, dass sich Rosenthal zu Klaus Rahn und mir gesellte. Rosenthal hatte zu diesem Zeitpunkt wahrscheinlich schon gesehen, dass ich mich längere Zeit mit E. Maaß und Klaus Rahn unterhalten hatte. Rosenthal erinnerte dann daran, dass wir vor Monaten einmal gemeinsam zu E. Maaß in die Wohnung gegangen wären. Er kam damals mit seinem Fahrrad an und ich per Pedes. Rosenthal wusste ebenfalls noch, dass ich an diesem Abend sein Polenmanuskript gelesen hatte. Der R. stieß in einem Moment zu uns, als ich mich mit K. Rahn über mein eigenes Manuskript unterhielt. In diesem Zusammenhang bekam er den Namen meiner Gutachterin mit und er sagte, dass er ihre Rezensionen in der Berliner Zeitung kenne und sie sehr schlecht findet, da sie eine eindeutige politische Tendenz hätten. Sie seien zu parteitreu. Dann wurde kurz über die sprachlichen Mängel des von Ch. Moog gelesenen Manuskripts gesprochen. In diesem Fall teilte ich die Meinung von Rosenthal. Anschließend fragte mich Rosenthal, ob ich nicht E. Maaß fragen könnte, ob er nicht einmal in dem oben erwähnten Kreise, also in E. Maaß' Wohnung lesen könne. Daraufhin habe ich ihm mitgeteilt, er könne doch E. Maaß selber fragen.

Aber ich teilte Rosenthal auch mit, dass ich sein Polenmanuskript gerne noch einmal lesen würde. Wir einigten uns darauf, dass ich irgendwann mal bei ihm vorbeikäme, da er auch nur eine geringe Anzahl von Manuskripten hat. Etwa eineinhalb Stunden später sprach ich Rosenthal noch einmal darauf an und er gab mir seine Adresse. Außerdem war Rosenthal dabei, als ich [Name geschwärzt] fragte, ob er Interesse hätte, in Ketzin zu lesen. In Ketzin/Bezirk Potsdam, in der Nähe von Nauen – ca. 100 km von Berlin entfernt – übernimmt eine gute Bekannte

    Renate Wullstein

einen Jugendklub und sucht dafür Leseinteressenten. In diesem Zusammenhang habe ich auch Rosenthal danach gefragt, worauf er meinte, ob denn das wirklich möglich sei, da ja immerhin zu befürchten sei, dass diejenige dann ihre Stellung nicht mehr weiter behalten würde etc. Daraufhin habe ich geantwortet, dass es sich bei der W. nicht um solch eine ängstliche Person handelt, und ich Renate W. persönlich kenne.

Lutz Rathenow war zu der sonntäglichen Lesung am 24.1.1982 ebenfalls anwesend. Er saß ziemlich im Hintergrund. Er verhielt sich während der Diskussion und der nachfolgenden Gespräche sehr ruhig. Er wirkt äußerst unauffällig, ganz im Gegensatz zu Bert Papenfuß. Meines Erachtens hat Rathenow auch während der vergangenen Lesungen bzw. Treffen nie versucht, sich in den Vordergrund zu drängen.

Bezugnehmend auf den Brief, von dem in meinem letzten Bericht die Rede war – Brief von Uwe Hübner aus Dresden an Stefan Hermlin – erfuhr ich von [Name geschwärzt], dass Uwe Hübner inzwischen ein Telefonat mit Stefan Hermlin geführt hatte. Das Telefonat soll sich etwa folgendermaßen abgespielt haben:

Uwe Hübner meldete sich und verlangte Herrn Hermlin, daraufhin sei dieser am Apparat gewesen. Hübner habe dann nach seinem Brief gefragt, worauf Hermlin geantwortet hätte, ja es könne schon sein, dass ein solcher Brief bei ihm eingegangen wäre. Bei ihm gingen eine Vielzahl von Briefen ein, aber er habe infolge seiner häufigen Auslandsreisen u.a. beruflichen Verpflichtungen keinerlei Zeit und hätte auch keine Zeit, sich mit einem solchen Brief zu beschäftigen bzw. ihn zu lesen. Dann habe sich St. Hermlin verabschiedet.

Uwe Hübner beabsichtigt, nach Aussage von [Name geschwärzt], sich ein Attest vom Psychologen zu beschaffen. Unter der Voraussetzung, dass Uwe Hübner tatsächlich gezwungen wird, zur NVA einzurücken, wird in Dresden gemunkelt, dass er maximal noch ein Vierteljahr zu sehen sein wird. Damit wird Bezug genommen auf real geäußerte Suizidabsicht.

    Gez. IM

21. März 1982   Lesung Jan Faktor

Programmierer, Schlosser, Kindergärtner, Autor; geboren 1951 in Prag; 1978 Übersiedlung in die DDR; lebt in Berlin.

Veröffentlichungen: *Georgs Versuche an einem Gedicht und andere positive Texte aus dem Dichtergarten des Grauens,* Berlin/Weimar 1989; *Henry's Jupitergestik in der Blutlache Nr. 3 und andere positive Texte aus Georgs Besudelungs- und Selbstbesudelungskabinett: Texte, Manifeste, Stücke und ein Bericht,* Berlin 1991; *Körpertexte* (zur Verleihung des Kranichsteiner Literaturpreises), Berlin 1993; *Die Leute trinken zuviel, kommen gleich mit Flaschen an oder melden sich gar nicht oder Georgs Abschiede und Atempausen nach dem verhinderten Werdegang zum Arrogator eines Literaturstosstrupps,* Berlin 1995; *Fremd im eigenen Land?,* Essays, gemeinsam mit Annette Simon, Gießen 2000; *Schornstein,* Köln 2006; *Georgs Sorgen um die Vergangenheit oder Im Reich des heiligen Hodensack-Bimbams von Prag,* Köln 2010.

Am 21. März war die Lesung mit Jan Faktor, die Einladung hatte er selbst gemacht im Stil seiner Texte. Es kamen mehr als 130 Gäste, die Lesung war über Lautsprecher, die Jan mitbrachte, in allen drei Räumen der Wohnung zu hören. Jan las u.a. im Wechsel mit Werner Theuer, genannt ETH, Worte mit gleichen Anfangs- oder Endsilben, die durch die Zusammenstellung neue Bedeutungen erhielten. Die Lesung war sehr aufregend. Unter den Gästen waren Christa und Gerhard Wolf, Adolf Endler, Elke Erb, Helga Paris.

(Aus: brennzeiten)

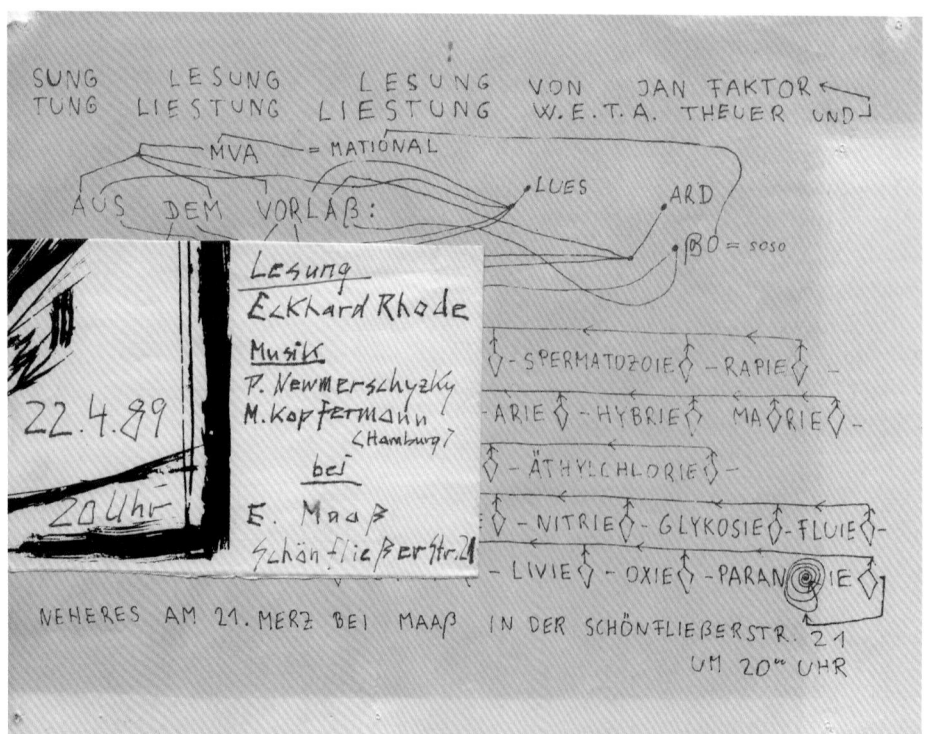

Von Jan Faktor selbstgestaltete Einladung. (Darüber eine Einladung zur Lesung von Eckhard Rhode, 22.4.1989.)

Die Lesungen von 1978 bis 1989

PARALLELEPIPED [gekürzt]
(für zwei Stimmen – erste Stimme GROSS geschrieben)

dieb   dieb   dieb   dieb   dieb   dieb   dieb   dieb   dieb
dieb   dieb   dieb   dieb   dieb   dieb   dieb

FELDdieb	WILDdieb	PFERDEdieb
TAGEdieb	MILCHdieb	FISCHdieb
STRAUCHdieb	HOTELdieb	GALGENdieb
KIRCHENdieb	TASCHENdieb	EHRENdieb
KASSENdieb	STRASSENdieb	GERSTENdieb
AUSTERNdieb	AUTOdieb	HERZENSdieb
HAUSdieb	FORSTdieb	GAUdieb
ERZdieb		

dieb   dieb   dieb   dieb   dieb   dieb   dieb   dieb
dieb   hieb
hieb   hieb   hieb   hieb

ABhieb	HOLZABhieb	BASTARDhieb
STREIFhieb	KOPFhieb	FLACHhieb
NACHhieb	DURCHhieb	BAUCHhieb
SÄBELhieb	GEISSELhieb	FEHLhieb
ANhieb	DEGENhieb	GEGENhieb
PEITSCHENhieb	FLANKENhieb	FEILENhieb
SEITENhieb	MANSCHETTENhieb	RUTENhieb
PLENTERhieb	UNTERhieb	AUShieb
SCHWERThieb	AXThieb	LIEB!

lieb   lieb   lieb   lieb   lieb   lieb   lieb   lieb   lieb   (Pause)
ieb   ieb   ieb   (Pause)
ieb   ieb   ieb   (Pause)
ieb   ieb   ieb   ieb   ieb   ieb   ieb   ieb   ieb   ieb
ieb   ieb

Lieb	VIELLieb	UNLieb
KINDERLieb	HERZLieb	ABRieb
TRIEB!	trieb trieb	ABtrieb
BEtrieb	HANDBEtrieb	GEWERBEBEtrieb
BADEBEtrieb	REGIEBEtrieb	CHEMIEBEtrieb
INDUSTRIEBEtrieb	GERÄTEBEtrieb	BRENNSTOFFBEtrieb
DAMPFBEtrieb	AUFKAUFBEtrieb	AUSSCHLAGBEtrieb
HOCHBEtrieb	GIESSEREIBEtrieb	ABPACKBEtrieb
GEGENDRUCKBEtrieb	FABRIKBEtrieb	FUNKBEtrieb
OFFIZIALBEtrieb	KOMMUNALBEtrieb	TIEGELBEtrieb
REGELBEtrieb	FEMELBEtrieb	DOPPELBEtriebtrieb
HOTELBEtrieb	MITTELBEtrieb	trieb trieb trieb
SEILBEtrieb	TEXTILBEtrieb	VOLLBEtrieb triebtrieb
ABFÜLLBEtrieb	KONSUMBEtrieb	KRANBEtrieb

NEBENBEtrieb   GRUBENBEtrieb   HOCHOFENBEtrieb
STOLLENBEtrieb   MASCHINENBEtrieb   FLEISCHWARENBEtrieb
RIESENBEtrieb   ZWEISCHICHTENBEtrieb   KAPITALISTENBEtrieb
HÜTTENBEtrieb   BAHNBEtrieb   EISENBAHNBEtrieb
KLEINBEtrieb   ALLEINBEtrieb   RENNBEtrieb
SAISONBEtrieb   FERNBEtrieb   KONZERNBEtrieb
LIEFERBEtrieb   ZULIEFERBEtrieb   SIEGERBEtrieb
ERZEUGERBEtrieb   AMÜSIERBEtrieb   WASSERBEtrieb
THEATERBEtrieb   MUSTERBEtrieb   DAUERBEtrieb
FAHRBEtrieb   BOHRBEtrieb   MOTORBEtrieb
REPARATURBEtrieb   MANUFAKTURBEtrieb   HILFSBEtrieb
KRIEGSBEtrieb   UNTERSUCHUNGSBEtrieb   ERFASSUNGSBEtrieb
VERARBEITUNGSBEtrieb AUFBEREITUNGSBEtrieb VERWALTUNGSBEtrieb
DIENSTLEISTUNGSBEtrieb RÜSTUNGSBEtrieb   HANDWERKSBEtrieb
BERGWERKSBEtrieb   HANDELSBEtrieb   RESTAURATIONSBEtrieb

CLIP   FLIP   PIP   TRIP   TIP   TOTOTIP   TOTOTIP   KLIPP
SCHNIPP   TRIPP   STIPP   HOPP   GALOPP   SALOPP   TOPP
TIPPTOPP   TIPP   TIPP   TIPP   trieb   trieb   trieb

KONFEKTIONSBEtrieb   PRODUKTIONSBEtrieb   VERKEHRSBEtrieb
GROSSBEtrieb   STAATSBEtrieb   GESCHÄFTSBEtrieb
PRIVATBEtrieb   WERFTBEtrieb   ZWEISCHICHTBEtrieb
EINSCHICHTBEtrieb   SAATZUCHTBEtrieb   SCHWERPUNKTBEtrieb
FORSTBEtrieb   TRITTBEtrieb   BAUBEtrieb
AUFBAUBEtrieb   BERGBAUBEtrieb   MÖBELBAUBEtrieb
MASCHINENBAUBEtrieb   LANDMASCHINENBAUBEtrieb GARTENBAUBEtrieb
GROSSBAUBEtrieb   DUPLEXBEtrieb   AUFTRIEB!
trieb trieb   LANGtrieb   NACHtrieb
DURCHtrieb   VIEHtrieb   SEXUALtrieb
RIEMENKEGELtrieb   WURZELtrieb   HOHLtrieb
SEILtrieb   UMtrieb   ANtrieb
ALLRADANtrieb   ZAHNRADANtrieb   VORDERRADANtrieb
VIERRADANtrieb   HINTERRADANtrieb   BANDANtrieb
DAMPFANtrieb   HECKANtrieb   GELENKANtrieb
DIFFERENTIALANtrieb   REIBUNGSKEGELANtrieb   KUGELANtrieb
DOPPELANtrieb   DIESELANtrieb   SEILANtrieb
ÖLANtrieb   ATOMANtrieb   KARDANANtrieb
EINSCHEIBENANtrieb   ZAHNSTANGENANtrieb   SCHNECKENANtrieb
ZAPFWELLENANtrieb   RIEMENAN   (längere Pause)
trieb   TURBINENAN   (Pause)   trieb   RAUPENAN
(Pause)   trieb   ACHSENAN   (ganz kurze Pause)   trieb
VORDERACHSENAN   (noch kürzere Pause)   trieb   HINTERACHSENANtrieb
KURVENANtrieb   ELEKTROANtrieb   ELEMENTARANtrieb
FEDERANtrieb   FAHRANtrieb   MOTORANtrieb
    [...]

PHASENUNTERschied   KLASSENUNTERschied   BREITENUNTERschied
STANDESUNTERschied   MEINUNGSUNTERschied   SPANNUNGSUNTERschied
BEDEUTUNGSUNTERschied   VERMÖGENSUNTERschied   ALTERSUNTERschied
QUALITÄTSUNTERschied   GESCHLECHTSUNTERschied   FRUCHTBARKEITSUNTERschied
ZEITUNTERschied   HAUPTUNTERschied   ARTUNTERschied
SCHIED!   LIED!   LIED!   lied   lied
GRABlied   LOBlied   DEUTSCHLANDlied
ABENDlied   STERBElied   KLAGElied
HOHElied   MINNElied   ERNTElied
SCHLAFlied   KAMPFlied   ARBEITERKAMPFlied
GLIED!   (zweite Stimme gleichzeitig:)   glied!
GLIED!   (zweite Stimme gleichzeitig:)   glied!
GLIED!   (zweite Stimme gleichzeitig:)   glied!
WANDglied   BINDEglied   GEMEINDEglied
    […]

Bericht des IM »David Menzer«

Es las Jan Faktor. Die Lesung war im Vergleich zu allen bisherigen Lesungen am meisten besucht. Poesie von Faktor ist mit dem Dadaismus und der konkreten Poesie verbunden. Sie ist in assoziativen Formen angelegt. Eine sehr klare Sprache – reagierend auf offizielle Sprachformen der Gesellschaft. Der Personenkreis der Lesung war erweitert auf den Freundeskreis von F. Folgende Personen waren mir bekannt: Christa und Gerhard Wolf, Elke Erb, Richard Pietraß, Jochen Berg. Die Lesung traf auf große Widersprüche beim Publikum. Einerseits wird seine Art bejaht, andererseits als Literatur abgelehnt, da es nur Reaktionen auf gesellschaftliche Umstände sei.
    David Menzer 30.3.1982

Bericht der IM »Marion«

Kreisdienststelle Pankow   Berlin, 23.3.1982
                                                       Tonbandabschrift

Treff am: 22.3.1982
Lesung bei Ekkehard Maaß
Am 21.3.1982 fand um 20.00 Uhr in der Wohnung von Ekkehard Maaß eine weitere Lesung statt. Diese Lesung wurde bestritten von einem in der DDR lebenden tschechischen Staatsbürger
    Jan Faktor
Jan Faktor hatte zu seiner Unterstützung einen Freund mitgebracht, dessen Name mir nicht bekannt ist. J. Faktor hat etwa 65 Minuten gelesen, darunter zwei oder drei kürzere Prosatexte vorwiegend aber Lyrik. Der Inhalt der von J. Faktor gelesenen Lyrik lässt sich schwer wiedergeben, da die Form teilweise alles überwucherte bzw. kein Inhalt mehr erkennbar blieb. Es gab ein Gedicht, das ich hier zitieren kann unter dem Titel »Afghanistan«

Afghanistan zum ersten

Afghanistan zum zweiten

Afghanistan zum dritten

Als erstes las F. gemeinsam mit dem o.g. Freund ein etwa zwanzigminütiges Gedicht, das auch sehr formell aufgebaut war. In diesem Gedicht wurde immer die Nachsilbe

trieb

gesprochen, während sein Freund Vorsilben, wie

An-, Kurbel-, Geschlechts-, Freß-, Lust-, etc.

sprach. Dann gab es teilweise die Wiederholung von trieb ohne irgendwelchen Vorsilben in zwanzigfacher oder dreißigfacher Form, dann wandelte sich die Silbe trieb in Sieb. Es ist also einigermaßen schwer, diesen Inhalt zu schildern.

Ein weiteres, sehr ausführlicheres Gedicht behandelte den menschlichen Körper. Er wurde wie folgt geschildert:

»Wie günstig, daß unsere Muskeln funktionieren, wie wir es wollen. Wie günstig, daß unsere Zunge beim Reden nicht erigiert. Wie hervorragend, daß unser Magen in der Lage ist zu verdauen. Wie hervorragend eingerichtet ist unser Afterschließmuskel, wie schön, daß unsere Adern so verästelt durch den ganzen Körper führen. Wie hervorragend, daß unsere Kniescheiben beweglich sind.«

Im zweiten Teil des Gedichtes schildert er dann die negierende Form. Man stelle sich vor, dass man eine Münze in den Magen werfen müsse, damit er verdaut, unsere Nase nach oben gerichtet wäre, verstopfen würde wie ein Salzstreuer, nur jeder fünfzigste Mensch ein Geschlechtsteil hätte, etc.

Im dritten Teil des Gedichtes schildert er dann, wie günstig es ist, dass unsere Nase nicht nach oben gerichtet ist und wie ein Salzstreuer verstopft ist, unser Magen auch verdaut, wenn wir keine Münze hineinwerfen, nicht nur jeder fünfzigste Mensch ein Geschlechtsteil hat.

Teilweise waren die Gedichte so unverständlich, dass eine Wiedergabe beim besten Willen nicht möglich ist. Die Lyrik Jan Faktors wurde von etwa 80% der Zuhörenden begeistert aufgenommen. Während etwa 20% eine kritische Haltung dazu einnehmen d. h. einzunehmen schienen. Eine Diskussion hat es aufgrund der sehr hohen Besucherzahl – ca. 100–120 Personen – nicht gegeben. Anwesend waren mir namentlich bekannte Personen:

Christa und Gerhard Wolf	Ekkehard und Wilfriede Maaß
Lutz Rathenow	Bert Papenfuß
Andreas Sinakowski	

außerdem ein junger Autor, der im Heft »Temperamente 4/81« veröffentlicht hat, und ein bereits in früheren Berichten genannter Mann, ca. 35 Jahre alt, der am Bau des Flughafens Schönefeld mitgewirkt haben will oder soll. In einem kurzen Gespräch mit Papenfuß beklagte sich P. darüber, dass ihm seine Steuernummer weggenommen worden sei, aber es ihm doch ziemlich egal sei, was die mit ihm machen. P. hätte seinen Jahresverdienst von 1400 DM gemeldet und hätte dazu angegeben, dass Verlagsprojekte mit beispielsweise dem »Neuen Leben« sich zerschlagen hätten usw., aber man habe ihm trotzdem die Steuernummer weggenommen. Natürlich hätte er seinen Verdienst auch dadurch erhöhen können, dass er für irgendwelche imaginären Sachen Steuern gezahlt hätte, aber er sei daran nicht interessiert.

Die Übertragung der Lesung in die anderen Räume der Wohnung erfolgte mittels Tontechnik. Aufgrund der hohen Teilnehmerzahl war es mir diesmal nicht möglich, mit einzelnen ausgewählten Personen eine tiefgründige Unterhaltung zu führen, da die Zuhörer zu dicht beieinander saßen.

In den sich der Lesung anschließende Diskussionen einzelner Gäste ging es hauptsächlich um Banalitäten bzw. persönliche Probleme, die nicht operativ relevant waren.

31. März 1982   Salon mit Bulat Okudshawa

Geboren 1924 in Moskau; Sohn eines Georgiers und einer Armenierin, die 1937 repressiert wurden: der Vater wurde erschossen, die Mutter verschwand für siebzehn Jahre im Gulag. Kämpfte im Zweiten Weltkrieg als Artillerist. Studierte nach dem Krieg in Tbilissi Philologie und arbeitete im Gebiet Kaluga als Lehrer. Nach der Rehabilitierung seiner Mutter kehrte er 1956 nach Moskau zurück. Mit seinen zur Gitarre gesungenen Gedichten wurde er zum Initiator des sowjetischen Autorenliedes und, von Tonband zu Tonband überspielt, in ganz Osteuropa bekannt. Er war Dichtersänger und Autor von Romanen. Verstorben 1997.

Werke in deutschen Übersetzungen: *Gedichte und Chansons*, München 1969; *Der fröhliche Trommler: Lieder, Chansons, Balladen*, Ahrensburg 1969; *Auswahl*, Berlin 1975; *Die Erlebnisse des Polizeiagenten Schipow bei der Verfolgung des Schriftstellers Tolstoj, Roman*, München 1977; *Der arme Awrossimow oder die Abenteuer eines Geheimschreibers, Roman*, Berlin 1971; *Merci oder die Abenteuer Schipows*, Berlin 1981; *Die Reise der Dilettanten: Aus den Aufzeichnungen des Oberleutnants im Ruhestand Amiran Amilachwi: Historischer Roman*, Berlin 1981; *Romanze vom Arbat. Lieder, Gedichte.* Hg. von Leonhard Kossuth, Berlin 1985; *Begegnung mit Bonaparte: historischer Roman,* Berlin 1986; *Der Pappsoldat*. Künstlerbuch von Moritz Götze, Nachdichtungen Ekkehard Maaß, Halle 1987; *Frau meiner Träume: wahre Geschichten*, Berlin 1991; *Reise in die Erinnerung. Glanz und Elend eines Liedermachers*, Berlin 1997; Vladimir S. Vysockij, Aleksandr A. Galic, Bulat S. Okudzava: *Russische Liedermacher*, hg. von Katja Lebedeva, Stuttgart 2000.

Zehn Tage später, am 31. März, fand ein Abend mit Bulat Okudshawa statt. Weil ich mit der Organisation des Abends, dem Einlassen der Gäste usw. überfordert war, überließ ich das Übersetzen einem, wie wir später glaubten, IM der Stasi oder des KGB, der technokratisch und schlecht übersetzte. Aber Bulat war großartig! Adolf Endler beschrieb die Lesung ausführlich in seinem Buch »Tarzan am Prenzlauer Berg«.

(Aus: brennzeiten)

BLACKY BULAT // Der Moskauer Arbat kommt zum Prenzlauer Berg: Bulat Okudshawa am 31. März im Kiez, nämlich in der Wohnung von Ekkehard Maaß… »Ekke«, einst Biermann-, jetzt Bulat Okudshawa-Sänger, ein zweihundertprozentiger Fan, strahlt mit beiden Ohrmuscheln darüber, dass es ihm gelungen ist, den Moskauer Liedermacher und Romancier zu bewegen, die offizielle Flugroute zu verlassen und auf dem versteckten Feldflugplatz in der Schönfließer Straße zu landen, wenn auch nicht ohne irritierenden Begleitschutz. Dieser Begleitschutz kann kaum glücklich gewesen sein über den Verlauf des Gesprächs der DDR-Untergründler mit dem gleichfalls als widerständlerisch bekannten Okudshawa. Noch niemals habe ich Desperateres über den Weg der Sowjetunion gehört; zweifellos ist Bulat Okudshawa der Auffassung, dass die Sowjetunion und vielleicht die ganze Welt keinerlei Zukunft hat. »O Blacki Bulat« flüstert neben mir eine Stimme. In der Tat: Schwarz, Schwarz, Schwarz!; der Ohrensessel, in den man Bulat gesetzt hat, wird vermutlich hinterher ausgewaschen werden müssen: Schwarz schwarz schwarz… Irgendwer fragt verwirrt, ob er, der Sowjetbürger, denn wirklich keinen

Bulat Okudshawa und Ekke Maaß

einzigen Hoffnungsschimmer sehe. Die Kerbe über Okudshawas Nasenwurzel vertieft sich, der müde Blick durch die Hornbrille wird lebendiger, die linke Hand spreizt sich zur beschwörend-resignativen Geste: »Man kann nur noch auf Gott vertrauen!« (Seine verblüffende Offenherzigkeit: er weiß natürlich, mit welchem Publikum er hier im großen und ganzen zu tun hat; in Moskau mag er ein ähnliches haben.) »… auf Gott vertrauen!« Das genau ist der Moment, da der Begleitschutz sich meldet; ein sportiver Blondling (schöner Kontrast zum Dunklen des Bulat Okudshawa), der wie ein Knabe aus dem Oktoberklub oder aus dem Zentralrat der FDJ wirkt, muss seine Wahrheiten loswerden und ruft: »Gott, Herr Okudshawa? Gott? Das meinen Sie doch nur als Floskel, als Bild, nicht wahr?« (Dieser optimistische Jungbürokrat hat natürlich in der Schule gelernt, dass es Gott nicht gibt.) Okudshawa merkt sofort, mit wem er es zu tun hat, und antwortet ernst und jeden Widerspruch ausschließend: »Gott, ja, Gott! Ich habe ›Gott‹ gesagt, ich habe ›Gott‹ gemeint.« (Ungefähr so.) Die meisten grienen still in sich hinein, allen dürfte klar sein: Selbst wenn Okudshawa, was ich vermute, ein lupenreiner Atheist sein sollte, konnte er dem dümmlich-inquisitorischen Fragesteller kaum anders antworten als mit solchen ernsten (und dennoch ironisch bedünkenden) Glaubensbekenntnis: Natürlich Gott! -//- Dann nimmt er seine Guitarre, womit das Gespräch beendet ist, und spielt und singt uns noch eins: Ein Pariser Chansonnier aus Moskau?

(Aus: Adolf Endler, Tarzan am Prenzlauer Berg)

Die Lesungen von 1978 bis 1989

LIED ÜBER MEIN LEBEN

Ach, die erste Liebe –
    macht das Herz mächtig schwach
Und die zweite Liebe –
    weint der ersten nur nach
Doch die dritte Liebe –
    schnell den Koffer gepackt
    schnell den Mantel gesackt
        und das Herz splitternackt

Ach, der erste Krieg –
    da ist keiner schuld
Und beim zweiten Krieg –
    da hat einer Schuld
Doch der dritte Krieg –
    ist schon meine Schuld
    ist ja meine Schuld
        meine Mordsgeduld

Ach, der erste Verrat –
    kann aus Schwäche geschehn
Und der zweite Verrat –
will schon Orden sehn
Doch beim dritten Verrat –
    mußt du morden gehn
    selber morden gehn
        – und das ist geschehn!

Ach, die erste Liebe –
    macht das Herz mächtig schwach…

(Deutsch von Wolf Biermann)

MITTERNACHTSTROLLEYBUS

Was tu ich in Moskau, wenn ich traurig bin,
Wenn Verzweiflung mir nachrennt im Dunkel?
Ich geh durch den Regen zum Trolleybus hin,
Dem letzten, dem blauen.

Er schaukelt mit mir durch ein Meer von Beton
Und wirft am Boulevard seinen Anker;
Er nimmt jeden auf, bezahlt mit 'nem Bon
Den Kummer, den Kummer.

Die Türen im Trolleybus schließen ganz dicht,
Versperrn sich vor Nacht und Kälte.
Leis schnurrt der Motor; ich seh ein Gesicht
Und bin nicht mehr einsam.

Ich stehe ja Schulter an Schulter an Bord
Mit Matrosen, Liebenden, Alten.
Mein Herz ist ein Schlagzeug, es stützt den Akkord
Im Chorus, im Schweigen.

Zu Mitternacht schwimm, blauer Bus, deinen Kreis!
Wirds hell, gleicht verläuft sich das Wasser,
Und Vogel Schmerz aus der Schläfe ist leis
Verflogen, verflogen.

(Deutsch von Sarah Kirsch)

KLAGE UM DEN ARBAT

Bin vom Arbat vertrieben, Arbater Emigrant
In der Gottlosen-Gasse verkümmert mein Talent
Umstellt von fremden Blicken, feindselgem Häuserblock
Zwar ist die Sauna nahe, die Fauna geht am Stock

Bin vom Arbat vertrieben, Vergangenheit beraubt
Den Okkupanten bin ich nicht schrecklich, nur verstaubt
Verlorn in fremden Schicksaln, der Fortgetriebnen Not
Ach, bitter schmeckt mein süßes, mein Emigrantenbrot

Kein Ausweis, ohne Visum, die Rose in der Hand
An unsichtbaren Grenzen geh ich, in sie gebannt

Und die vertrauten Orte, die ich noch finden kann
Ich schaue sie, ich schaue sie, ich schau sie nochmals an

Dieselben Trottoire, derselbe Hinterhof
Doch herzlos die Gespräche, die Feste seelenlos
Die Winterfarben lodern wie damals satt und rein
Doch kaufen Okkupanten bei meinem Bäcker ein

Geschäftiges Gehabe, von Hochmut spitz der Mund…
Die Flora ist dieselbe, die Fauna auf dem Hund!
Ich trag mein Kreuz und lebe, Arbater Emigrant
Die Rose ist erfroren in meiner heißen Hand

(Deutsch von Ekke Maaß)

Information zu bekannt gewordenen Aktivitäten des sowjetischen Schriftstellers und Liedermachers Bulat Okudshawa

Bulat Okudshawa weilte auf Einladung der Intendantin des Theaters im Palast (TIP), Vera Oelschlegel, seit dem 25.3.1982 in der DDR, um am 27.3. und 28.3.1982 Veranstaltungen im TIP durchzuführen.
Während seines Aufenthaltes in der DDR wurde Bulat Okudshawa durch die Übersetzer des Verlages Volk und Welt [Name geschwärzt] und [Name geschwärzt] betreut. Der Verlag Volk und Welt ist der Herausgeber der Werke Bulat Okudshawas in deutscher Sprache für die DDR.
Operativ wurde bekannt, dass der wegen seiner feindlich-negativen Haltung bearbeitete und als Sänger freiberuflich tätige Ekkehard Maaß für die genannten Veranstaltungen ca. 20 Karten erwarb, um seinem Freundeskreis die Teilnahme an diesen Veranstaltungen zu ermöglichen.
Nach operativen Hinweisen wurde von Seiten des Ekkehard Maaß zu Bulat Okudshawa im Jahre 1976 persönlich Kontakt aufgenommen, als dieser zur Durchführung einer Veranstaltung gleichfalls im TIP in der DDR weilte. Es liegen keine Hinweise darüber vor, dass Ekkehard Maaß zwischenzeitlich Kontakte postalischer oder andere Art zu Bulat Okudshawa unterhielt.
Operativ bekannt ist, dass Ekkehard Maaß nach 1977 ein eigenes Programm mit Liedern des Bulat Okud-shawa zusammenstellte und diese Lieder in unregelmäßigen Abständen vor seinem Bekanntenkreis im privaten Rahmen sowie auch in kirchlichen Einrichtungen vortrug.
Ekkehard Maaß wählte dabei überwiegend solche Texte des Bulat Okudshawa aus, die laut inoffiziellen Hinweisen durch die Übersetzung von der russischen in die deutsche Sprache durch Ekkehard Maaß zum Teil eine zweideutige Aussage erhielten bzw. pazifistisches Gedankengut beinhalten und suggerieren.
Im Zusammenhang mit dem jetzigen Aufenthalt des Bulat Okudshawa in der DDR wurde operativ fest-gestellt, dass Ekkehard Maaß persönliche Zusammenkünfte mit Bulat Okudshawa im Hotel Stadt Berlin bzw. unter Einbeziehung von Personen seines Freundeskreises in seiner Privatwohnung in der Hauptstadt der DDR organisierte.
Dazu wurde inoffiziell bekannt, dass Bulat Okudshawa auf Einladung des Ekkehard Maaß am 31.3.1982 an einer Zusammenkunft in dessen Privatwohnung in der Hauptstadt der DDR mit ca. 30 Personen teil-

nahm, die jedoch zu unterschiedlichen Zeiten die Zusammenkunft aufsuchten bzw. diese wieder verließen. Namentlich wurden unter anderem als Teilnehmer an der Zusammenkunft solche kulturell tätige Personen wie Elke Erb, Adolf Endler, [Name geschwärzt], Bert Papenfuß-Gorek und [Name geschwärzt] festgestellt, die insgesamt zum Freundes- bzw. näheren Bekanntenkreis des Ekkehard Maaß gerechnet werden können. Kurz vor Beendigung der Zusammenkunft erschien der Mitarbeiter der ständigen Vertretung der BRD in der DDR, Max Dehmel, der sich jedoch in keiner Weise an der Diskussion beteiligte, die im wesentlichen folgende Probleme zum Inhalt hatte:

Nachdem Bulat Okudshawa einige seiner Lieder gesungen hatte, wurde ihm Gelegenheit gegeben, Fragen der Anwesenden zu beantworten. Bulat Okudshawa wurde zu seinem bisherigen Schaffen, seinem Werdegang, zum Verhältnis von Poesie und Realität und zu seinen Eindrücken in der DDR befragt. An wesentlichsten Argumenten Bulat Okudshawa lässt sich folgendes wiedergeben:

– Der Schriftsteller solle weder über die Vergangenheit noch über die Zukunft schreiben, sondern über die Gegenwart. Jeder Stoff müsse aktualisiert werden, sonst sei er sinnlos, über etwas anderes zu schreiben sei Phantasterei.

– Er sei kein Pessimist, aber das Leben sei nicht so, dass man es nur optimistisch sehen könne.

Auf die einzige Frage zu seinen gewonnenen Eindrücken über seinen Aufenthalt in der DDR reagierte Bulat Okudshawa höflich, jedoch ausweichend.

Bulat Okudshawa gab unter anderem dazu an, dass er gegenwärtig in der DDR weile, da hier seine Bücher verlegt werden. Des weiteren wurde er bereits 1977 in der DDR von einem jungen Menschen angesprochen, der sich für ihn und seine Arbeiten begeistert habe (offensichtlich war Ekkehard Maaß gemeint). Weiterhin äußerte sich Bulat Okudshawa in diesem Zusammenhang dahingehend, dass er sich gern mit jungen Menschen unterhalte. Diskussionen und Zusammenkünfte mit jungen Leuten seien für ihn immer wichtig und nützlich gewesen. Des Weiteren führte er an, dass er sich unter anderem in den USA, in Österreich, der BRD und anderen Ländern aufgehalten habe, die seine Bücher verlegten.

Nach seiner bisherigen Entwicklung befragt, gab Bulat Okudshawa einen Überblick seiner Biografie und erklärte u.a., dass er ein Mann sei, der keine finanziellen Probleme habe und sich von seiner Arbeit gut ernähren könne.

Befragt zur Situation in der Sowjetunion wich Bulat Okudshawa mit der Bemerkung aus, dass er über seine Arbeit sprechen, jedoch keinen revolutionären Zirkel abhalten wolle und wird.

Die im Laufe der Gespräche von Bulat Okudshawa in zynischer Weise gemachte Bemerkung, dass er mit dem Diplomatenwagen »Unter den Linden« entlang gefahren und am Brandenburger Tor die Mauer auch von hinten gesehen habe, stellte die einzige von Bulat Okudshawa gemachte Äußerung dar, die im konkreten Bezug zu politischen Fragen stand. Auf diese Äußerung Bulat Okudshawas begann Ekkehard Maaß sofort, Wolf Biermanns Verse über die Mauer zu zitieren, was wiederum für einige Anwesende der Anlass war, negative Bemerkungen über die Staatsgrenze der DDR zu machen.

Von einzelnen teilgenommenen Personen [Name geschwärzt] wurde die Veranstaltung als zu wenig gelungen eingeschätzt, da unter anderem durch die notwendige Übersetzungstätigkeit alles grob und oberflächlich geblieben und zur Lyrik nichts Wesentliches gesagt worden sei. (Als Dolmetscher fungierte überwiegend Ekkehard Maaß).

Hinzuweisen ist darauf, dass Ekkehard Maaß zu der Zusammenkunft Tonbandaufnahmen machte.

Laut offizieller Feststellung wurde Max Dehmel durch Bulat Okudshawa vermutlich nicht als Mitarbeiter der ständigen Vertretung der BRD in der DDR wahrgenommen. Beide verließen zu unterschiedlichen Zeitpunkten die Wohnung des Ekkehard Maaß. Feindliche Aktivitäten des teilnehmenden Personenkreises wurden nicht festgestellt.

Es wird vorgeschlagen, die bekannt gewordene Information der Hauptabteilung den Freunden zur Verfügung zu stellen und die Verbindung zwischen Ekkehard Maaß und Bulat Okudshawa operativ weiter zu verfolgen.

25. April 1982   Lesung Uwe Hübner

Maurer, Bibliothekshelfer, Buchhändler, Galerist, Maschinist, Autor; geboren 1951 in Gelenau/Erzgebirge; lebt in Dresden.

Veröffentlichungen: *Pinscher und Promenade.* Szenische Texte, kurze Prosa, mit Zeichnungen von Siegfried Anzinger, Berlin 1993; *Löchrige Deckschicht.* Gedichte, Künstlerbuch mit Holzschnitten von Volker Mehner, 2003; *Jäger. Gejagte.* Gedichte, Leipzig 2013.

WEITER GING JENE FAHRT

Und wieder hörte er sich schreien. Lautlos ins eigene Innere schreien.

Haltet die Mitte! Pferde! Schneller! Haltet die Mitte! Laßt mich nicht im Stich!

Weiter ging jene Fahrt. Unter eilends Dahinschwebendem samt steinernem Teppich lag, gleich den vorangegangenen Tagen, ein schier endloses Moor. Ein Moor, welches freilich eher schreckstrotzendem Gottesacker ähnelte. Bleiche Fäuste, Knochengestade baumelten daraus empor. Droschen mit magischem Lärm Verführungen, Lockungen ans ihnen zugekehrte fliegende Material. Nur; Lenker nebst Karren hielten. In der Linken die Zügel. Zum Schämen straff. Die Knie tiefer in das Plateau pressend. Focht der Bedrängte mit festem Willen gegen die gebotenen Erlösungen. Und wieder hörte er sich schreien. Lautlos ins eigene Innere schreien.

Pferde! Schneller! Haltet die Mitte! Laßt mich nicht im Stich! Haltet die Mitte!

Weiter ging jene Fahrt. Längst schoß den Tieren Blut beim Atemkeuchen aus den geblähten Nüstern. Verloderte, hinausdrängend zu sprühenden Feuerfontänen. Indes. Über dem Aufhockenden, über dem Transportgast schien ein riesiges Leinentuch an Himmels statt gebreitet. Der Schleier der liebkosenden Fratze Umnachtung womöglich. Vorgehangen. Schwelende Umrisse, Formen griffen, langten daraus herab. So, von der Hose den Gürtel genommen, ließ der Fortschwingende diesen um seinen Rumpf mit rasendem Tempo kreisen. Das süße Festhalten des Himmels wehrend, auf die imaginären Rosse von Zeit zu Zeit schmetternd. Den Vierbeinern, sich, notwendigerweise Schmerz zufügend. Und wieder hörte er sich schreien. Lautlos ins eigene Innere schreien.

Schneller! Haltet die Mitte! Laßt mich nicht im Stich! Haltet die Mitte! Pferde!

Weiter ging jene Fahrt. Inzwischen hatte es der Entfliehende aufgegeben, links rechts rückwärts zu schauen. Knapp nach dem Aufbruch gelang es ihm letztmals menschliche

Einladungsgrafik von Ralf Kerbach

Wesen zu gewahren. Zuzüglich vermutete er in jüngerer Vergangenheit am Horizont eine Maschine, unter Umständen mit Lebendigem besetzt. Sonst strahlte ausnahmslos dämmrige Leere. Rasender denn je drehte er jetzt den Riemen. Drehte ihn auf die seinen Leib fast umfangende, Rettung verheißende Fratze Umnachtung. Parallel bohrten sich die Knie tiefer in das brettartige Erz, um besser zu steuern. Den Schlägen von moorwärts besser Paroli zu bieten. Und wieder hörte er sich schreien. Lautlos ins eigene Innere schreien.

Haltet die Mitte! Laßt mich nicht im Stich! Haltet die Mitte! Pferde! Schneller!

Weiter ging jene Fahrt. Gut, am Ende war gerade erwähntes Umsichvibrieren gar des Gefährdeten Vorrankommen. Das aus der schlammigen Masse hochhämmernde Rufpochen ein in den Lüften Erhalten. Die Zeit verfleuchte dabei. Eben sah sich der in hastigem Tun Getränkte veranlaßt, alles vormals Wichtige aufzugeben. Waren etwa Mantel Einsichten Handschuhe Ansichten Aussichten im Zugsog verblieben. Von, aus dem Körper gezerrt. Verschlissen. Und wieder hörte er sich schreien. Lautlos ins eigene Innere schreien.

Laßt mich nicht im Stich! Haltet die Mitte! Pferde! Schneller! Haltet die Mitte!

Weiter ging jene Fahrt. Neuerdings waren Stunden, Tage verrannt. Da der Schwirrende ein Flauen jedweder Währung zu verzeichnen meinte. Das klirrende Todesverheißen der Erde, das schmeichelnde Umnachtungsseufzen des Himmels wurde geringer. Gleichfalls die eigenen mobilisierten Kräfte. Plötzlich barst selbst der bis hierher tapfer ausharrende steinerne Teppich. Barst zu Geröll. Nach einem Augenblick freien Fallens registrierte der Abgeschleuderte sich an einem Ufer gelandet. Aufrecht stehend. Die Glieder schlotterten gemäß den geendeten Anstrengungen. Barmherzigkeit, Gnade wogten. In erreichbarer Umgebung stand ein kleines Verlies. Auf das er sich bald zubewegte; ringsum die dämmrige Beleuchtung. Momentan nahte, sanft, behutsam, ein schmaler Lichtschein. Eigentlich von unerklärlicher Stelle. Sank auf das Anwesen, auf ihn zu: Geschafft. Ja, geschafft. Zumindest für diesmal.

Die Lesungen von 1978 bis 1989

27. Juni 1982   Lesung Tohm di Roes (Thomas Rösler)

Performancekünstler, Autor; geboren 1960 in Gera; Studium an der Schauspielschule Berlin; 1985 Übersiedlung nach Westberlin; lebt in Österreich.

Veröffentlichungen: *Poesiealbum. Zehn lyrische und ein dramatisches Werk*, Berlin 1982; *Ichs Apokalyptus, eine autobiografische Weltgeschichte*, Berlin 1983; *Der Lidschlag des Voyeurs*, Berlin 1997; *Der Einzige / Lanze des Gral, Trilogie der Wiederkunft*, unter Pseudonym Reiner Werner vom Nagel zu Haufe, Engerda 2003.

Es folgte die Lesung von Thomas Rösler am 27. Juni mit abermals sehr vielen Leuten, diesmal in den beiden vorderen Zimmern. Rösler saß auf einem verhängten Tisch. Obwohl das Künstlerleben in der Schönfließer Straße wie ehedem fortging, beendete ich für eine gewisse Zeit die regelmäßigen Lesungen, weil die Kirche begann, ihre Räume für Lesungen, Bluesmessen und Ausstellungen zu öffnen.

(Aus: brennzeiten)

Danke für die löblicher Erwähnung. Meine Frage: wird das alles sein, was zu dieser meiner Lesung gesagt sein soll? Nix von den gelöschten Lichtern, der Spritzpistole in der Dunkelheit, den nassen Lappen ins Gesicht, Panik und Ekel, Aufbegehren und Kunst-ist-Waffel Gestöhne, T.d.R. in schwarzer Panzerfahrer-Kombi unsichtbar vor schwarzem Hintergrund, der Überstrapazierung durch Länge des Tonbandvortrages, der Hochsommertemperaturen bei verhangenen stickigen Luftverhältnissen???? Ich meine, ich hab da ja nicht wirklich GELESEN!!! Ich habe Surrogat verkauft… vom Band. Und zwischenher abgespritzt… mit der Pistole… den Damen und den Dämlichen voll ins Auge!!!!!!

(Tohm di Roes, per Mail, 2016)

Von Thomas Rösler
selbstgestaltete
Einladung

ddr-PUNK

außer der Ordnung
keine Zukunft,
bohrend rotiert
der Kreisel
                    m s
stichkreischu   i
                    h c

ins plattgelatschte Gelände
                    S
                        p
                            i
                                t
                                    z
                                        e
fauchend seine   zu
                                        n
                                    e
                                b
                            i
                        e
                    r
                    t
zum Funkensprung
ansetzen muß er
                s
                e
                m
                    m
                a
                l
leckenden F
den Höchstgeschwindigkeitsdreh
drischt die Wucht
der PEITSCHE

DER VERGNÜGUNGSDAMPFER SINKT

Der Vergnügungsdampfer sinkt
Flammen schlagen über Deck
Wasser fluten durch das Leck
Laßt ihn absaufen
den ganzen Haufen

Frauen und Kinder zuerst

Der Vergnügungsdampfer sinkt
Der Vergnügungsdampfer sinkt

Die Turbinen drehen durch
Altes Holz zersplittert morsch
Angekettet brüllt das Vieh
Und die Panik tobt wie nie

Frauen und Kinder zuerst

Der Vergnügungsdampfer sinkt
Der Vergnügungsdampfer sinkt

(Zitiert nach Tonbandkassette »Klick & Aus – AIDS Delikat«, 1984)

10. Februar 1983   Lesung von Allen Ginsberg in der Keramikwerkstatt

Dichter der Beat Generation, Dozent, Buddhist; geboren 1926 in Paterson, New Jersey; Studium der Rechtswissenschaft an der Columbia Universität; 1997 verstorben.

Veröffentlichungen: *Howl and Other Poems,* San Francisco 1956; *Kaddish and Other Poems,* San Francisco 1961; *Empty Mirror, Early Poems, Totem/Corinth, 1961; Reality Sandwiches,* San Francisco 1963; *Ankor Wat*, London 1968; *Airplane Dreams,* San Francisco 1968; *Planet News 1961–1967,* San Francisco, 1968; *The Gates of Wrath, Rhymed Poems*, Bolina 1972; *The Fall of America.* 1972; *Iron Horse,* San Francisco *1974; First Blues*, San Francisco 1975; *Mind Breaths. Poems 1972–1977,* San Francisco 1977; *As Ever. The collected correspondence of Allen Ginsberg and Neal Cassady,,* Berkley 1977; *Composed on the Tongue,* Bolina 1980; *Illuminated Poems* (mit Eric Drooker), New York 1996; *Death & Fame. Last Poems 1993–1997*, New York 1999 (dt. *Tod & Ruhm,* Wenzendorf 2015); *Collected Poems 1947–1997,* New York 2006; *Howl* (mit Eric Drooker), New York 2010.

After working on Combat Rock Album Dec '98 / in U.S.

Allen Ginsberg, Joe Strummer Summer 1982. Photo: Hank O'Neal.

Allen Ginsberg Colorado Springs 1982 August 10

Allen Ginsberg & Peter Orlovsky editing "First Blues" copy.

Peter Orlovsky Photo: Hank O'Neal.

Zeitungsausschnitt mit einer Widmung von Allen Ginsberg und Peter Orlovsky an Ekke Maaß

Am 10. Februar hatte Sascha in Wilfriedes Werkstatt eine Lesung mit Allen Ginsberg und Peter Orlovski organisiert, wahrscheinlich über Gabriele Dietze vom Rotbuch Verlag. Allen durfte an der Grenze sein Tischharmonium nicht mitnehmen, mit dem er sich beim Vortrag seiner Lieder begleitete. Statt die ganze Gesellschaft in meine geräumige Küche zu bringen, wo es ein Harmonium gab, musste ich schließlich die Gitarre holen und Allen damit begleiten, was nur schlecht und recht gelang. Offenbar hatte Anderson mit der Stasi vereinbart, dass die Veranstaltung nicht bei mir stattfindet. Lutz Rathenow wollte Allen Ginsberg bitten, eine Petition gegen die Verhaftung Jenaer Autoren zu unterschreiben, was er sicher gern getan hätte. Sascha fauchte ihn an: Wenn Du das tust, schmeiße ich Dich hier raus! Offenbar war auch mit der Stasi abgesprochen, dass sich Allen politisch heraushalten sollte. Es war trotzdem ein großartiger Abend. Als ich beim Aufbruch Allen meine Wohnung zeigte, war er begeistert, stürzte sofort ans Harmonium, und es gelang nur mit Mühe, ihn davon loszukriegen, weil sie ja vor 24 Uhr über die Grenze mussten.

(Aus: brennzeiten)

FATHER DEATH BLUES

Hey Father Death, I'm flying home
Hey poor man, you're all alone
Hey old daddy, I know where I'm going

Father Death, Don't cry any more
Mama's there, underneath the floor
Brother Death, please mind the store

Old Aunty Death Don't hide your bones
Old Uncle Death I hear your groans
O Sister Death how sweet your moans

O Children Deaths go breathe your breaths
Sobbing breasts'll ease your Deaths
Pain is gone, tears take the rest

Genius Death your art is done
Lover Death your body's gone
Father Death I'm coming home

Guru Death your words are true
Teacher Death I do thank you
For inspiring me to sing this Blues

Buddha Death, I wake with you
Dharma Death, your mind is new
Sangha Death, we'll work it through

Suffering is what was born
Ignorance made me forlorn
Tearful truths I cannot scorn

Father Breath once more farewell
Birth you gave was no thing ill
My heart is still, as time will tell

Allen Ginsberg bei Ekke Maaß, 1993. Links Peter Wawerzinek, vorne rechts Peter Böthig

Bericht des IMB »Fritz Müller«

Hautabteilung XX/9   Berlin, 15. Febr. 1983

Tonbandabschrift

Quelle: IMB »Fritz Müller«

Entgegengenommen: OSL Reuter und Major Heimann am 14.2.1983

Information zu einer Lesung von Allen Ginsberg bei Sascha Anderson, Schönfließer Str. 21

[größtenteils geschwärzt]

Diesmal ist er nach seiner Lesung am 10.2.1983 nach Berlin Ost gekommen und hat Sascha Anderson besucht.

Dort hat er eine Lesung mit seinem Freund Orlovski zusammen gemacht. Jeder hat ca. 1/2 Stunde gelesen.

Der Kreis bei Anderson bestand aus ca. 15–20 Personen. Anwesend waren

    Cornelia Schleime, Malerin

    Gabriele Kachold, Handweberin aus Erfurt

    eine Freundin von Gabriele Kachold, Heike Stephan [Name geschwärzt] aus Erfurt

    Hans-Jürgen Scheib, Maler aus Berlin

    Anatol Erdmann, Bildhauer aus Berlin

    Barbara Berthold, Fotografin aus Berlin

    Elke Erb, Lyrikerin

Schwester von Elke Erb aus Halle, vermutlich Lehrerin

Richard Pietraß, Lyriker und Herausgeber

Stefan Döring, Lyriker

Uta Hünniger, Malerin aus Berlin

Lutz Rathenow aus Berlin

Ekkehard Maaß

Allen Ginsberg und Peter Orlowski haben ihren Übersetzer und Manager der Europatournee mitgebracht. Er heißt Jürgen Schmidt.

Außerdem war noch ein westdeutscher Publizist aus Hamburg anwesend, Michael Kellner.

29. Mai 1983   Lesung Paul Gratzik

Tischler, Erzieher, Inoffizieller Mitarbeiter der Stasi bis 1981 (Selbstenttarnung), Autor; geboren 1935 in Lindenhof, Ostpreußen; Tischlerlehre; Studium am Literaturinstitut »Johannes R. Becher« in Leipzig; lebt in Beenz bei Prenzlau.

Werke: *Unruhige Tage. Schauspiel in sechs Bildern,* Leipzig 1966; *Umwege. Bilder aus dem Leben des jungen Motorenschlossers Michael Runna* (Stück), Berlin 1970; *Der Kniebist* (Stück), Potsdam 1971; *Transportpaule. Monolog,* Rostock 1977 / Berlin-West 1977; *Malwa. Ein Spiel in sechs Bildern nach der gleichnamigen Erzählung von Maxim Gorki,* Frankfurt/M. 1978; *Lisa. Zwei Szenen* (Stück), Frankfurt/M. 1979; *Tschekisten* (Stück), unveröffentlicht, 1980; *Kohlenkutte,* Berlin-West 1982 / Rostock 1989; *Die Axt im Haus* (Stück), 1984; *Gabis Ort,* unveröffentlicht, 1988; *Hans Wurst in Mogadischu* (Stück), 1994; *Tripolis,* verfilmt als *Landleben, 1996; Litauische Claviere* (Stück nach Bobrowski), Uraufführung Theater 89, 1997; *Der abenteuerliche Simplicissimus* (Stück nach Grimmelshausen), Uraufführung Theater 89, 1999; *Der Führergeburtstag* (Drama), 2010; *Johannistrieb. Eine erotische Erzählung,* mit Zeichnungen von Emma Korolewa, Berlin 2015.

Paul Gratzik las aus seinem Manuskript »Kohlenkutte«.

25. Juni 1983   Lesung Eberhard Häfner
Nach der Lesung und der Geburtstagsfeier von Ekke Maaß sangen die Georgierinnen Inga und Nana Chelaja und Marika Dzhikia bis zum Morgengrauen.

30. Oktober 1983   Lesung Detlef Opitz und Künstlerfest

26. Oktober 1984   Lesung Eberhard Häfner

28. Oktober 1984   Lesung Paul Gratzik

Paul Gratzik las aus dem unveröffentlichten Drehbuch für einen Film, in dem ein Fliesenleger auf Erich Honecker ein Attentat plant. Unter den Gästen waren Jochen Berg, Uwe Kolbe, Detlef Opitz, Lutz Rathenow, Wolfram A. Scheffler und Hans Scheib. Den Stasiakten zufolge soll Lutz Rathenow kommentiert haben: »Das sei das Schärfste, was er bisher gehört habe, weil es die totale Verächtlichmachung des Staates sei, ein Traum vom Umsturz.«

IM-Bericht

Hauptabteilung XX/9   Berlin, 6.11.1984
Vorlage

Vorliegenden inoffiziellen Informationen zufolge fand am 28.10.1984 in der Wohnung des operativ bekannten Maaß, Ekkehard eine nicht genehmigte Veranstaltung statt. Anwesend waren ca. 20 Personen, worunter sich nach bisherigen Erkenntnissen die operativ bekannten

Die Lesungen von 1978 bis 1989

Detlef Opitz, unbekannt, Paul Gratzik, Ekke Maaß und Richard Pietraß nach einer Lesung

Rathenow, Lutz
Maaß, Ekkehard
Gratzik, Paul
Berg, Jochen
Kolbe, Uwe
Opitz, Detlef
Scheib, Hans-Joachim
und Scheffler, Wolfram

befanden. An der Identifizierung weiterer Teilnehmer wird gegenwärtig noch gearbeitet.

Laut inoffiziellen Hinweisen las während dieser Veranstaltung der

Gratzik, Paul, geb. am 30.11.1935, wh. 1017 Berlin, Dirschauer Str. 2

aus einem bisher nicht bekannten, selbst verfassten Manuskript, das in fiktiver Form ein Attentat auf den Generalsekretär des ZK der SED und Vorsitzenden des Staatsrates der DDR, Genossen Erich Honecker, im Inhalt hat.

Inoffiziell bekannt gewordenen Äußerungen des Rathenow zufolge handelt es sich bei dem vorgenannten Manuskript um »das Schärfste, was er bisher gehört habe, weil es die totale Verächtlichmachung des Staates sei, ein Traum vom Umsturz.«

Das von Gratzik gelesene Manuskript liegt operativ nicht vor.

Mit dem Ziel der weiteren Aufklärung und schnellen Unterbindung dieser staatsfeindlichen Aktivitäten wird in Übereinstimmung mit der Hauptabteilung XX/7 (verantwortlich für die operative Bearbeitung des GRATZIK) vorgeschlagen,

1. gegen Maaß und Gratzik ein Verdachtsprüfungsverfahren gemäß § 95 StPO einzuleiten, wobei beide zur gleichen Zeit befragt werden sollten, um ihnen die Möglichkeit einer gegenseitigen Verständigung und Abstimmung zur Täuschung des Untersuchungsorgans zu nehmen;

2. im Verdachtsprüfungsverfahren Gratzik zur freiwilligen Herausgabe des vorgenannten Manuskriptes zu veranlassen, bzw. anderenfalls auf der Grundlage der Einleitung eines Ermittlungsverfahrens durch eine Wohnungsdurchsuchung bei Gratzik in den Besitz dieses Manuskriptes zu gelangen;

3. nach Vorliegen des Manuskriptes über weitergehende strafrechtliche Maßnahmen zu entscheiden.

4. Sollte die Einleitung eines Ermittlungsverfahren aus strafpolitischen Gründen als nicht zweckmäßig erachtet werden, wird vorgeschlagen, im Rahmen eines Ordnungsstrafverfahrens

– Maaß mit einer Geldstrafe wegen der Durchführung einer nicht genehmigten Veranstaltung zu belangen und diesem die Durchführung weiterer derartiger Veranstaltungen sowie

– Gratzik jeglichen Gebrauch seines vorgenannten Manuskriptes im In- und Ausland

zu untersagen und bei Zuwiderhandlungen auf die strafrechtlichen Konsequenzen hinzuweisen.

23. November 1986   Lesung Paul Gratzik

Paul Gratzik las aus seinem unveröffentlichten Roman »Tschekisten«. Unter den Gästen waren Helga Paris, Herta Heidenreich, Christoph Tannert, Uwe Kolbe, Heiner Müller, Volker Braun und Richard Pietraß.

TSCHEKISTEN [Auszüge]

Erste Szene

Gepflasterte Straße zwischen Teschow und Lübeck. Moor, sandige Hügel, Krüppelkiefern und Ginster. Die Straße hat einen Sommerweg und einen Fußpfad. Neben dem Pfad ruhen Pappeln. Am Sommerweg neigen sich Kopfweiden zum Moor. Die Weiden sind gespalten und hohl. Manfred Viehrot wird von seiner Mama an einer Wäscheleine geführt. Sie hält einen Knüppel in der freien Faust. Er trägt eine Flasche Schnaps und Zigaretten, setzt sich in den Sand des Sommerweges und bockt.

Manfred Viehrot
Nie werde ich Tischler.
Die Mama hebt den Knüppel und reißt Manfred Viehrot mit dem Strick hoch.

Mama

Du sollst nie niemals nie sagen. Was soll werden aus dir, wenn du nichts wirst? Willst mir das liebe, lange Leben am Rock hängen? Oh. Oh. Oh. Wieviel Plage unsereiner mit euch, ihr Brut, hat. Und je größer ihr wachst, um so sturer werdet ihr. Und glaubte, mit den Jahren kommt ein bisschen Verstand in deinen Dickschädel. Dir hat einer ins Gehirn geschissen und vergessen umzurühren.

Manfred Viehrot

Bin zu dumm für einen Tischler.

Mama

Klüger bist du, als jeder Lulatsch aus diesen Dörfern. Willst dich von dieser Inzucht bereden lassen, ein Viehrot ist dumm?

Manfred Viehrot

Aber ich bin dumm, Mama.

Mama

Dann zeige deine Blödheit keinem. Erkenne, was in dir steckt, du Hund verfluchter, oder sage niemandem, ich bin deine Mutter.

Manfred Viehrot

Schlage mich nicht.

Mama

Was?

[…]

Einladungsgrafik von Anatol Erdmann

Achte Szene

Steffanie Wenzel und Manfred Viehrot in einer konspirativen Wohnung

[…]

Steffanie Wenzel

Du brauchst eine andere Legende, als die wirkliche. Ich gebe dir fünfzig Mark zum Reisegeld. Quittiere.

Manfred Viehrot

Was muss ich schreiben?

Steffanie Wenzel

Von einer Mitarbeiterin des Ministeriums für Staatssicherheit, in Klammern MfS, bekam ich heute für den Auftrag Teschow, Strich Freie Universität, fünfzig, als Wort und in Klammern, fünfzig Mark. Datum und Unterschrift.

Manfred Viehrot

Meinen Namen?

Steffanie Wenzel

Du bekommst heute deinen Decknamen. Manche nennen sich Maiglöckchen oder Heckenrose.

Paul Gratzik liest. Auf der Bank Rainer Schedlinski und Christoph Tannert.

Manfred Viehrot
Stinkt.
Steffanie Wenzel
Einige wie Freiheitshelden. Garibaldi oder Müntzer.
Manfred Viehrot
Anmaßung.
Steffanie Wenzel
Nimm eine Zahl.
Manfred Viehrot
Ein Rindvieh heißt wenigstens Lotte.
Steffanie Wenzel
Also Lotte. Schreibe. Ich, Manfred Viehrot, verpflichte mich, unter dem Namen Lotte der Arbeiterklasse und ihrer Partei treu zu dienen. Unterzeichne mit Manfred Viehrot. Wer blieb dir vom 17. Juni im Kopf? Danke.
Manfred Viehrot
Wurde einem der Bauch zerschossen. Drei Schnitte der Schmerz über das Pflaster.
Steffanie Wenzel
Klassenfeinde.

Manfred Viehrot

Weil sie für die tägliche Mahlzeit und ein einiges Deutschland schrien? Das langt, in Menschen rein zu knallen?

Steffanie Wenzel

Hörten sie auf uns, lebten sie. Schade um jede Kugel, die vorbeigerutscht wurde.

Manfred Viehrot

Klar wie Handwerkerdeutsch.

Steffanie Wenzel

Das Geseiere den Künstlern. Die sollen schreiben und still sein. Alles potentielle Feinde. Den Kaffka fassen wir auch noch.

Manfred Viehrot

Kaffka ist tot.

Steffanie Wenzel

Ist das wahr?

Manfred Viehrot

Ja.

Dreizehnte Szene

Manfred Viehrot und Steffanie Wenzel in einem Kahn auf der Berliner Spree vor Zenner.

Steffanie Wenzel

Du hast dich zu mir in den Osten gewagt?

Manfred Viehrot

Und ich habe dich gern.

Steffanie Wenzel

Ich knalle dich ab und lasse dich versaufen.

Manfred Viehrot

Ich bin Major.

Steffanie Wenzel

Ein Vieh bist du. Ich will, dass solch Tier nicht steigt. Vor dir muss ich nicht nur die Welt behüten, sondern meine Partei. Rauche deine Zigarette.

Manfred Viehrot

Tabak kotzt mich an.

Steffanie Wenzel

Dann nimm einen Schluck.

Manfred Viehrot

Ich versprach der Mama, keinen Alkohol zu trinken und keine Frau zu schlagen. Hast du keine Angst vor mir?

Steffanie Wenzel

Werde ich deinetwegen in die Schlüpfer nässen?

Manfred Viehrot

Ehe gestorben wird. Ich musste zwei Tischler in den Knast bringen, damit ich aus deiner Hand fraß. Soll ich dir von den Augen meiner Mama erzählen? Was hat mit deinen moralischen Schweinereien meine Partei zu tun? Steffi, sieh mich an.

Steffanie Wenzel
Ach du, mein geliebtes Arschloch.
Manfred Viehrot
Indem ich dich erwürge, werde ich frei, du Klassenfeind.
Steffanie Wenzel
Erwürge mich, dann muss ich dich nicht killen, du Amiknecht.
Manfred Viehrot
Damit ich mich noch schuldiger fühle?
Steffanie Wenzel
Das Große in dir waren Labilität und Feigheit. Solche steigen. Du wurdest unter Verrat und Irrtum und Korruption das Ekligste, was Tschekisten dulden konnten. Du Darm voll Schuld und Hirn von Scheiße. Du bist Tier, dem einer Künstlervotze und Kapitalistenhure dein Schwanz behagt.
Manfred Viehrot
Ist das wahr, Steffi?
Steffanie Wenzel
Die Wahrheit hat davon ihren Namen.
Manfred Viehrot
Schieß' mich tot.
Steffanie Wenzel
Dich vernichtet oder hebt die Partei. Ich sterbe.
Manfred Viehrot
Sie stirbt. Du warst zu schwer für diese Welt. Mein Schmerz kommt später.
FINITO

Einladungsgrafik von Uta Hünniger

26. April 1987   Lesung Detlef Opitz

Am 26. April 1987 las bei mir noch einmal Detlef Opitz aus »Roulette mit Neigung«, Uta Hünniger hatte die Einladungsgrafik gemacht. Die vorderen Zimmer der Wohnung waren wie in den Jahren zuvor voller Leute, Rüdiger Rosenthal, Lutz Rathenow, Roland Manzke, Andreas Koziol… Lesungen gab es inzwischen an vielen Orten. Es gab Atelierfeste bei Michael Diller und Jazz im Atelier von Volker Henze, Ausstellungen in Lichtenberg und in der Galerie Weißer Elefant, wo sich regelmäßig die Szene traf.

(Aus: brennzeiten)

Die Lesungen von 1978 bis 1989   125

Bericht des IMB »Gerhard«

Hautabteilung XX/9   Berlin, 9. Mai 1987
Tonbandabschrift
Quelle: IMB »Gerhard«
entgegengenommen: Major Heimann am 7.5.1987
                    Oberst Reuter
Information zur Lesung am 26.4.1987 bei Ekkehard Maaß

Am 26.4.1987 fand bei Ekke Maaß eine Lesung von Detlef Opitz statt. Zu der Lesung waren ca. 60 Personen anwesend. D. Opitz las zwei Kapitel aus seinem neuen Roman.

Dieser Roman hat keine eigentliche Handlung, es geht dem O. wohl mehr darum, brillante Sätze zu formulieren. Es werden meist kurze Episoden über sexuelle Dinge geschildert, aber ohne einen Faden, den man verfolgen könnte.

Von den Anwesenden waren mir bekannt:

> Lutz Rathenow,
> Thomas Günther,
> Rüdiger Rosenthal,
> Rainer Schedlinski,
> Andreas Koziol,
> Reiner Flügge,
> Gisela Metz.

Im Anschluss an die Lesung kam es trotz der Bemühungen von D. Opitz zu keinem Gespräch.

Dieses Treffen ging dann bis zum 27.4.1987 morgens gegen 4 Uhr. Es bildeten sich dann kleinere Gesprächsrunden und es wurde außerdem noch Schach gespielt.

An diesem Abend konnte ich ein Gespräch zwischen Stefan Bickhard und Ekkehard Maaß verfolgen. Beide vereinbarten einen Auftritt von Ekke Maaß mit dessen »Okudshawa-Programm« in irgendeiner Kirche. Maaß solle dabei ein Honorar von 200,– Mark erhalten, worüber der Maaß meinte: es sei sehr wenig, normalerweise bekomme er 600,– Mark dafür. Bickhard sagte aber, mehr könne die Kirche nicht zahlen. Dieser Auftritt soll als eine Sonderveranstaltung zu einem kirchlichen Seminar laufen.

9. September 1987   Ausstellungseröffnung der Aktion Malwand im Hof der Schönfließer Straße 21

Wandbilder und Objekte der georgischen Künstler Mamuka Dzhaparidze (geb. 1962), Koka Ramishvili (geb. 1955), Oleg Timtshenko (geb. 1957), Mamuka Tsetskhladze (geb. 1960) und Niko Tsetskhladze (geb. 1959)

1985 hatte Ekke Maaß bei dem legendären Kinoregisseur Sergei Paradschanow in Georgien junge Künstler kennengelernt, die sogenannten »Wilden«, die mit Malaktionen an Tunnelunterführungen, Bauzäunen und in leerstehenden Fabrikgebäuden Aufsehen erregten. 1987 folgten sie seiner Einladung nach Berlin und tauchten ein in die Künstlerszene vom Prenzlauer Berg. Sie malten auf Leinwänden und Tapetenrollen, schufen an der großen Hinterhauswand im Hof Wandbilder und bauten aus Eisenteilen vom Schrottplatz in Weißensee Objekte. Ein eiserner Engel aus dicken Blechröhren und mit Flügeln aus Autotüren schützte viele Jahre den Hof. Die Ausstellungseröffnung geriet zu einem bunten Hoffest mit Musik und einer festlichen Tafel. Die KWV (Kommunale Wohnungsverwaltung) hatte die Farben bezahlt, also konnte sie nichts dagegen sagen! Weitere Ausstellungen gab es in Karlshorst und im Februar 1988 in Leipzig bei Judy Lybke in seiner Galerie eigen+art.

 An der Aktion Malwand beteiligten sich später ebenfalls Uta Hünniger, Christine Schlegel, Gerd Sonntag, Trak Wendisch, die holländische Künstlerin Ans Swart und der litauische Maler Algis Skačkauskas. Leider wurden Ende der 1990er Jahre die unteren Bilder bei einer Neuverputzung der Wand zerstört.

Die Malwand

12. November 1987   Lesung in der Werkstatt von Wilfriede Maaß

Es lasen die amerikanischen Autoren Marilyn French, Walter Abish, Donald Barthelme, Robert Coover, William Gaddis und Grace Paley im Wechsel mit Bert Papenfuß, Stefan Döring, Eberhard Häfner, Johannes Jansen und Ekke Maaß, der am Schluss zwei Lieder von Bulat Okudshawa sang. Robert Coover und William Gaddis besuchten in den nächsten Wochen mehrfach den Salon.

Bericht des IMS »Bendel«

Hauptabteilung XX/9   Berlin, 2. Dezember 1987

Quelle: IMS »Bendel«

angenommen: Oltn. Mittelhäußer am 16.11.1987

Bericht

zu einer Zusammenkunft von Bürgern der USA und Westberlin mit DDR-Bürgern am 12.11.1987 in der Wohnung der Wilfriede Maaß, 1071 Berlin, Schönfließer Str. 21

Die Zusammenkunft begann am 12.11.1987 um 13.00 Uhr, sie endete ca. 17.00 Uhr.

Anwesend waren u. a. folgende Personen:

> Coover, USA-Bürger
>
> Barthelme, USA-Bürger
>
> Paley, Grace, USA-Bürger
>
> (sowie 3 weitere mir namentlich nicht bekannt gewordene USA-Bürger bzw. mehrere Personen aus Westberlin)
>
> Maaß, Wilfriede (zeitweilig)
>
> Maaß, Ekkehard
>
> Tannert, Christoph
>
> Häfner, Magdalena und Eberhard
>
> Köhler (übersetzte Englisch-Deutsch)
>
> Schedlinski, Rainer
>
> Böthig, Peter
>
> Zieger, Ulrich
>
> Faktor, Jan

[Textstelle geschwärzt]

Tannert betonte eingangs, dass derartige Zusammentreffen die »Normalität« seien bzw. werden müssten. Er unterstrich, dass das keine Untergrund- oder Szeneveranstaltung sei.

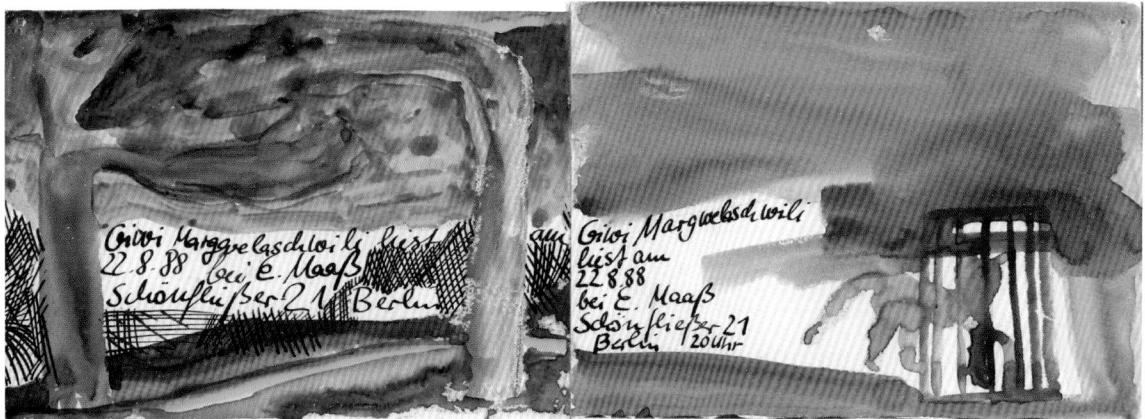

Einladungskarte von Susanne Frost

22. August 1988   Lesung Giwi Margwelaschwili

Deutsch-georgischer Schriftsteller, Ontotextologe und Philosoph; geboren 1927 in Berlin-
Wilmersdorf als Sohn georgischer Emigranten; im Februar 1946 Entführung durch den
sowjetischen Geheimdienst in die Speziallager Hohenschönhausen und Sachsenhausen;
1947 Verschleppung nach Georgien; Deutsch- und Englischlehrer; Mitarbeiter des Phi-
losophischen Instituts der georgischen Akademie der Wissenschaften; Autor eines umfangreichen literarischen Werkes in seiner deutschen Muttersprache; seit 1983 Freundschaft
mit Ekke Maaß; nach 1989 Rückkehr nach Deutschland, Erscheinen seiner Bücher;
Lesereisen durch Deutschland; 1994 Verleihung der deutschen Staatsbürgerschaft; 2011
Rückkehr nach Georgien.

Veröffentlichungen: *Muzal: ein georgischer Roman,* Frankfurt/M. 1991; *Das böse Kapitel*, Berlin
1991; *Kapitän Wakusch, 1. Bd. »In Deuxiland«*, Konstanz 1991; *Kapitän Wakusch, 2. Bd. »Sachsen-
häuschen«*, Konstanz 1992; *Der ungeworfene Handschuh*, Berlin 1992; *Leben im Ontotext. Poesie
– Poetik – Philosophie*, Neubrandenburg 1993; *Officer Pembry*, Berlin 2007; *Zuschauerräume*,
Berlin 2008; *Vom Tod eines alten Lesers*, Berlin 2008; *Der Kantakt*, Berlin 2009; *Der verwunderte
Mauerzeitungsleser*, Berlin 2010; *Fluchtästhetische Novelle*, Berlin 2012; *Das Lese-Liebeseheglück*,
Saarbrücken 2012; *Verfasser unser – Ein Lesebuch*, Berlin 2013; *Das Leseleben*, Berlin 2014; *Die
Medea von Kolchis in Kolchos*, Berlin 2016.

Am 22. August 1988 fand in der Schönfließer Straße die Lesung von Giwi Margwelaschwili
statt. Susanne Frost, Mutter meines Sohnes Heinrich, hatte eine schöne Einladungskarte
gemalt. Unter den vielen Gästen waren Elke Erb, Norbert Randow, Detlef Opitz und
die russische Schriftstellerin Ljudmila Petruschewskaja. Giwi passte gut zu der Szene.
Andreas Koziol und Rainer Schedlinski veröffentlichten sofort einen Text von ihm in
ihrer Zeitschrift »ariadnefabrik«.

(Aus: brennzeiten)

Stoppt den tödlichen Text!

Giwi Margwelaschwili – Schriftsteller, Philosoph, Ontotextologe

ZWEI T'S GEGEN EIN O

O wird andauernd von zwei T's beschattet. Die wollen's in ihre Mitte nehmen und abführen. Solange O lebt, schleichen sie von beiden Seiten auf das arme, runde Ding los. Um O nicht vorzeitig zu erschrecken, bleiben die T's auch oft in der Ferne stehen. Da beruhigt sich O und denkt, es seien nur Kreuze über fremden Buchstabengräbern. Das ist aber eine Täuschung, sooft sich O umsieht, hat es die zwei auf seinen Fersen.

Manchmal möchte O wütend kehrt machen gegen seine Verfolger und sich wie ein Lasso über die zwei elenden Stecknadelhälse werfen und dann im Würgegriff sich darum zuziehen. Aber so was geht leider nicht. O kann nur vorwärts kugeln, solange es da ist.

Die zwei T's (die das natürlich wissen) rücken O mit der Zeit immer näher auf den runden Leib und werden immer frecher. Bald flankieren sie O und halten, vorerst immer noch in einem kleinen, respektvollen Abstand, mit ihm Schritt.

»Wir drei«, sagen sie dabei schmeichelnd zu O, »ergeben doch zusammen einen Sinn. Bist du nicht müde, immer nur ganz allein für dich völlig bedeutungslos zu kullern?«

»Nein!« schreit O und möchte davonlaufen. Aber es rollt kaum noch.

»Na, komm mal!« sagen die T's dann in einem Moment, als O schon wankt und umsinken möchte.

»Wie halten dich fest. Siehst du? So!«

»O!«

Die Lesungen von 1978 bis 1989

HAMLET SEIN ODER NICHT SEIN?

1

Der Geist in Hamlet – sie wissen Akt I, Sz. 5 –, dieser Geist – ich kann es kaum fassen – war meines armen Vaters Geist!

Ein dringlicher Ruf von Hamlet (der berühmten Buch- und Versweltperson) bestellte mich vorgestern in die Sujetweltwirklichkeit seiner alten Tragödie.

Ich war neugierig, was er wohl von mir wollte. Hamlet empfing mich auf der Terrasse vor dem Schloss. (Sie kennen sicher das Milieu).

Ganz aufgeregt (wir sind alte Freunde) sagte er: »Da!« Und deutete auf eine Gestalt auf dem Platz. »Der sagt, er sei dein Vater. Sprich mit ihm!«

Ich wandte mich hin und erstarrte. Kein Zweifel! Mein alter Herr! Sehr eingefallen und zerbrochen, aber unverkennbar – er!

Ich stürzte auf ihn zu und – durch ihn hindurch.

»Nicht so stürmisch!« sagte er da (es war auch genau seine Stimme). »Ich bin ja nur ein Geist und kann dich nicht umarmen.«

»Alter Paps!« Schrie ich. »Mensch, was haben die nur mit dir angestellt! Ist es wahr, dass du im KZ starbst?«

Er nickte.

Ich (schluckend): »Na, und wie fühlst du dich … jetzt?«

Er (lachend): »Ach, es geht schon. Schöner wäre es freilich, wenn ich dich in diesem Theater häufiger sehen könnte. Aber das geht leider nicht. Du hast keine Ahnung, wie viele Vätergeister – genau solche KZ-Opfer wie ich – heute für eine Erscheinung in ›Hamlet‹ Schlange stehen! Bis die Reihe wieder an mich kommt, verrinnt wohl dein reales Leben. Na, lass uns für dieses kurze Wiedersehen dankbar sein! Es ist schon vorbei. Ade Guter! Gedenke mein!«

2

Ich blieb wie geblendet zurück, der Himmelsbogen des Theaters schien auf mich herunterzukommen. Das Schloss stand schief, und die Lanzenspitzen der Wachen (es waren Originalbuch- und Versweltpersonen) zeigten erdbodenwärts.

»Komm zu dir!« hörte ich Hamlet neben mir sagen. Er gab mir sein Taschentuch und fragte: »Nun? Was gedenkst du zu tun? Wirst du ihn rächen?«

»Wa…was?« Stotterte ich erblassend, »Rächen? Meinen Paps?«

Er (gleichmütig): »Na, ja doch! Ist da vielleicht kein Grund zur Rache? In meiner Tragödie erscheinen nur ermordete Vätergeister, welche gerächt werden müssen. Hm«, nach einem prüfenden Blick auf mich, »müssten.«

»Hör zu!« erklärte ich ihm krampfhaft lachend. »In der realen Welt kannst du heute keinen Vater mehr rächen.«

»Räche ihn in der Buch- und Verswelt!« fiel er mir ins Wort. »Mach's wie ich! Suche Vergeltung in einem Stück!«

Ja, und seit vorgestern weiß ich nicht, was machen: Hamlet sein oder nicht?

Hauptabteilung VII   Berlin, 13. Januar 1984

Abteilung 8

Information

Inoffiziell wurde bekannt, dass der Bürger der DDR

    Maaß, Ekkehard

    250651-4-1411-5 in Naumburg

    wh. 1071 Berlin, Schönfließer Str. 21

    Abt. XII erfasst für HA XX/9

sich vom 9.11. bis 6.12.1983 in der Sowjetunion, vor allem in den Städten Moskau und Tbilissi, aufgehalten

hat. In Moskau war er zu Gast bei einem

    Poklad, Kolja

Dieser Kolja soll ca. 2 m groß sein, trägt einen Vollbart und wohnt am Rande von Moskau. In der Nähe

seines Wohnhauses befindet sich ein roter Backsteinbau (Wasserturm).

Am 20.11.1983 fand in den Nachtstunden in seinem Wohnhaus ein sogenanntes Dissidententreffen mit

ca. 40 Personen statt. Symbolisch wurde an einer Wand eine zerrissene rote Fahne aufgehängt. An

diesem Abend wurden Lieder, Gedichte und Lesungen aus dem sowjetischen Untergrund vorgetragen.

Der Inhalt richtete sich gegen die bestehenden gesellschaftlichen Verhältnisse in der Sowjetunion. Diese

ganzen Diskussionen steigerten sich bis hin zu anarchistischen Äußerungen.

Lebhaft wurde eine missglückte Flugzeugentführung diskutiert, welche sich im November 1983 in Tbilissi

zugetragen haben soll. Darüber wurde aber angeblich nichts veröffentlicht. Nach dem Erzählen der

anwesenden Personen soll diese Flugzeugentführung folgendermaßen abgelaufen sein: Zwölf männliche

Personen hätten nach einer großen Hochzeitsfeier in Tbilissi ein Flugzeug in Richtung Norden mit einem

Globus, welcher mit Sprengstoff und Handgranaten gefüllt war, bestiegen. Unter Androhung von Ge-

walt hätten sie versucht, den Piloten zu zwingen, in der Türkei zu landen. Der Pilot konnte aber die

Terroristen täuschen und wieder in Tbilissi landen.

Durch die sowjetischen Sicherheitsorgane wurden die Terroristen unter Anwendung der Schusswaffe

überwältigt, wobei auch Unbeteiligte zu Schaden gekommen sein sollen.

Die Anwesenden bei Kolja waren der Auffassung, dass diese Flugzeugentführung und die brutale Hand-

lungsweise der sowjetischen Sicherheitsorgane der Bevölkerung der ganzen Welt zur Kenntnis gebracht

werden müssen. Dazu will man in der Sowjetunion Flugblatt- und andere Informationsaktionen, wie

Ausstellungen, durchführen.

Kolja forderte den Maaß auf, die Geschehnisse den DDR-Bürgern zur Kenntnis zu geben.

Im Rahmen eines durchgeführten georgischen Abends am 14.12.1983 in der Wohnung des Maaß wurde

über dieses Thema ausführlich diskutiert.

[...]

Ein weiterer Kontaktpartner des Maaß in der Sowjetunion ist der in Tbilissi wohnhafte

    Giwi Markaschwili (ph) [sic!]

Dieser ist ca. 62 Jahre alt und war bis zu seinem 17. Lebensjahr im heutigen West-Berlin wohnhaft.

Markaschwili soll mit Wolf Biermann bekannt sein und auch Verbindungen zu diesem unterhalten. In

der Wohnung des Maaß sollen ebenfalls Zusammenkünfte der Dissidenzszene der Sowjetunion statt-

finden. Markaschwili selbst hat Manuskripte über die gesellschaftlichen Verhältnisse in der Sowjetunion

erarbeitet. Der Inhalt dieser Manuskripte trägt verleumderischen Charakter und sie sind in deutscher

Sprache geschrieben.

Im Februar 1984 will Maaß Besuch aus Georgien empfangen. Markaschwili will diesen Personen diese Manuskripte mitgeben. Es ist geplant, dass diese zur Veröffentlichung in die BRD lanciert werden. Die Namen der Besucher aus Georgien konnte die Quelle nicht erarbeiten.

Zu Maaß ist weiterhin bekannt, dass er umfangreiche Verbindungen zur Schriftstellerin

    Christa Wolf

unterhält. So hat er diese am 20.12.1983 gegen 12:00 Uhr in der Wohnung besucht. Er hat sich dort ca. 2 Stunden aufgehalten. Über den Inhalt des Gespräches konnte die Quelle keine Informationen erarbeiten. Von der Wolf bekam Maaß 50 Exemplare der BRD-Zeitschrift Spiegel bis zur neuesten Ausgabe.

Eine offizielle Auswertung der Information ist aus Gründen des Quellenschutzes nicht möglich.

8. November 1988   Salon mit Mati Sirkel

Übersetzer, Mitarbeiter des Kulturministeriums, Redakteur des Verlags »Periodika« und erklärter Gegner des kommunistischen Regimes; geboren 1949 in Paide, Estland; Studium der Germanistik und Literaturtheorie an der Universität Tartu; nach 1990 Vizepräsident und Vorsitzender des estnischen Schriftstellerverbandes.

Mati Sirkel ist einer der profiliertesten literarischen Übersetzer ins Estnische. Er übersetzte u.a. Werke von Heinrich Böll, Günter Grass, Robert Musil und Rainer Maria Rilke.

    Ekke Maaß lernte Mati Sirkel über Ruth Leiserowitz (damals Ruth Kibelka) kennen. Mati Sirkel berichtete an dem Abend von der Perestroika in Estland. Unter den Gästen waren Bärbel Bohley, Ruth Kibelka, Holger Kulick, Detlef Opitz, Wilfriede Maaß und der bekannte estnische Schriftsteller und Japanologe Rein Raud.

Rein Raud, Mati Sirkel

Ekke Maaß, Otar P. Mtschedlow-Petrosjan und Giwi Margwelaschwili, 1992

12. Februar 1989   Lesung Otar P. Mtschedlow-Petrosjan

Prof. Otar P. Mtschedlow-Petrosjan (1918–1997) war ein bekannter sowjetischer Chemiker und Erfinder unzähliger Patente. Er war Korrespondierendes Mitglied der Sowjetischen und der Georgischen Akademie der Wissenschaften. Während des Zweiten Weltkriegs verfasste er gegen den allgemeinen Hass auf Deutschland ca. 50 Gedichte im Rilke-Stil auf deutsch. Nach dem Krieg übersetzte er Gedichte von Jewtuschenko und Okudshawa ins Deutsche. Er war ein langjähriger Freund von Giwi Margwelaschwili, den er in Berlin besuchte.

* * *

Mein kurzes Leben kannte eine Freude,
Die ich in diese kurzen Reime goss.
Und die ich, da ich fremde Blicke scheute,
in diesen Heften in den Schrank verschloss.

So ging es los, vor Jahren spaßt' ich bloß…
Und auf Jahrzehnte bin ich jetzt vergiftet;
Ich dachte, dass ich einen Tag gestiftet.
Und stiftete mich und mein Lebenslos.

Die Lesungen von 1978 bis 1989

* * *

In schweren Tagen sind wir Kinder,
Die wenig wissen und verstehen.
Wir waren, weise, Waisenkinder,
Die für die Wahrheit untergehen.

Ich habe Leidende gesehen,
Sah Lachende im Wege stehen,
wenn ich um Traumpaläste bog.
Und alles war ein Windeswehen
das nie in meinen Versen log.

* * *

Wir sehnen uns nach stillem Leben
nach Wärme am Kamin, ein Glas
Verlorener Frieden unser Streben.
Erfundene Pläne unser Spaß.

Der großen Taten sind wir müde
und ziehen zu kleinen Taten hin.
Und haben, wie erlahmte Blüte
noch immer Duft, doch keinen Sinn.

22. April 1989   Lesung Eckard Rhode aus Hamburg zur Musik der Gruppe PHREN aus München

Eckard Rhode: Schriftsteller, Schauspieler, Mitinhaber des Restaurants »Marinehof« in Hamburg; geboren 1959 in Oldenburg i.O.; lebt und arbeitet seit 1980 in Hamburg; Veröffentlichungen: *Unschrift – Texte und Textstücke 1987–2000,* Stuttgart 2001; *Bruchstellen. Gedichte*, Ostheim vor der Rhön 2010; *Vom Zeichnen sprechen* (mit Hans Thalgott) und *akt*, Ostheim vor der Rhön 2015.

Gruppe PHREN
Carmen Nagel-Berninger: Autorin und Regisseurin; geboren 1946; 1967–69 Leitung des Büchner-Theaters München, seit 1971 Mitglied des PHREN-Ensemble (Gruppe für experimentelle Musik), seit 1977 Leitung der PHREN-Theatergruppe; eigene Stücke: *Theaterprojekt I–XXVI,* davon 14 Musiktheaterstücke; Aufführungen in München, Freiburg, Pavia, Hoyerswege, Köln, Darmstadt.
Dr. Michael Kopfermann (1936–2010): Musikwissenschaftler und Musiker (Experimentelle Musik auf präparierten Streich- und Blechblasinstrumenten); 1968 Mitbegründer des Musikensembles PHREN, München und Mitarbeit in der Phren-Theatergruppe.

Konzert der Gruppe PHREN

Peter Fjodoroff (1946–2015): Musiker (Jazz, Beat, Freejazz), 1968, 1987 und 1992 Mitbegründer der Musikensembles »PHREN«, »Setzen-Gegensetzen« und »Projekt-Zusammenspiel« (Experimentelle Musik); 1976 Herausgabe der Zeitschrift »analle«.

Am 22. April 1989 organisierte ich noch einmal eine Lesung mit dem Dichter Eckard Rhode aus Hamburg und der Gruppe PHREN aus München. Sie kamen bereits ein Uhr nachts über die Grenze, wir saßen bis zum Morgen und sprachen über abstrakte Kunst. Irgendwann rief die Polizei aus Bernau an, ich solle den betrunkenen Paul Gratzik abholen, was ich auch tat. Dann musste ich ein Tenorhorn besorgen für Herrn Kopfermann, weil die Instrumente an der Grenze nicht mitgenommen werden durften, und die Salate vorbereiten. Die Veranstaltung wurde ein wunderbares Kunstfest und ging die ganze Nacht.

(Aus: brennzeiten)

Die Lesungen von 1978 bis 1989

Einladungsgrafik

Eckhard Rhode

DREI TEXTE

1
see blau
braut kanon
2
teilzunehmen an dem daneben der schmerz
gleichzeitig wie der schon eigen nicht der eigne niemals schon von woanders zeichen
in diesem falle telephon auch nicht die des andren sein können nur
3
rumor lackrot trotz
unverständlich näher
stein has had moment
des schreib schweb
vom andren auf
andres zuentfernt

Die wichtigsten Stasispitzel

Lutz Gattnar (IMB Villon)

Die Bekanntschaft zwischen Lutz Gattnar und Ekke Maaß entstand bereits 1976 im Zusammenhang mit der Ausbürgerung Wolf Biermanns über den damaligen Nachbarn der Familie Maaß in der Gaudystraße 4. »Villon« interessierte nur die staatsfeindliche Relevanz. Von Literatur verstand er nichts. Um von den politischen Diskussionsabenden bei Ekke Maaß abzulenken, lud er selbst zu Diskussionsabenden ein. Seinen zahlreichen Berichten zufolge war er ein zynischer Spitzel, der zum Beispiel in der Keramikwerkstatt bei Wilfriede Maaß einkaufte und sie gleichzeitig anzeigte, sodass jedes Jahr strenge Steuerüberprüfungen stattfanden.

Peter Tepper (IMB Dieter Müller)

Peter Tepper war Schauspieler am Berliner Ensemble, wo Ekke Maaß nach seiner Relegierung von der Humboldt-Universität u.a. in den Stücken »Der große Frieden«, »Mann ist Mann«, »Turandot« und »Urfaust« als Kleindarsteller mitwirkte. Peter Tepper war ein fleißiger IM, der sich bei Ekke Maaß Rudolf Bahros Buch »Die Alternative« borgte und Seite für Seite abfotografierte, damit sich die Stasi an den Anstreichungen ein Bild von den politischen Überzeugungen von Ekke Maaß machen konnte.

Sascha Anderson (IMS David Menzer, IMB Fritz Müller, IMB Peters)

Informeller Mitarbeiter des Staatssicherdienst seit 1975 in Dresden, u.a. angesetzt auf seine Künstlerfreunde Ralf Kerbach, Cornelia Schleime, Helge Leiberg und A. R. Penck. Nachdem Anderson den Salon bei Ekke Maaß kennengelernt hatte, intensivierte sich die Zusammenarbeit. Er überwachte und kontrollierte die Lesungen sowohl bei Ekke Maaß als auch bei Gerd und Ulrike Poppe sowie Dietrich und Inge Bahß. 1982 lieferte er der Stasi ein umfangreiches Strategiepapier über die unangepasste Kunst- und Literaturszene in Ost-Berlin und denunzierte Ekke Maaß – geplant war dessen Verhaftung wegen der Weitergabe einer »konterrevolutionären Konzeption«.

Gegenüberliegende Seite: Peter Brasch, Lutz Rathenow, Thomas Günther, Sascha Anderson und Uwe Kolbe

Bezirksverwaltung für   Dresden, 30. September 1982
Staatssicherheit Dresden   bö-kö

Leiter
Ministerium für Staatssicherheit
Hauptabteilung XX
Leiter
Genossen Generalmajor Kienberg
Berlin

Der IM »David Menzer« unterhält, wie Ihnen bekannt, Kontakt zur Person
 Maaß, Ekkehard
 Wohnhaft: Berlin, Schönfließer Straße 21
 Kleindarsteller
 Erfasst im OV »Keller«
und zum Verbindungskreis des Maaß.

Bei einer Begegnung mit Maaß am 15.9.1982 übergab Maaß dem IM die in der Anlage beigefügte konterrevolutionäre Konzeption. Maaß forderte den IM auf, dieses Machwerk zu lesen und ihm zurückzugeben.

Wer der Verfasser dieses Machwerks ist bzw. wie Maaß in dessen Besitz gelangte, ist nicht bekannt. Maaß erklärte außerdem, dass er im Besitz weiterer Exemplare sei. Das Material wurde von Maaß an den IM ohne Zeugen übergeben.

In dieser konterrevolutionären Konzeption wird auf der Seite 17 unter anderem folgendes geschrieben.

 »Der Kampf für eine neue Gesellschaftsordnung muss sich zunächst vor allem auf politische Forderungen konzentrieren.

 1. Wiederherstellung des Streikrechtes als politische Waffe der Arbeiterklasse

 2. Legalisierung neuer kommunistischer Verbände

 3. Selbstverwaltung der Betriebe durch Betriebsräte

 4. Aufbau von Bildungseinrichtungen ohne offizielle Weltanschauung

 5. Herstellung der Reisefreiheit in alle Länder der Erde für alle Menschen in der DDR

 6. Auflösung des Ministeriums für Staatssicherheit

 7. Reduzierung des militärischen Apparates und Abzug der sowjetischen Truppen aus der DDR«

Wie mit Ihnen telefonisch abgesprochen, schlage ich vor – sollten keine ihrer operativen Konzeption entgegenstehenden Erwägungen vorliegen –, den IM zu beauftragen, dieses Machwerk in einer Aktentasche mit der Deutschen Reichsbahn nach Berlin transportieren zu lassen und auf der Fahrt dem IM die Tasche mit Inhalt »abhanden kommen zu lassen«, um sowohl Voraussetzungen zur Inhaftierung des Maaß als auch zur Konspirierung der Rolle des IM zu schaffen.

Böhm
 Oberst

ES WAR MEHR ALS FREUNDESVERRAT

Schenke doch Kain die Reue,
mich, Herr, dabei nicht vergiss!
Bulat Okudshawa

Ja, es kostet Herz und Schmerz, wenn das Eis der Lügen dünn wird, bricht, und das klare Wasser allen sichtbar den feigen Spitzel spiegelt, der jahrelang mit Rückendeckung der Stasi den Helden spielte. Ende der Legende vom Genie S. Anderson, der sich gern von Freunden aushalten ließ, sie beklaute, belog und meinte, es sei alles schnell mit einem halben Gedicht bezahlt. Nein. S. Anderson, die Rechnung ist nicht beglichen. Weder bei den betrogenen Freunden noch vor Gott. Ohne Reue ist das nicht zu haben. Leider spinnt auch S. Andersons Buch (»Sascha Anderson. Autobiographie«, Köln 2002) die Lebenslüge fort. Kein Klartext im Gestrüpp der Worte, in dem er sich versteckt wie in seinen Gedichten. Als wären die konspirativen Gespräche mit seinen Führungsoffizieren belanglose Plaudereien bei Kaffee und Kognak gewesen. S. Anderson, der Lehrer der Stasi, immer im Mittelpunkt und nicht etwa ein armes Würstchen, das ihnen treu wie ein Hund diente.

Meine Bekanntschaft mit S. Anderson begann im Frühjahr 1979 nach einem Konzert mit Liedern von Bulat Okudshawa in der Galerie Mitte in Dresden, mutig organisiert von Gabriele Muschter, denn ich hatte wegen meiner Beziehung zu Biermann Auftrittsverbot. Nach dem langen Abend flüsterte mir ein Mann mit heiserer Stimme ins Ohr: Wir haben hier auch einen Übersetzer von Okudshawa, das ist der Sascha Anderson in der Kamenzer Straße 19. Vermutlich war das ein Stasimann. Ich eilte noch spät in der Nacht nach Dresden-Neustadt. Aber S. Anderson kannte keine Lieder von Okudshawa und konnte kein Russisch. So waren wir eher enttäuscht voneinander.

Zwei Wochen später erhielt ich eine Karte. S. Anderson fragte höflich an, ob er bei uns übernachten könne. Wir ahnten nicht, dass er in Potsdam die Filmhochschule besuchte und in Berlin genug andere Freunde hatte, und sagten zu. So kam die Laus in den Pelz und breitete sich aus, Tage, Wochen, Monate. S. Anderson klaute ungeniert, unsere Langmut messend. Wir hatten Mitleid mit dem verlorenen, verdorbenen Kind. Mit ihm, der so viel sprach, war es unmöglich zu sprechen. Als wir das »Drama des begabten Kindes« von Alice Miller diskutierten, warf er das Buch, als fürchte der Teufel den Spiegel, in die Ecke des Zimmers.

Anderson unterstützte mich eifrig bei der Organisation von inoffiziellen Lesungen in unserer Wohnküche. Dass er dabei gelegentlich fotografierte und Lesungen mitschnitt, blieb unbeachtet. Wir verboten uns Stasiverdächtigungen, weil es eine Methode der Stasi war, Gerüchte auszustreuen. Ob es perfider Weise der Stasimitarbeiter S. Anderson war, der dem Dichter Frank-Wolf Matthies und anderen zutrug, ich sei bei der Stasi, weiß ich nicht. Bei meinem immensen Einsatz für die Dichterszene waren solche Verdächtigungen bitter. In der Schönfließer Straße 21 trafen sich immer mehr Autoren einer neuen Dichtergeneration, geschützt von Mentoren wie Christa Wolf, Heiner Müller, Franz Fühmann. S. Anderson, der gleichzeitig der Szene und der Stasi diente, hatte viel zu tun. Was er tat, war mehr als Freundesverrat. S. Anderson lieferte genaue Dossiers über unsere Westkontakte, berichtete auf den Pfennig genau über unsere illegalen Geld-tauschereien, über unsere Neigungen und Schwächen. Er lieferte uns der Stasi aus, die über jeden von uns strafrelevantes Wissen sammelte. Als ich ihm einmal das Programm irgendeiner linken Gruppierung zu lesen gab, meldete er das sofort: Jetzt könnt ihr ihn einlochen, Verbreitung staatsfeindlicher Hetze, 10 Jahre Knast. Andersons Dresdner Führungsoffizier, Oberst Böhm, hatte das Problem in seinem Brief an die Hauptabteilung XX in Berlin genau erfasst: »…um sowohl Voraussetzungen zur Inhaftierung des Maaß als auch zu Konspirierung der Rolle des IM zu schaffen«. Ich hatte Glück, dass alle Ver-suche der Stasi scheiterten, eine Legende zu erfinden, wie die Blätter, die die »Hetze« enthielten, von S. Anderson in die Hände der Stasi gelangten. Mal sollten sie Anderson in der Eisenbahn »abhanden kommen«, mal bei einer fiktiven »Zuführung« zufällig bei Anderson gefunden werden. Was sie auch planten, immer blieb S. Anderson der einzige Zeuge meiner Straftat. Zum Glück war seine IM-Tätigkeit ihnen wichtiger, als mich einzusperren, so blieb mir die Erfahrung dieser Hölle erspart. Dank der Akten wissen wir heute genug über »Maßnahmen mit dem Ziel der Zersetzung des Gegners«, die von psychischem Terror bis Mord reichen. Ob Rudolf Bahro, Gerulf Pannach und Jürgen Fuchs in der Haft mit dem Erreger von Blutkrebs infiziert wurden, ist noch nicht völlig bewiesen. Die geplante Ermordung Wolfgang Templins kann man in seinen Akten nach-lesen. Die sind ehrlicher als das Buch von Anderson. Er ist an den Verbrechen der Stasi beteiligt, seine Arbeit für die Stasi war schlimmer als Verrat. Was er wirklich getan hat, wird von ihm verdrängt, bleibt in seinem Buch verschwiegen.

Als mich Wolf Biermann 1991 anrief und mir mitteilte, Anderson sei ein Stasispitzel, wollte ich das nicht glauben. Dass er ein Schwein war, hatte ich inzwischen begriffen. Fünf- oder sechsmal hatte mich S. Anderson in meiner Wohnung überfallen, um mich nach der Trennung von meiner Frau (mit der er inzwischen lebte) endlich in den Westen zu vertreiben. Bei den widerlichen Kämpfen brachen Möbel und die fürs Gitarrenspiel wichtigen Fingernägel. Aber Anderson bei der Stasi? Auf der Frankfurter Buchmesse erfuhr S. Anderson über mich und A. R. Penck, dass ihn Wolf Biermann in seiner Rede zum Büchnerpreis enttarnen werde. Da packte ihn die Angst. Obwohl wir seit Jahren nicht miteinander sprachen, rief er mich an und bat inständig, ich solle Biermann aufhalten, er habe nie etwas mit der Stasi zu tun gehabt. Ich lud noch einmal alle unsere Dichter-und Malerfreunde ein, um S. Anderson die Gelegenheit zu geben, die Vorwürfe zu erklären. Alle liebten ihn und waren bereit, ihm zu verzeihen. Aber weil S. Anderson das Ausmaß seiner Spitzel-Arbeit kannte, belog er uns noch einmal nach Strich und Faden. Er habe nie und nimmer etwas mit der Stasi zu tun gehabt, dass seien alles böswillige Verleumdungen. Er konnte so frech lügen, dass es nicht zu fassen war und man sich eher selbst im Irrtum wähnte, als bei S. Anderson eine Schuld zu finden. Ein Überzeugungs-talent. Er wiederholte seine Lügen noch einmal im Foyer des Maxim Gorki Theaters, als ihn Holger Kulik, sein damaliger Freund, Wolf Biermann gegenüberstellte. Im Januar 1992 zeigte das ZDF den Film von Roland Jahn und Peter Wensierski, der die Beweise erbrachte, dass S. Anderson und Schriftstellerkollege Rainer Schedlinski Mitarbeiter der in der DDR verhassten Stasi waren.

S. Anderson war kein sozialistischer Überzeugungstäter. Er wollte teilhaben an der Macht über andere. Persönliche Destruktion und Auftrag ergänzten sich. Ob es auch

Auftrag war, die Lesungen in meiner Küche zu verhindern und mich zu vertreiben, bleibt offen. S. Anderson funktionierte auch ohne Anweisungen.

Meine georgischen Freunde hatten mich gewarnt: Hüte dich vor diesem Menschen, er hat böse Augen, er ist ein Teufel.

(Ekke Maaß: Ein Betroffener über die Stasi-Mitarbeit von Sascha Anderson. Es war mehr als Freundesverrat, in: Berliner Zeitung vom 25.7.2002)

Rainer Schedlinski (IMB Gerhard)

Seit 1979 Inoffizieller Mitarbeiter des Staatssicherdienstes in Magdeburg, u.a. angesetzt auf Dietrich und Inge Bahß; seit 1983 IMB (IM mit Feindberührung); u.a. angesetzt auf Lutz Rathenow, Elke Erb, Uwe Kolbe, auf seinen Kollegen Sascha Anderson und seinen engen Freund Detlef Opitz. Rainer Schedlinski tauchte relativ spät in der Schönfließer Straße auf.

Maja Wiens (IMB Marion)

Ihre Mitarbeit beim MfS von 1978 bis 1983 wurde als bedeutsam eingeschätzt und mit einer monatlichen Zuwendung von 700 Mark der DDR, einer Rumänienreise und der Verdienstmedaille der NVA in Bronze vergütet. 1983 beendete sie die Zusammenarbeit. Die Stasi drohte, ihre Mitarbeit öffentlich zu machen. Von 1986 bis 1989 wurde sie beim MfS als OV »Traum« geführt.

Traudl Kulikowsky (IMB Galina Mark)

Zusammenarbeit mit dem MfS seit 1971, angesetzt auf Walter Janka und Christa Wolf, die wie sie in Kleinmachnow wohnten. Wegen ihrer beruflichen Misserfolge als Schauspielerin wurde sie jahrelang vom MfS finanziert, das sogar die Kosten für die Reparatur ihres Trabants übernahm. Seit 1981 war sie angesetzt auf Elke Erb, Ekke Maaß und die Szene in Ost-Berlin. 1983 stellte sie einen Ausreiseantrag, das MfS beendete die Zusammenarbeit.

Initiatoren, Ratgeber, Mentoren

Der literarische Salon von Ekke Maaß konnte nur überleben dank moralischer und in Notzeiten auch materieller Unterstützung durch Dritte. Neben den nachfolgend Genannten waren das Gabriele Muschter, der ungarische Schriftsteller György Dalos, die Bundestagsabgeordneten Gerd Poppe und Helmut Lippelt von den Grünen, Markus Meckel und Dietrich Sperling von der SPD, die bereit waren, tschetschenische Politiker einzuladen und mit ihnen zu debattieren. Unbedingt genannt werden müssen auch die Grafikerin Bettina Kubanek und der Webdesigner Robert Siegel, die seit anderthalb Jahrzehnten Plakate, Broschüren, Faltblätter und die drei zum Salon gehörenden Websites kostenlos entwerfen und betreuen.

Wolf Biermann (geb. 1936)

Interessanterweise haben vier Menschen, denen Ekke Maaß wichtige geistige Impulse für sein Leben verdankt, eines gemeinsam. Ihnen allen wurden die Väter ermordet: Bulat Okudshawas Vater starb 1937, Wolf Biermanns Vater 1943, der Vater von Armin Mueller-Stahl am letzten Kriegstag 1945 und der Vater des deutsche-georgischen Schriftstellers Giwi Margwelaschwili 1947.

Ekke Maaß und Wolf Biermann lernten sich im Dezember 1971 kennen, als der verbotene Liedermacher unerwartet das Schönburger Pfarrhaus besuchte. Bereits damals brachte ihm Wolf Biermann sein Lied »Selbstportrait für Reiner Kunze« auf dem Harmonium bei. 1973 traf Ekke Maaß ein zweites Mal auf Wolf Biermann, als er gerade Okudshawas Lied »Ach die erste Liebe…« übersetzt hatte, und erfuhr von ihm, dass es in Moskau dissidentische Dichtersänger wie Bulat Okudshawa und Wladimir Wyssozki gibt. Ekke Maaß begriff sofort, dass er diese Leute suchen musste! Und er hat sie gefunden und übersetzt und singt seit 35 Jahren ihre Lieder.

Wolf Biermann zeigte Ekke Maaß bei fast jedem seiner Besuche seine Lieder, zwar gern mit dem Kommentar »Du mit deinen Holzhackerpfoten lernst nie Gitarre spielen!«, gleichzeitig mit großer Geduld. Wolf Biermann war für Ekke Maaß immer ein Schutz, auch nach seiner Ausbürgerung: »Wenn ich eingelocht werde, dann holt Wolf mich raus!« Als 1998 Wolf Biermann den Nationalpreis der Deutschen Nationalstiftung erhielt, schlug er Ekke Maaß und Jürgen Fuchs für die Zusatzstipendien von je 25 000 DM vor, die dann im Falle von Ekke Maaß jedoch mit dessen Sozialhilfe verrechnet werden mussten. Und als Anfang der 2000er Jahre anstelle des politischen Drucks der ökonomische wuchs, unterstützten ihn Wolf und Pamela Biermann großzügig sowohl materiell als auch mit Briefen an den Leiter des JobCenters und den Bundespräsidenten. Und Wolf Biermann

Gegenüberliegende Seite: Rüdiger Rosenthal, Thomas Günther, Christa Wolf, Elke Erb (v. l.)

unterstützte Ekke Maaß auch bei vielen Menschenrechtsaktionen, z. B. für das Bleiberecht des in Berlin geborenen deutsch-georgischen Schriftstellers Giwi Margwelaschwili und im Falle des tschetschenischen Dichters Apti Bisultanov, die Anerkennung als politischer Flüchtling durchzusetzen.

Wolf Biermann

ANMERKUNG ÜBER MEINEN FREUND EKKE MAASS

Er muss inzwischen Mitte Fünfzig sein. Er leitet seit nun genau zehn Jahren die »Deutsch-Kaukasische Gesellschaft« – das ist ein eingetragener Verein in Berlin, der auch als förderungswürdig vom Staat anerkannt ist und einen wohlklingenden Namen hat.

Sein Gründer und Hauptmotor sollte nach meiner Meinung finanziell von der Bundesrepublik Deutschland unterstützt werden, denn er arbeitet sich seit Jahrzehnten für dieses Land kaputt und treibt damit sich und seine Familie in den chronischen Ruin. Genauer gesagt: Ekke Maaß im Prenzlauer Berg in Ostberlin ist ein humanitärer Einzelkämpfer ohne ordentliche Anstellung und gesichertes Einkommen, bürokratisch gesehen ein Asozialer. In Wirklichkeit aber ist dieser Mensch der Fleißigste, Tapferste und politisch Kreativste von wenigen Deutschen, die sich systematisch und aufopferungsvoll und rund um die Uhr um das Schicksal von Männern und Frauen und Kindern kümmern, die im verschiedenen Grade der Verstümmelung, innen und außen, vom Tschetschenienkrieg des lupenreinen Demokraten Putin ans Deutsche Ufer gespült werden. Dabei weiß ich sehr wohl, dass das reiche arme Deutschland sich nicht das Elend der ganzen Menschheit auf die Schultern weder laden kann noch soll. Aber hier geht es, ohne poetische Untertreibung, wirklich um peanuts.

Ekke Maaß holt immer wieder mal halbverhungerte und verängstigte Flüchtlinge ab von irgendwelchen Polizeistationen oder Bahnhöfen. Er kocht ihnen eine Suppe, besorgt ihnen ein Bett für ein paar Nächte und hilft ihnen, Formulare für die deutschen Behörden auszustellen. Er berät sie bei der Arbeits- und Wohnungssuche, fädelt sie ein in irgendeine Lehre oder ein Studium. Er kennt großherzige Ärzte, die diesen Menschen helfen, die zu einem großen Teil grausam gefoltert wurden, Kindern, die verstümmelt sind von Tretminen und Granaten und Bomben in diesem Krieg, der offiziell gar nicht stattfindet.

Ekke Maaß ist also das hochmoralische Gegenstück zu irgendwelchen profitgierigen Menschenschmugglern und ideologischen Multikulti-Romantikern oder Flüchtlingshelfern, die eigentlich nur sich selbst helfen wollen.

Er ist zudem ein gebranntes Kind des totalitären Regimes in der DDR und deshalb auch zuverlässig immun gegen schwachsinnige Schwärmereien für moslemisch getünchte Terroristen. Im Grunde stützt er mit seinen schwachen zwei Armen genau die politischen Kräfte im Kaukasus, die allein ein Partner für uns Europäer sein könnten auf dem Weg zu einem friedlichen Miteinander. Er organisiert Tagungen, an denen mein Freund, der Philosoph André Glucksmann aus Paris, teilnimmt und andere hochkarätige und anerkannte Intellektuelle wie der Schriftsteller Christoph Buch und die führenden Köpfe der Gesellschaft »Memorial« in Moskau, die dort wachsenden Repressionen der Putin-Führung ausgesetzt ist. Auch diese Leute kenne ich gut genug, um zu wissen, dass sie im Streben nach Demokratie unsere zuverlässigen Verbündeten sind.

Ekke Maaß arrangiert auch Treffen der Betroffenen aus dem Elend im Süden der ehemaligen Sowjetunion mit deutschen Politikern der demokratischen Parteien. Er hat seit Jahren kontinuierlich mit vielen großkalibrigen Leuten im Bundestag und in der Regierung zu tun. Er wirkt auch für Medien als willkommener und geachteter Experte in den kniffligen Fragen des blutigen Wirrwarrs in der Kaukasus-Region.

Ja: Er macht und macht und macht – aber sein eigenes kleines Menschenleben mit Kind und Kegel ist bedroht, ist wacklig und neuerdings auch so in Gefahr, dass ich mich an ich weiß nicht wen um Hilfe wende.

Das ist meine wohlerwogene Meinung: Der deutsche Staat müsste, aus langfristigem Eigeninteresse, die Arbeit dieses Menschen kontinuierlich unterstützen. Im Interesse von Sicherheit und Ordnung, allein schon im sozialen Dschungel von Berlin, ist Ekke Maaß »mehr Wert«, will sagen: wirkungsvoller im Interesse unseres Gemeinwesens, als drei Beamte, also mehr noch als ein Polizist, ein Sozialarbeiter und etwa ein Sachbearbeiter in der Ausländerbehörde.

Also nochmal mit penetranter Deutlichkeit gesagt: Dieser Einzelkämpfer müsste endlich ent-einzelkämpfert werden, er müsste eigentlich wie ein guter treusorgender und fleißiger Beamter für diese Arbeit von unserer Gesellschaft bezahlt werden, denn er leistet eine humanitäre soziale Herkulesarbeit. Da er aber kein Herkules ist, entsteht ein manchmal schon komisches, eigentlich tragisches Missverhältnis zwischen der Bedeutung seiner Anstrengungen für unser Gemeinwesen und der offiziösen Nichtbeachtung seiner Tätigkeit. Ekke Maaß ist übrigens ein typischer evangelischer Pfarrerssohn, der eigentlich, denke ich manchmal in meiner Ratlosigkeit, eine sozial-ökumenische Pfarrstelle in Ostberlin innehaben sollte – egal: in- oder außerhalb der Kirche.

Ekke Maaß ist ein aus politischen Gründen in der DDR-Zeit abgebrochener Student und hochgebildet in den Fächern Theologie und Philosophie. Wenn er ein Stasi-Offizier gewesen wäre, würde er vom Staat heute eine hohe Pension oder Rente beziehen. Es ist eine Affenschande für unser Land, oder besser gesagt: es ist schlimmer als ein Verbrechen, es ist ein Fehler:

Ekke Maaß spricht perfekt die Sprachen, die man braucht, um sich mit den Menschen aus dieser grauenhaft verwüsteten Region zu verständigen. Und diese verängstigten Menschen vertrauen ihm.

Das wundert mich nicht, denn ich kenne ihn als tapferen kleinen stillen und zuverlässigen Menschenretter (wohlgemerkt: kein Schreihals und Menschheitsretter wie ich…) So kenne ich ihn schon aus meiner DDR-Zeit – und so hat er sich auch nach dem Zusammenbruch der DDR verhalten.

Ich erlebte ihn als Helfer für verlorene Menschenkinder aus der Sowjetischen Armee: Deserteure. Er half Leuten aus Russland, hilft aufopferungsvoll dem bedeutenden georgischen Schriftsteller, dem geborenen Berliner und vom KGB verschleppten und Überlebenden des GULag Giwi Margwelaschwili. Er half armen namenlosen Hunden, die aus dem VEB-Knast entlassen wurden. Er ist nicht ordentlich angestellt bei Gottes Bodenpersonal, aber im ethischen und sozialen Sinne ist er ein zutiefst christlicher

Helfer. Und ganz nebenbei für uns alle interessant: Wenn es überhaupt einen Fokus gab für die sogenannte Szene am Prenzlauer Berg, die sich nach meiner Ausbürgerung 1976 in Ostberlin entwickelt hat, dann war es genau dieser Ekke Maaß. Und es ist kein Zufall, dass der potenteste Spitzel und agent provocateur der Staatssicherheit in diesem subversiven Schmuddelviertel Prenzlberg, der IM und verkrachte Dichter Alexander »Sascha« Anderson es war, der Ekke Maaß damals maßgerecht zusammenschlug und unter Druck setzte – im Auftrage der Staatssicherheit.

Als ich vor acht Jahren mit dem Nationalpreis von Helmut Schmidt ausgezeichnet wurde, durfte ich zwei mal 25 Tausend Mark an verdienstvolle Deutsche meiner Wahl weitergeben. Einer davon war dieser Ekke Maaß. In meiner Rede damals habe ich auch begründet, warum ich diesen Kandidaten ausgewählt hatte. Ich würde heute dieselbe Rede zu seinen Gunsten halten, allerdings mit noch mehr guten Gründen, weil dieser tapfere Soldat im Freiheitskrieg der Menschheit inzwischen noch mehr Großes geleistet hat im Kleinen. (Das Wort »Freiheitskrieg« ist eine treffliche Erfindung von Heinrich Heine, in seinem berühmten Gedicht »Enfant Perdu«, geschrieben schon in der Pariser Matratzengruft 1851)

Es geht, finde ich, nicht darum, dem Ekke Maaß einen Orden anzuhängen, er braucht kein Pflaster oder Pflästerchen auf seine Wunde, sondern ich halte eine Regelung für nötig und angemessen, die ihm seine Arbeit, die er für fremde Menschen leistet und die dennoch unserem eigenen Land zugutekommt, weiterhin ermöglicht. Vielleicht könnte man ihn in einem Ressort des Behördenapparates einbauen – ich kann den besten Weg zu einer Lösung nicht vorschlagen. Es wäre jedenfalls eine groteske Schildbürgerei, wenn dieser hochqualifizierte und tatkräftige Mensch aus bürokratischen Regeln und Schikanen jetzt vom Arbeitsamt gezwungen werden würde, wie jetzt geplant und angedroht, als »Bürohilfsarbeiter« für irgendwelche wohlbeamteten Bürogötter Akten zu ordnen oder Behördenbriefe einzutüten. Das wäre im wahren Sinne das, was die Bonzen der DDR so nannten: eine »Vergeudung von Volkseigentum«. Man kann nämlich nicht nur kostbare Finanzmittel veruntreuen oder zweckentfremden, fahrlässig vergeuden kann man auch einen einzelnen Menschen. Wenn dieser Ekke Maaß aufhört mit seiner Arbeit im Osten Berlins, dann wäre das ein doppelter Schaden: Keiner könnte ihn ersetzen – und er würde an dieser womöglich rechtlich korrekten Bürokratenmaßnahme kaputtgehen.

(Schreiben an die zuständigen Behörden)

Volker Braun (geb. 1939)

Volker Braun besuchte u.a. die Lesungen von Bert Papenfuß und Eberhard Häfner, die er mit Bürgschaften zur Aufnahme in den Schriftstellerverband unterstützte. In seinen *Werktagen I* finden sich zwei Notizen zu den Lesungen:

26.10.80 am arnimplatz in der wohnküche von ekke maaß, in der auch anderson einwohnt, turnt bei kerzenlicht papenfuß verspätet aufs sofa, mit gefärbtem haar, im lila dreßhemd, und liest aus seinen gedichten. ein wacher, sympathischer kopf, der selbstbewußt aufspäht, zum diskutieren auffordert und sich nichts sagen läßt. es ist auch nichts zu begreifen. aber dieses umgepflügte schüttgut stört eine menge empfindungen und gedanken auf, macht sie locker, stiftet sie an, so daß viel mehr mit uns passiert, als landläufige texte vermögen, die irgendwas klares sagen, ohne uns zu rühren.

1.4.81 häfner, nur jeans und sandalen am hageren leib, christushaar, knochiger metall-schmied aus erfurt. Er bestellt eine bürgschaft für den [schriftsteller]verband und liefert einen packen guter gedichte, durchaus produkte der verlorenen generation […]. er muss in den verband, sonst wird er als illegaler behandelt […].

(Volker Braun, Werktage 1)

Ekke Maaß, Volker Braun, IM Peter Tepper, Eberhard Häfner und Thomas Klein

Hans Christoph Buch (geb. 1944)

Geboren in Wetzlar; Studium der Germanistik und Slawistik in Bonn und Berlin; las 1963 bei der Gruppe 47; Lektor, Dozent, Autor u.a. von literarischen Reisereportagen über die Konfliktregionen in Südamerika, Afrika und Tschetschenien. Ekke Maaß lernte Hans Christoph Buch zusammen mit Andrej Glucksmann kennen. Er erfuhr von ihm erhebliche Unterstützung bei seinen Menschenrechtsaktionen und, da er fast ausschließlich ehrenamtlich arbeitet, auch bei seinen sozialen Nöten.

Hier ein Schreiben, in dem sich Hans Christoph Buch für eine materielle Unterstützung für Ekke Maaß beim Bundespräsidenten einsetzt:

Berlin, den 23. Juni 2006

Sehr geehrter Herr Bundespräsident,

ausnahmsweise wende ich mich nicht an Sie in Sachen Afrika, das uns beiden gleichermaßen am Herzen liegt, sondern in einer anderen Angelegenheit.

Es geht um den DDR-Bürgerrechtler Ekkehard Maaß, der sich bleibende Verdienste erwarb, indem er in seiner Wohnung in Ostberlin, in der er heute noch lebt, private Lesungen organisierte für junge Autoren, denen er Hilfe und Unterstützung bot, und Schriftsteller aus Ost und West zusammenführte.

Wegen seines zivilgesellschaftlichen Engagements und der Kontakte, die er zwischen der DDR-Opposition und russischen Bürgerrechtlern knüpfte, u.a. zu Lew Kopelew und Andrej Sacharow, wurde Ekkehard Maaß von 1972 bis 1989 vom Staatssicherheitsdienst observiert. Seine berufliche Karriere wurde durch Zersetzungsmaßnahmen wie z.B. den Ausschluss vom Studium unmöglich gemacht.

In den Augen der Stasi war Ekkehard Maaß ein gefährlicher Dissident, der mit beträchtlichem Mut, unter Einsatz seiner Person, für demokratische Verhältnisse in der DDR eintrat und sich dabei auf das Helsinki-Abkommen und in der Verfassung verbriefte Rechte und Freiheiten berief.

Seine diesbezüglichen Verdienste wurden 1998 in einem Stipendium der Deutschen Nationalstiftung und in dem vor kurzem erschienenen Buch der Robert-Havemann-Gesellschaft »Für ein freies Land mit freien Menschen – Opposition in Biografien und Fotografien« ausdrücklich gewürdigt.

Nach 1989 arbeitete Ekkehard Maaß, der fließend russisch spricht, sieben Jahre ehrenamtlich im Fachbeirat »Nachbarschaft in Europa« der Heinrich-Böll-Stiftung und brachte dort seine Erfahrungen aus zahlreichen Reisen und Aufenthalten in der ehemaligen Sowjetunion ein.

Die Organisation und Leitung von drei Kaukasus-Konferenzen in Georgien konfrontierten ihn mit dem Schicksal der nordkaukasischen Völker. Aus Protest gegen den Tschetschenienkrieg gründete er die Deutsch-Kaukasische Gesellschaft, die er seit zehn Jahren ehrenamtlich leitet.

An Ekkehard Maaß wenden sich Hunderte tschetschenische Flüchtlinge mit der Bitte um Hilfe. Er ist in der Lage, ihnen in Asylangelegenheiten und bei der sozialen Integration zu helfen, indem er zwischen den Flüchtlingen und Institutionen wie Bundesamt, Ausländerbehörden und Verwaltungsgerichten vermittelt.

Ekkehard Maaß ist Autor zahlreicher Veröffentlichungen. Obwohl sein Spezialwissen zum Thema Kaukasus gefragt ist, hält ihn die Flüchtlingsarbeit davon ab, seine berufliche Karriere zu verfolgen.

In der DDR war Ekkehard Maaß gezwungen, sich für gemeinnützige Ziele einzusetzen. Sein Engagement für Tschetschenien ist die logische Folge seines Eintretens für Menschen- und Bürgerrechte, weil Demokratie aus seiner Sicht nicht von selbst funktioniert, sondern täglich verteidigt und neu durchgesetzt werden muss.

Da das zuständige Job-Center in Pankow den gemeinnützigen Charakter seiner Arbeit nicht anerkennt, möchte ich Sie bitten, verehrter Herr Bundespräsident, Ekkehard Maaß unbürokratisch zu helfen und ihm durch regelmäßige Zuwendungen die Fortsetzung einer ehrenamtlichen Tätigkeit zu ermöglichen, für deren Uneigennützigkeit ich mich verbürge und die unseren Staat weniger kostet, als sie ihm einbringt.

In der Hoffnung auf Verständnis für diese ungewöhnliche Bitte verbleibe ich mit freundlichem Gruß –

Ihr
Hans Christoph Buch

P. S.
Die Schriftsteller Wolf Biermann, György Dalos, Uwe Kolbe, Giwi Margwelaschwili und Lutz Rathenow, die Künstlerin Bärbel Bohley und die Dichterin Elke Erb, die Maler Ralf Kerbach und Hans Scheib, der Philosoph André Glucksmann und der Schauspieler Armin Mueller-Stahl, der russische Menschenrechtler Sergej Kowaljow und Cap Anamur-Gründer Rupert Neudeck sowie die jetzigen oder früheren Bundestagsabgeordneten Helmut Lippelt, Markus Meckel und Gerd Poppe, Minister a. D. Rainer Eppelmann und Staatssekretär a. D. Dietrich Sperling, Rudolf Bindig, ehem. Berichterstatter des Europarats für Tschetschenien, und Tom Sello von der Robert-Havemann-Gesellschaft schließen sich der in diesem Brief ausgedrückten Bitte an.

Mitch Cohen

Geboren 1952 in Pasadena, Kalifornien; Studium der Anglistik und Philosophie in Santa Barbara; 1975 Übersiedlung nach Deutschland, lebt seit 1977 als Dichter und Übersetzer in Berlin.

Mitch Cohen besuchte in den 80er Jahren einige Lesungen im Salon, vor allem aber Sascha Anderson in der Schönfließer Straße, der sich von ihm Bücher und Whisky mitbringen ließ und ihn gleichzeitig bei der Stasi denunzierte, bis er nicht mehr einreisen durfte. Seit 1989 gehört Mitch Cohen zum Freundeskreis von Ekke Maaß, den er u. a. für ein Konzert in Boston mit der Übersetzung seines Programms »Die guten finstern Zeiten« ins amerikanische Englisch unterstützte.

In Deutschland zu sein, erst recht in Westberlin zu leben, war mir ein Abenteuer, vor allem weil ich mich mit ungelernten Arbeiten durchschlug, ohne finanzielle Hilfe von Personen oder Institutionen. Nach meinem ersten Jahr in Berlin bat mich ein befreundetes kalifornisches Verlegerpaar, für ihren Kleinverlag eine Berlin-Anthologie zusammenzustellen und zu übersetzen. Das Projekt ging ich mit wenig Kenntnis an, aber mit Leidenschaft und Ehrgeiz. Da ich zunächst keine Kontakte in und kaum Ahnung von Ostberlin besaß, wäre die andere Hälfte meiner Stadt wahrscheinlich gar nicht in dem Buch vorgekommen, wenn nicht Micha Meineke, eine Woche nach seiner Flucht im Kofferraum, mit seinen Manuskripten an meiner Türschwelle aufgetaucht wäre. Er gab mir die Adresse eines Autors in Ostberlin, die zum Schneeball wurde.

Dieses Terrain schien mir weiter entfernt von Westberlin zu sein als Westdeutschland von Kalifornien. Zur Exotik kam der Nervenkitzel. Im Westen gab es eine Gegenkultur, ja. Dass einige aus ihr sich »Untergrund« nannten, war entweder risikolose modische Pose oder ein Euphemismus für politverbrämte Gewaltkriminalität. Vielleicht würden die Künstler, die ich in Ostberlin kennenlernte, sich nicht, oder nicht mehr, »Untergrund« nennen. Aber sie waren es. Ihnen ging es um persönliche Freiheit und um das Ausbrechen aus dem konformen »wir« hin zum einmaligen »ich«, was risikoreich dem Staat abgetrotzt oder unter dessen paranoidem Radar ausgetüftelt werden musste. Was im Westen banales Verhalten war, war im Osten ein mutiger, existentieller Akt. Das war ihr Leben, und man könnte sagen, ich war Tourist, aber das, was ich über die Grenze schmuggelte, gefährdete auch mich durchaus. Durch IM-Berichte wussten die »Organe« davon und – ohne dass ich wusste, dass sie es wussten – versuchten sie jahrelang, mich dingfest zu machen. Aber sie waren zu inkompetent, um mich mit der Kontrebande zu erwischen, also wurde ich nur ausgesperrt.

Ekkes Salon war doppelt aufregend, ernsthafte Diskussionen und Debatten folgten den Lesungen, und die Runde enthielt viele, die ich noch nicht kannte. Gern würde ich glauben, dass ich zu den Gesprächen nach den Lesungen anregende, von außen kommende Ideen beigesteuert habe. Aber es ist lange her. Ich wurde ja ab 1984 nicht mehr über die Grenze gelassen. Obwohl ich mindestens ein halbes Dutzend Mal an diesen

Zusammenkünften teilgenommen habe, erinnere ich mich an nur eine Bemerkung, die ich gemacht habe.

Detlef Opitz war der Autor, der zum Lesen geladen war. Seine Kurzgeschichte hatte eine Handlung, Erzählform und Prosastil waren eher traditionell. Dafür bekam Opitz von den versammelten Avantgardisten Prügel, eine Beschimpfung, die für mich nicht verständlich formuliert war. Viele dieser Kritiker waren meine Freunde oder Bekannte, dagegen war dies meine erste Begegnung mit Opitz. Aber mich drängte es zu sagen: »Ihr mögt die Geschichte nicht, weil sie nicht in eure Szene passt.« Ich weiß nicht mehr, ob irgendeiner etwas auf meine Bemerkung erwiderte, aber es gab eine zweite Stimme der Verteidigung: Heiner Müller, der fragte »Meint ihr denn, man sollte die Geschichte nicht veröffentlichen?« Daraufhin sagte ein junger Autor: »Klar sollen sie sie veröffentlichen, sie veröffentlichen ja jede andere Art von Scheiße.« Ich dachte: So ist es in einem Land, wo alles entweder ausdrücklich genehmigt oder aber verboten ist: »Man« entscheidet, »sie« entscheiden, was veröffentlicht wird. Die einzige vorstellbare Alternative zur Veröffentlichung nach Kritrien der ideologischen Opportunität ist, dass »man« »alles« veröffentlicht. Und nicht etwa, dass ein Verleger darauf brennt, ein bestimmtes Werk zu verbreiten und eigenes Risiko einzugehen, um Leser für ein Buch zu finden.

Natürlich wurden private handgemachte Künstlerbücher und mit Malereien verzierte Durchschläge nach Kriterien der Leidenschaft und/oder des Lohnes produziert. Dieses Feld blühte prächtig in der DDR. Aber dass ein Verleger eine Auflage von mehr als 99 Exemplaren ausschließlich nach eigenen Kriterien der Qualität oder Bedeutung entschiede – unvorstellbar.

Nach dem Mauerfall ging jemand das verlegerische Risiko ein und veröffentlichte Detlefs Kurzgeschichte in seinem Band »Idyll«. Die Sammlung wurde von Lesern gut aufgenommen. Kritiker lobten sein »Sprachfeuerwerk« – so stinknormal war seine Schreibe also wohl nicht.

Ekkehards Salon teilte die Adresse mit der Keramikwerkstatt seiner Frau Wilfriede, in der Glasuren und Unterglasurfarben auf Gebrauchsgeschirr aufgetragen wurden von Malern, z. B. von Conny Schleime oder Helge Leiberg, der damals so waldschratig aussah wie ich. Mein amerikanischer Freund Dave Crawford kaufte sich ein ganzes Service. Ich war damals zu blank, um so einen Kauf in Betracht zu ziehen, obwohl die wunderschönen Keramiken sicherlich für ein Zehntel ihres Wertes weggingen. Ich erinnere mich daran, wie Sascha Anderson stolz auf einen großen Krug zeigte, auf den Allen Ginsberg höchstpersönlich einen Schriftzug gemalt hatte. Zur gleichen Zeit war der IM dabei, die Ehe von Ekke und Wilfriede, das Junktim von Salon und Werkstatt und die unabhängige Szene insgesamt zu zersetzen und zu spalten.

(Mitch Cohen, 2016)

Elke Erb (geb. 1938)

Ekke Maaß hatte Ende der 1970er Jahre den Kontakt zu Elke Erb gesucht, um mit ihr an Nachdichtungen zu arbeiten. Elke besuchte fast alle Lesungen und interessierte sich in besonderer Weise für die jungen Dichter. Nach dem Scheitern des Projektes von Franz Fühmann an der Akademie der Künste gab sie 1985 zusammen mit Sascha Anderson bei Kiepenheuer & Witsch die Anthologie »Berührung ist nur eine Randerscheinung« heraus.

Wer der erste war, weiß ich nicht mehr, ich verstand aber sofort, dass sich da eine neue Generation zu Wort meldete, und glaubte, sie werde offenbaren, was ich versäumt hatte wahrzunehmen. Dieses Schuldbewusstsein wurde schon bei der ersten Lesung gelöscht: Nein, mit den Jungen wird der Boden unter meinen Füßen breiter! Sie kamen aus vielen Städten und viele aus Berlin, sie kamen aus *ihrer* Gegenwart.

Karl Mickel, den ich als einen der ersten meiner Generation achtete, stellte im Schriftstellerverband Bert Papenfuß vor, in einem kleineren Raum, in dem die Älteren dicht gedrängt saßen. Er sagte: »Als ich seine Verse las, dachte ich, ich muss meine Prinzipien überprüfen.« Nach der Versammlung kam ich im Vorraum an einen Tisch zu sitzen mit drei mir unbekannten Älteren. Sie waren über Mickels Satz empört (statt erfreut), sie fassten ihn als Zumutung auf. Ich ging von ihnen nach Hause mit dem leiblichen Gefühl im Rücken, als hätten da drei Ausgestopfte verharrt.

Übrigens nahmen die Jüngeren zu mehreren von uns Lyrikern Kontakt auf, und ich hörte, dass sie auch von ihnen so oder so unterstützt wurden nach unseren bescheidenen Möglichkeiten, auch Christa und Gerhard Wolf unterstützten sie.

Sie waren ja meist mittellose Aussteiger.

Ost und West? In meinem Vorwort zu der Anthologie »Berührung ist nur eine Randerscheinung«, Kiepenheuer & Witsch, Köln 1984, antwortete ich auf eine westdeutsche Variante, das Aussteigen sei doch »Kapitulation vor der Realität«, man könne ebensogut oder schlecht sagen, die Realität habe versagt. So lagen die Dinge.

(Elke Erb, 2016)

Rainer Bonar und Elke Erb

Franz Fühmann (1922–1984)

Franz Fühmann besuchte nur eine Lesung, die Lesung von Dieter Schulze am 10.11.1981, den er maßgeblich unterstützte. Zusammen mit Uwe Kolbe und Sascha Anderson wollte er an der Akademie der Künste eine Anthologie der unangepassten Nachwuchsautoren herausgeben. Das Projekt wurde verhindert.

Hauptabteilung XX/9   Berlin, den 7. 9. 1981

Information

über den Versuch negativ feindlicher Personen, in der Akademie der Künste der DDR Veröffentlichungsmöglichkeiten für politisch negative Literatur zu schaffen.

Operativ wurde festgestellt, dass der Schriftsteller Franz Fühmann in den letzten Jahren verstärkte Aktivitäten unternimmt, um seiner Meinung nach talentierte sogenannte Nachwuchsautoren materiell und moralisch zu fördern, politisch und literarisch aufzuwerten und ihnen Veröffentlichungsmöglichkeiten zu schaffen. Diese von Fühmann geförderten Personen beziehen größtenteils eine oppositionelle Grundhaltung zur praktischen Verwirklichung des Sozialismus in der DDR, gehen keiner bzw. einer ihrer teilweise hohen beruflichen Qualifikationen nicht entsprechenden artfremden Tätigkeit nach, gehören in der überwiegenden Mehrzahl nicht dem Schriftstellerverband der DDR an, haben bis auf wenige Ausnahmen nicht die Absicht, in den Schriftstellerverband der DDR aufgenommen zu werden und versuchen, sich auf diese Weise einer gesellschaftlichen Kontrolle und Beeinflussung gänzlich zu entziehen.

Zu den von Fühmann Geförderten gehörte auch der aus der Staatsbürgerschaft der DDR entlassene und nach Westberlin übergesiedelte Frank Wolf Matthies.

Unter Ausnutzung seiner Mitgliedschaft in der Akademie der Künste der DDR beabsichtigt Fühmann, diesen sogenannten Nachwuchsautoren eine gewisse Basis zu verschaffen, indem er diese

- bei der Herausgabe einer Anthologie im Arbeitsheft der Akademie der Künste der DDR unterstützt
- durch Einladungen zu Gesprächen in die Akademie der Künste der DDR aufzuwerten und
- durch Unterstützung von Reisevorhaben in nicht sozialistische Staaten international als Literaten bekannt zu machen versucht.

Es ist bekannt, dass Fühmann seit Mitte 1980 vor allem in Zusammenarbeit mit

    Anderson, Alexander, Dresden

    und Kolbe, Uwe, Berlin

die Vorbereitung der Herausgabe eines Arbeitsheftes der Akademie der Künste der DDR organisiert, das literarische Beiträge von ca. 30 sogenannten Nachwuchsautoren enthalten soll.

Von den bisher namentlich bekannt gewordenen Beteiligten an dieser Anthologie ist der größte Teil durch politisch negative Verhaltensweisen in Erscheinung getreten (siehe Anlage).

Vorliegenden operativen Hinweisen zufolge haben 25 der insgesamt 30 vorgesehenen sogenannten Nachwuchsautoren bis zum gegenwärtigen Zeitpunkt in der DDR noch nichts veröffentlicht.

Operativ wurde bekannt, dass Fühmann für den 15.9.1981 mit Anderson und Kolbe in der Akademie der Künste der DDR ein Gespräch über organisatorische Probleme der Herausgabe der genannten Anthologie vorbereitet. Anderson und Kolbe beabsichtigen, zu diesem Gespräch weitere Personen aus dem Kreis der vorgesehenen Teilnehmer der Anthologie hinzuzuziehen.

Fühmann versuchte darüber hinaus, dem bereits genannten Uwe Kolbe mithilfe des Ministeriums für Kultur vom 20.9. bis 18.10.1981 eine Studienreise zur Universität Tübingen BRD zu verschaffen, die durch das Ministerium für Kultur ohne Abstimmung mit dem MfS eingereicht wurde.

Es ist einzuschätzen, dass eine Realisierung des genannten Anthologievorhabens einerseits eine un-
gerechtfertigte Aufwertung dieser oppositionellen sogenannten Nachwuchsautoren bedeuten, diese in
ihrer gegen die gesellschaftlichen Verhältnisse in der DDR gerichteten Haltung bestärken und andererseits den Bemühungen des Schriftstellerverbandes der DDR und anderer staatlicher Organe und gesellschaftliche Organisationen zur Entwicklung talentierter, politisch zuverlässiger Nachwuchsschriftsteller
Schaden zufügen würde.

Es wird vorgeschlagen:

1. Die Partei über den vorliegenden Sachverhalt zu informieren

2. den Präsidenten der Akademie der Künste, Genossen Konrad Wolf, darüber in Kenntnis zu setzen und
ihm zu empfehlen, ein Gespräch mit Fühmann zwecks Verhinderung des genannten politisch negativen
Anthologievorhabens zu führen

3. die Verhinderung der geplanten Anthologie durch geeignete inoffizielle Möglichkeiten und patriotische
Kräfte zu unterstützen und gleichzeitig auf beteiligte Einzelpersonen positiven Einfluss zu nehmen.

Wolfgang Hilbig (1941–2007)

Wolfgang Hilbig besuchte mehrere Lesungen in der Schönfließer Straße. Eine Lesung
mit ihm war für den 28. Juni 1981 geplant, konnte aber nicht realisiert werden.

Bericht des IM »David Menzer«:

Information zu weiteren Vorhaben bei Maaß, Ekkehard

Bei meinem letzten Aufenthalt in der Wohnung des E. Maaß konnte ich in Erfahrung bringen, dass
folgende weitere Vorhaben in Richtung Gedichte Lesungen und Liederabende in der Wohnung des oben
Genannten vorgesehen sind:

29.3.81   Lesung des Lyrikers Kolbe, Uwe (Berlin)

26.4.81   Lesung des Lyrikers Opitz (Halle)

Für die weiteren Termine (31.5.81, 28.6.81 und 26.7.81) sind noch keine konkreten Festlegungen getroffen.
In Vorbereitung sind ein Lyrikabend mit Mauersberger, Uta (Cottbus), Hilbig, Wolfgang (Berlin/Leipzig)
und ein Prosaabend mit Neumann, Gerd (Leipzig).

Die genannten Personen sollen zu den oben angeführten Terminen bei Maaß auftreten.

F. d. R. d. A.:   gez.: »David Menzer«

Rainer Kirsch (über Wilfriede Maaß gebeugt), 1980

Rainer Kirsch (1934–2015)

Rainer Kirsch besuchte fast alle Lesungen in der Schönfließer Straße, obwohl ihm die Texte der Nachwuchsautoren manchmal als zu beliebig und zu wenig gearbeitet erschienen.

Heiner Müller (1929–1995)

Heiner Müller besuchte mehrere Lesungen und unterstützte im Besonderen Dieter Schulze. 1983 plante er in einem Münchener Kleinstverlag die Herausgabe einer Anthologie mit Theaterstücken der Nachwuchsautoren vom Prenzlauer Berg:

Hauptabteilung XX/9   Berlin, 30. November 1983

Information über eine Zusammenkunft sogenannter Nachwuchsautoren
bei Heiner Müller am 11.11.1983

Inoffiziell wurde bekannt, dass am 11.11.1983 gegen 16:00 Uhr in der Wohnung von Heiner Müller eine Zusammenkunft sogenannter Nachwuchsautoren stattfand, die beabsichtigen, im Herbst 1984 in dem Münchener Kleinstverlag Huber & Klenner eine Dramatikanthologie herauszugeben, zu der Heiner Müller das Vorwort schreiben soll.

Heiner Müller, Ekke Maaß und Richard Pietraß

An der Zusammenkunft nahmen neben Heiner Müller die Autoren der geplanten Anthologie

Rom, Michael – Dresden (erfasst BV Dresden)

Palmer, Volker – Dresden (erfasst BV Cottbus)

Rathenow, Lutz – Berlin (erfasst HV XX/9)

Anderson, Alexander – Berlin (erfasst HV XX/9)

Berg, Jochen – Berlin (erfasst BV Berlin, Abteilung XX)

Trolle, Lothar – Berlin

Röhler, Andreas – Berlin (erfasst BV Berlin, Abteilung XX)

sowie die Schriftstellerin Elke Erb und der Maler Michael Freudenberg aus Dresden teil.

Durch eine zuverlässige inoffizielle Quelle konnte zu dieser Zusammenkunft erarbeitet werden, dass Heiner Müller zu einem Teil der für die Anthologie vorgesehenen Beiträge der genannten Personen eine ablehnende Haltung bezieht, trotzdem aber das Vorwort schreiben will. Müller bemängelte vor allem, dass ein Großteil der Autoren die Identität mit der DDR-Gesellschaft verloren hätte und von einer außerhalb der DDR-Gesellschaft stehenden Position schreiben würde.

In diesem Zusammenhang betonte Müller inoffiziellen Hinweisen zufolge, dass die gesamte Politik der DDR dazu führen würde, dass die Menschen ihre Identität verlieren. Es wäre eine Aufgabe gerade jüngerer Autoren, über diese Probleme des Identitätsverlustes zu schreiben, aber diese würden sich nur mit allgemeinen Problemen beschäftigen.

Nach Müllers Einschätzung würden sich von den für die Anthologie vorgesehenen Texten lediglich die Stücke »Bruno« von Michael Rom und »Erotik der Geier« von Alexander Anderson direkt mit der Gesellschaft und der Gegenwart der DDR beschäftigen. Nähere Hinweise zu den einzelnen Texten der genannten Personen konnten durch die Quelle nicht erarbeitet werden.

Richard Pietraß (geb. 1946)

Ekke Maaß hatte Richard Pietraß über Elke Erb kennen gelernt. Richard Pietraß gab ihm hilfreiche Ratschläge bei den Übertragungen von Okudschawa-Liedern, besuchte viele Lesungen in der Schönfließer Straße und blieb dem Salon bis heute treu.

In Ekkehard Maaß' Pizzaküche im Prenzlauer Berg, deren raunender Zaungast ich in jenen Jahren war, buchstabierten und deklamierten die Jüngsten ihr verspieltes Hexen- und Häckseleinmaleins, mit dem sie den Schildastaat, dessen Wildbürger sie waren, maßnahmen und auf seine Torheitswand schossen.

(Richard Pietraß, 2016)

Lutz Rathenow (geb. 1952)

Lutz Rathenow kam regelmäßig zu den Lesungen in die Schönfließer Straße, oft zusammen mit Rüdiger Rosenthal. Er war vor allem politisch motiviert und sammelte oft Unterschriften für Protestbriefe zur Freilassung von Inhaftierten.

Links Rüdiger Rosenthal und Lutz Rathenow

VERKNÜPFUNGSTALENT

Bei Ekkehard Maaß kam einiges an Eigensinn, kreativen Energien und Selbstdarstellungs-phantasien interessanter Menschen zusammen, die gast- und hausherrenfreundlich von Ekke umsorgt wurden. Der Dichter Rainer Kirsch zog während der Lesung unauffällig aus einer Aktentasche die eigene Rotweinflasche – auf das hier Verlesene war er offenbar deutlich neugieriger als auf den bulgarischen Wein Marke Gamza oder Cabernet. Eine merkwürdige Mischung von großer Konzentration und innig gefrönter Ablenkungs-bereitschaft prägte die kommunikativ opulent umrahmten Lesungsabende. Sie endeten des öfteren im Morgengrauen und boten für Autoren wie mich einen guten Vorwand, nicht zu viel schreiben zu müssen. Ja, es wurde mehr geredet, gesungen, schwadroniert, analysiert, inszeniert, geflirtet, ge- und bedroht (selten geprügelt), gegessen und getrunken. Ekkehard Maaß traf ich zuerst bei Frank-Wolf-Matthies, auch während einer Lesung, die Matthies gar nicht so weit entfernt von Maaß am Prenzlauer Berg zelebrierte – bis zu seiner (unserer) Verhaftung im November 1980. Frank-Wolf, der damals bei Rowohlt sein zweites Buch ohne DDR-Genehmigung verlegte, wollte nicht nur, wie Ekkehard Maaß, die literarische Emanzipation von allen staatlichen Vorgaben, er betrieb auch die Verflechtung zu einer politischen Opposition hin (Robert Havemann als gelegentlicher Gast). Ekkehard Maaß wollte weniger und viel mehr, aus meiner Sicht weniger ein zu verwirklichendes Konzept, er lebte eine Intuition aus, ein Verknüpfungsbedürfnis brachte verschiedene Kreise und Menschen zusammen. Es entstand ein Begegnungs-Gesamt-kunstwerk mit Ausstrahlung über die Abende hinaus. Bekannte Autoren und solche, die das Level »DDR«-Autor gar nicht mehr anstrebten, trafen aufeinander. Diplomaten der Ständigen Vertretung waren dabei (aber keine West-Journalisten). Beeindruckende internationale Gäste, wenig westberliner Autoren. In der Wohnküche emanzipierte sich etwas, das sich nicht zu einer politischen Chiffre formieren wollte.

(Lutz Rathenow, 2016)

Initiatoren, Ratgeber, Mentoren

Hannes Schwenger (geb. 1941)

Hannes Schwenger unterstütze vor allem in den 1990er Jahren Ekke Maaß u.a. mit finanziellen Zuwendungen und ist bis heute gern Gast in der Schönfließer Straße.

Zu Ekke Maaß bin ich erst 1990 gestoßen, da war sein Salon schon Legende, auch im alten Westberlin, das ja durch »Stille Post« (Roland Berbig) mit der Szene in Ostberlin kommunizierte. Nur ich mied den legendären Ort, da ich mich unter ständiger Beobachtung und Begleitung durch die Staatssicherheit wußte, seit ich als Vorsitzender des Schriftstellerverbands in Westberlin das »Schutzkomitee« für die nach Biermanns Ausbürgerung verhafteten und verfolgten Kollegen gegründet und bei Rowohlt das internationale Solidaritätsbuch für Rudolf Bahro herausgegeben hatte.

Bei Ekke Maaß führte mich mein Malerfreund Rainer Bonar ein, um mir das Bild zu zeigen, mit dem er im Sommer 1977 in der Kunsthochschule Weißensee Skandal gemacht hatte; er hat es Ekke bei seiner Ausreise aus der DDR hinterlassen. Für Ekke Maaß zeichnete er noch kurz vorher 1981 die Einladung zu einer Lesung von Uwe Kolbe. Damals hieß er noch Rainer Lietzke, diesen Namen änderte er erst in Westberlin, um mit neuem Paß und neuem Namen einen Freund aus Ostberlin über die grüne Grenze in Ungarn nachzuholen. Das kleine Bild, das ich mir bei Ekke ansehen sollte – inzwischen als eine Art Ikone des Widerstands mehrfach gedruckt, zuerst im Katalog der Ausstellung »Ausgebürgert« in Dresden 1990 – zeigt die Aufbahrung eines toten Soldaten,

Ekke Maaß und Hannes Schwenger, 1992

dem einige mehr oder wenig bekannte, meist bärtige Herren die letzte Ehre erweisen. Man erkennt Lenin, Castro, einen schnauzbärtigen Gorki, der auch Stalin sein könnte, und im Hintergrund unter mehreren Bartlosen Eduard Claudius und Stephan Hermlin. Das Bild war Rainers Beitrag zu einem sozialistischen Wettbewerb der Kunsthochschule zum Jubiläum der Oktoberrevolution. Dem gelernten Dekorationsmaler war es nicht schwergefallen, das gewünschte Soll realistischer Kunst mit schwungvollem Pinsel zu erfüllen: pathetisch wie Kollwitz, pastos wie Sitte. Erst am Vorabend der Ausstellung, als eine Kommission zu deren Abnahme vor den Bestleistungen der Studenten defilierte, entdeckte ein wachsames Auge, daß das Portrait des aufgebahrten Soldaten der Revolution Wolf Biermann zeigte.

Wer heute den »Salon« in der Schönfließer Straße besucht, kann es dort wieder und noch immer in Augenschein nehmen. Ekke und ich sind seither gute Freunde geworden, oft war ich sein Gast zu seinem oder Giwi Margwelaschwilis Geburtstag. Leider ohne Rainer Bonar, der sich 1996 das Leben nahm.

(Hannes Schwenger, 2016)

Christa Wolf (1929–2011) und Gerhard Wolf (geb. 1928)

DER PFIFF

Nach dem Protest gegen die Ausbürgerung Wolf Biermanns 1976 und dem Weggang vieler Autoren tauchten plötzlich überall im Ländchen junge Dichter auf, die in für die DDR neuer Weise die Sprache zerlegten, spielerisch wieder zusammensetzten, sie scheinbar reinigten von dem geschichtlichen und ideologischen Ballast, der in Quadraten, Rhomben, Trichtern, Treppen dann doch wieder durchschimmerte wie die Steine der Berliner Trümmerberge. Zu ihnen gehörten u.a. Stefan Döring aus Oranienburg, Bert Papenfuß aus Greifswald, Detlef Opitz aus Halle, Eberhard Häfner aus Erfurt, Jan Faktor aus Prag, Problemkind Dieter Schulze und der später als Freundesverräter überführte Sascha Anderson aus Dresden.

Ihre direkten, auf Anpassung verzichtende Texte hatten keine Chance, in Verlagen der DDR zu erscheinen, deshalb drängte es sie, ihre Gedichte bei Wohnungslesungen in Berlin vorzustellen, z.B. in der geräumigen Wohnküche von Ekke Maaß in der Schönfließer Straße 21, die für viele Jahre zu einem wichtigen Treffpunkt der Künstlerszene Ostberlins wurde, nicht zuletzt dank der Keramikwerkstatt von Wilfriede Maaß nebenan.

Es ist vor allem Christa und Gerhard Wolf zu danken, dass diese Lesungen nicht wie andere von einem Überfallkommando auseinandergejagt wurden. Nachdem zu Beginn der obligatorische Stasimann vorm Küchenfenster verscheucht war, stoppte zwar ein Polizeiauto alle zwanzig Minuten vor dem Eingangstor, aber solange sich Schutzpatrone wie Wolfs oder Heiner Müller in der Wohnung befanden, konnte man sich einigermaßen sicher fühlen. Der auf ideologischen Klumpfüßen humpelnde Staat spürte zu Recht die

Gefahr, die von der Ansammlung so vieler junger Autoren und Künstler ausging, die sich zehn Jahre vor 1989 von der sozialistischen Idee und ihrem Staat lösten. Fast alle verließen die DDR Mitte der 80er Jahre.

Mehr als Christa, die bekannte, dass sie mit vielen dieser Gedichte eigentlich wenig anfangen könne, war es vor allem Gerhard, der den Ton der Avantgarde in ihnen spürte und sich als Mentor für die Dichter einsetzte und ihre Texte in Außer der Reihe und später in seinem Verlag Janus Press herausgab.

Blickt man heute zurück, waren die Lesungen eigentlich eine Zumutung, und man kann es den Wolfs nicht hoch genug anrechnen, dass sie sich dem aussetzten. In einem Raum von 25 m² drängten sich mehr als sechzig Menschen, die Luft war verdickt von Schweiß und dem Qualm der filterlosen Karo-Zigaretten; kein Wunder, dass Gerhard Wolf, als er endlich ins Freie trat, pfiff, was die treuen Akten für bemerkenswert hielten. Gerhard kannte seinen Staat und hatte sein Auto sicherheitshalber immer ein paar Straßen weiter geparkt, was den Häschern nicht entging.

(Ekke Maaß, in: Friedrich Dieckmann [Hg]: Stimmen der Freunde, Gerhard Wolf zum 85. Geburtstag, Berlin 2014)

Christa Wolf, Dieter Schulz, Ekke Maaß und Gerhard Wolf, 1980

Bildende Künstler und ihre Werke im Salon

I Künstlerfreunde aus der DDR

Eva Backofen

Geboren 1949 in Meißen; Abendstudium an der Kunsthochschule Berlin Weißensee, Studium der Theaterplastik und Bildhauerei an Hochschule für Bildende Künste Dresden; lebt und arbeitet als Bildhauerin und Restauratorin in Dresden.

Eva Backofen kam mit Cornelia Schleime und Ralf Kerbach in die Schönfließer Straße und nahm an vielen Veranstaltungen teil. Die Plastik »Sentimental/Brutal2« ist ein Geschenk an den Salon von Ekke Maaß.

Karla Woisnitza und Eva Backofen

Sentimental/Brutal2

Gegenüberliegende
Seite:
Dörte Michaelis,
Cornelia Schleime
und Ralf Kerbach

165

Rainer Bonar (1956–1996)

Ausbildung als Schrift- und Plakatmaler, Inhaftierung, Abendstudium an der Kunsthochschule Weißensee, Theatermaler, Werbegestalter; 1981 Übersiedlung nach Westberlin; Umbenennung von Lietzke in Bonar; Kunststudium in Köln; Kraftfahrer, Journalist, Maler, Grafiker, Dozent.

Rainer Bonar, damals noch Rainer Lietzke, wurde nach wiederholten Ausreiseanträgen massiv von der Stasi verfolgt und suchte in dieser Zeit Hilfe und Unterstützung in der Schönfließer Straße, wo er oft tagelang übernachtete. 1977 hatte Politbüromitglied Kurt Hager auf seinem Bild »Grablegung des Soldaten« zum 60. Jahrestag der Großen Sozialistischen Oktoberrevolution Wolf Biermann entdeckt, was einen Skandal verursachte. Als Rainer Lietzke endlich ausreisen durfte, schenkte er die Bilder »Grablegung des Soldaten« (Abb. auf S. 14) und »Stillleben zu Isaac Babel« Ekke Maaß, weil er wollte, dass sie in der DDR blieben.

Rainer Bonar, 1992

Bildende Künstler und ihre Werke im Salon

Stillleben zu Isaac Babel, Collage, 1977

Ekke Maaß' Kinder in dessen Wohnung, 1994

Peter Brune

Geboren 1964 in Berlin; Ausbildung als Fotograf; dokumentierte in den 1980er Jahren u.a. die Punkbewegung und die Hausbesetzungen in Ost-Berlin; nach 1989 Reisen nach Paris und Indien; lebt und arbeitet als Webdesigner und Fotograf in Tokio.

Peter Brune kam über die Kinder von Ekke Maaß, die an den Hausbesetzungen des »Tacheles« und des »Eimer« beteiligt waren, in die Schönfließer Straße, wo viele Fotos von ihm entstanden. Er begleitete Ekke Maaß auf Reisen nach Moskau, Georgien und Paris.

Bildende Künstler und ihre Werke im Salon

Micha Goll (Range)

Geboren 1951 in Mittenwalde; Töpferlehre in Ahrenshoop bei Friedemann Löber; lebt und arbeitet als Maler und Musiker in Barth und Mittenwalde.

Micha Goll, damals noch Micha Range, arbeitete eine zeitlang als Geselle in Naumburg. Über ihn lernte Ekke Maaß seine spätere Frau Wilfriede Maaß geb. Löber kennen. Micha war einer der ersten Künstlerfreunde von Ekke Maaß. Er war wie dieser Pfarrerssohn, brachte ihm die Surrealisten nahe und schenkte ihm sein Bild »Selbstportrait«.

Selbstportrait,
Öl auf Leinwand,
1973

Eberhard Göschel

Geboren 1943 in Bubenreuth; Studium der Malerei in Dresden; lebt in Dresden und Fürstenau.

Ekke Maaß und Eberhard Göschel lernten sich zu Beginn der 1980er Jahre bei Ausstellungseröffnungen und Kunstaktionen in Dresden kennen. Die Dresdner Künstlerszene mit dem Leonhardimuseum und der Obergrabenpresse galten Ekke Maaß als Beginn der unangepassten Kunst in der DDR. Die Dresdner mit ihrer Tradition bürgerlicher Kultur und der Opposition der Brücke-Expressionisten hatten als erste begriffen, dass man die DDR-Ideologie verlassen und an der Kunstentwicklung vor 1933 anknüpfen müsse. In den 1980er und 1990er Jahren war Ekke Maaß, oft mit georgischen Freunden, bei Göschels zu Gast, u.a. mit Giwi Margwelaschwili. Das Gingkoblatt aus Meißner Porzellan und die Grafik »Blume« sind Geburtstagsgeschenke. Dass Ekke Maaß bereit war, 2014 am Film »Anderson« von Annekatrin Hendel mitzuwirken, der diesem Stasispitzel noch einmal eine breite Öffentlichkeit gab, hat die Freundschaft belastet.

Ekke Maaß, Wolf Biermann, Eberhard und Sonja Göschel, 2005

Bildende Künstler und ihre Werke im Salon

Gingkoblatt, Meißner Porzellan, 2008

Blume, Grafik, 2001

Moritz Götze

Maler, Grafiker, Email- und Objektkünstler; geboren 1964 in Halle; Sohn von Wasja und Inge Götze; Lehre als Möbeltischler; Gitarrist und Sänger in der Band »Größenwahn«; Organisator von Punk-Festivals; Gastprofessur in Paris; mit Peter Gerlach 2006 Gründung des Hasenverlags; lebt in Halle.

Ekke Maaß und Moritz Götze lernten sich 1980 in Ahrenshoop kennen. Moritz Götze gestaltete für ihn Plakate und Flyer. 1990 entstand das Künstlerbuch »Und Vogel Schmerz aus der Schläfe ist leis verflogen, verflogen« mit von Ekke Maaß übersetzten Liedern von Bulat Okudshawa.

Als ich 1971 nach Berlin kam, war ich hungrig auf das intellektuelle Leben Berlins und stürzte mich auf alles, was mit Kunst und Literatur zu tun hatte. Am wichtigsten wurden für mich die Besuche bei Wolf Biermann, wo ich so Manches erfuhr, was mir in der Naumburger Provinz verschwiegen worden war. Biermanns Geburtstagspartys mit dem legendären Bananenfleisch und den vielen Künstlern und Autoren inspirierten mich, Ende der 70iger Jahre, nach der Ausbürgerung Biermanns, einen Literarischen Salon zu gründen, der zu einem wichtigen Kristallisationspunkt einer neuen Künstlergeneration in Ostberlin wurde, nicht zuletzt durch Mentoren wir Elke Erb, Heiner Müller und Christa Wolf.

Der Salon, unsere für DDR-Verhältnisse große Wohnung mit der Wohnküche, muss Moritz Götze ähnlich begeistert haben, wie mich zehn Jahre zuvor die Atmosphäre bei Wolf Biermann. Hier fanden regelmäßig Dichterlesungen statt, hier verkehrten Autoren und Künstler aus Dresden, Erfurt, Halle. In der Keramikwerkstatt von Wilfriede Maaß nebenan entstanden Künstlerkeramik und die ersten Künstlerbücher von Sascha Anderson und Bert Papenfuß. Hier saß Ralf Kerbach und skizzierte Aquarelle und Kohlezeichnungen in große Rechnungsbücher, Conny Schleime bemalte Keramik, hier wurde mit den Redakteuren des Rotbuchverlages Sascha Andersons erstes Buch »Jeder Satellit hat einen Killersatelliten« entworfen. Der Killersatellit, wie sich später herausstellte, war er selbst.

Das offene Haus erinnerte Moritz an die Keramikerfamilie Klünder in Ahrenshoop, wo Götzes viele Jahre lang ihre Sommerferien verbrachten. Dort hatte ich im Sommer 1980 auch Moritz kennen gelernt. Da war er gerade sechzehn Jahre alt und schippte Kohlen. Ich half ihm dabei, daraus ergab sich ein stundenlanges Gespräch. Im Dezember besuchte ich in Halle seine Eltern, die Textilkünstlerin Inge Götze und den berühmten

Bildende Künstler und ihre Werke im Salon

Der Schrank, 1981   Künstlerbuch mit Ekke Maaß, 1991

Vater Wasja Götze, Künstler, Bänkelsänger, Anarchist und Staatsfeind Nr. 1 für die Bezirksleitung der SED und die Stasi. Ich wohnte nun immer bei Götzes, wenn ich mit meinen Bulat-Okudshawa Songs einen Auftritt in Halle hatte. Moritz traf ich dort selten an, weil er in dieser Zeit eine Tischlerlehre in Naumburg und Bad Kösen machte.

Nebenher tauchte er immer wieder bei uns auf, nicht zuletzt, weil er mit Mita Schamal befreundet war, die damals bei uns wohnte. In besonderer Erinnerung ist mir ein Veranstaltungstag in der Galiläa-Kirche am 25. Juli 1981 mit Lesungen unserer Dichterfreunde und einem verrückten Konzert der Band »Zwitschermaschine«. Die Musiker waren Ralf Kerbach, Conny Schleime, Micha Rom, Wolfgang Grossmann, Matthias Zeidler und Sascha Anderson. Dazu tanzten die ersten Punks, der Beginn des spastischen Zeitalters. Das Konzert wurde zur Initialzündung für Moritz Götzes eigene Musik.

Ich erinnere mich auch an die erste DDR-Fahrraddemo für Umweltschutz am 4. Juli 1982, an der Moritz und ich teilnahmen. Moritz hatte in unserer Wohnung eine Gasmaske gefunden, mit der er gegen die Industrieverschmutzung demonstrierte. Er ist auf vielen Fotos der Stasi zu sehen, allerdings hat diese nicht herausfinden können, wer unter der Gasmaske steckte...

Moritz gefielen meine Okudshawa-Lieder, die ich aus dem Russischen übersetzt hatte, und lud mich mit meinem Programm zu seinen Ausstellungseröffnungen ein, z. B. 1984 in der Marktkirche Halle und 1985 in Stendal.

Als er begann, mit Siebdruck-Technik zu arbeiten, schuf er für mich das Plakat mit dem Pappsoldaten von Okudshawa, dazu einen Reklame-Flyer, noch mit der Adresse

der Künstleragentur der DDR, die für mich nicht ein einziges Konzert organisierte. Der Flyer ist so perfekt gestaltet und gedruckt, dass ich ihn noch heute verwenden kann.

Angeregt von den vielen Künstlerbüchern, die in der Schönfließer Straße unter der Regie von Sascha Anderson entstanden waren, gestaltete Moritz 1989/90 ein Künstlerbuch mit meinen Nachdichtungen von Okudschawa-Liedern, das wir für 20 Mark verkauften, nicht ahnend, dass es kurze Zeit später eine gefragte Rarität sein würde. Das Buch zeigt bereits einen eigenständigen und selbstsicheren Künstler, der die Stimmungen in Okudshawas Liedern, Trauer, Angst, Ironie in wunderbarer Weise traf.

(Ekke Maaß: Moritz Götze und der Literarische Salon in Ostberlin, in: Katalog zum 50sten Geburtstag, 2014)

Bildende Künstler und ihre Werke im Salon

Das unvergess-
liche Erlebnis,
1996

Eva-Maria Hagen

Geboren 1934 in Költschen, heute Kolcin (Polen); Schauspielerin, Sängerin, Malerin und Autorin.

Ekke Maaß lernte Eva-Maria Hagen über Wolf Biermann kennen; besonders Anfang der 1990er Jahre besuchte sie oft die Schönfließer Straße zu Liederfesten mit ukrainischen, litauischen und russischen Musikern. Ekke Maaß half ihr bei Bauarbeiten an ihrem Bauernhof in Karolinenhof beim Kuhzer See. Die Bilder sind Geschenke.

Valeska

Der Kuß des Jahres für Dich, 1989

Ohne Titel

Bildende Künstler und ihre Werke im Salon

Volker Henze

Geboren 1950 in Halle; studierte Malerei an der Burg Giebichenstein in Halle und der Hochschule für Bildende Kunst in Dresden.

Volker Henze gehörte zur Ost-Berliner Künstlerszene und organisierte in seinem Atelier in der Sredzkistraße Ausstellungen und Events.

Neujahrskarte, 1982

Martin Hoffmann

Geboren 1948 in Halle; Mathematikstudium an der Martin-Luther-Universität Halle-Wittenberg und der Humboldt-Universität Berlin; Abendstudium an der Kunsthochschule Weißensee; Mitbegründer des Pankower Friedenskreises; lebt und arbeitet in Berlin und Hamburg als Grafiker, Buchgestalter und Ausstellungsdesigner.

Martin Hoffmann besuchte viele Lesungen und schuf die Einladungsgrafik für die Lesung von Stefan Döring.

Martin Hoffmann, Christine Schlegel und Roland Manzke

Bildende Künstler und ihre Werke im Salon

Uta Hünniger

Geboren 1954 in Weimar; Studium an der Kunsthochschule Berlin Weißensee; 1988 Ausreise nach Berlin/West; seit 1996 in Erfurt.

Uta Hünniger war u.a. mit Detlef Opitz befreundet, für dessen Lesungen sie die Einladungsgrafiken schuf. Vor allem im Jahr 1987 war sie häufig in der Schönfließer Straße zu Gast. Sie nahm mit fünf georgischen Künstlern, Gerd Sonntag und Trak Wendisch an der Malwand-Aktion im Hof der Schönfließer Straße teil. Das Bild »Viola Blume« schenkte sie Ekke Maaß kurz vor ihrer Ausreise auf einem Fest bei ihr im März 1988.

Viola Blume, 1987

Ralf Kerbach

Geboren 1956 in Dresden; Studium an der Hochschule für Bildende Künste Dresden, Exmatrikulierung; 1982 Ausreise nach Westberlin; seit 1992 Professor für Malerei und Grafik in Dresden.

Ralf Kerbach und Cornelia Schleime kamen als Freunde von Sascha Anderson zu den Lesungen in der Schönfließer Straße und zu wichtigen Events in Berlin und waren sehr oft bei Wilfriede und Ekke Maaß zu Gast. Das Bild »Frau mit Hund« sah Ekke Maaß auf der Ausstellung zum 100. Geburtstag Picassos im Atelier von Hans Scheib und konnte es zu einem Freundschaftspreis erwerben, wie auch wenig später das Bild »Der Mörder ist immer der …«.

Am 30. Juli 1982 gab es mit Sascha wieder mal eine Prügelei, weil ich ihn nicht allein in unserer Wohnung lassen wollte. Ich hatte kein Vertrauen mehr zu ihm. Nach meiner Abreise hängte er die beiden Bilder von Kerbach ab und legte mir 800 Mark auf den Tisch, die ich Ralf Kerbach dafür bezahlt hatte. Aber der machte die Schweinerei nicht mit und gab sie mir zurück.

(Aus: brennzeiten)

Bildende Künstler und ihre Werke im Salon

Der Mörder ist immer der ..., 1981

Frau mit Hund, 1980

Halbmond über Dresden,
Künstlerbuch (mit Sascha
Anderson), 1980

Bildende Künstler und ihre Werke im Salon

PoeSie-AllBum (Künstlerbuch), 1982, Aquarell von Ralf Kerbach und Gedicht »Unterdessen Zweifelsohne Mitnichten« von Sascha Anderson

Birkenhain, 2001

Bettina Kubanek

Geboren 1967 in Berlin; Studium Visuelle Kommunikation in Schwäbisch-Gmünd und Berlin; lebt und arbeitet als Grafik-Designerin in Berlin.

Ekke Maaß und Bettina Kubanek lernten sich 2002 über ein Buchprojekt für Giwi Margwelaschwili kennen: ein Glücksfall, denn Bettina Kubanek unterstützt seither seine Arbeit und die der Deutsch-Kaukasischen Gesellschaft. Sie gestaltete den Gedichtband »Schatten eines Blitzes« von Apti Bisultanov sowie die Ausstellung »Tschetschenien – Krieg und Geschichte«, die in dreizehn Städten Europas gezeigt wurde und deren Katalog in mehr als 2000 Exemplaren verbreitet wurde. Dazu kamen Postkarten, Plakate, die Flyer für die Gesellschaft und für den Literarischen Salon und deren Websites, außerdem eine Website für Giwi Margwelaschwili.

Apti Bisultanov. Schatten eines Blitzes, Klagenfurt 2004

Lang mögest Du leben, Giwi! (Text: E. Maaß), Berlin 2002

Demonstrations-aufruf, 2000

Tschetschenien – Krieg und Ge-schichte (Text: E. Maaß), Berlin 2003

Tschetschenisches Kulturzentrum Berlin (Flyer)

Bildende Künstler und ihre Werke im Salon

Achim Kühn

Geboren 1942 in Berlin; Lehre als Metallgestalter; Meisterprüfung; Architekturstudium in Weimar; Zusatzausbildung als Metall-restaurator; lebt und arbeitet in der Kunstschmiede in Grünau.

Achim Kühn gehört zu den ältesten Berliner Freunden von Ekke Maaß. Die Schmiedearbeit »Mauertheater« ist ein Geschenk; die Arbeit »Das Buch im Buch« eine Dauerleihgabe, die sich Ekke Maaß für den Salon wünschte, weil sie wie eine Illustration ist zu dem philosophisch-schriftstellerischen Werk von Giwi Margwelaschwili.

Mauertheater, 1991

Das Buch im Buch, 2014

Frida Löber (1910–1989)

Frida Löber, geb. Lüttich, wurde in Höhnstedt bei Eisleben geboren. Sie studierte Malerei und Grafik an der Burg Giebichenstein in Halle und lebte danach in Ahrenshoop. Ekke Maaß war viele Jahre ihr Schwiegersohn, dem sie ihre Arbeiten schenkte.

Hühner, ca. 1928

Papagei, 1929

Bildende Künstler und ihre Werke im Salon

Hyazinthe, ca. 1928

Wilfriede als Kind,
1953

Wilfriede Maaß

Geboren 1951 in Kalten-Nordheim; Lehre als Keramikerin, Meisterprüfung; gründete mit Ekke Maaß, ihrem damaligen Mann, den Salon und die danebenliegende Keramikwerkstatt; in Zusammenarbeit mit Malern und Bildhauern entstand ihre Künstlerkeramik; 1990 bis 1998 Leiterin der mit Sabine Herrmann, Klaus Killisch und Petra Schramm gegründeten Produzentengalerie Wilfriede Maaß; 1998 Umzug nach Schlemmin; ihr ist das 2014 im Lukas Verlag erschienene Buch »brennzeiten« gewidmet.

Auch wenn die Organisation der Lesungen bei Ekke Maaß lag, war Wilfriede Maaß natürlich immer dabei, auch bei den vielen Künstlerbegegnungen und Festen. Ungeachtet der Trennung blieb die freundschaftliche Verbindung erhalten. Nach der Ausreise von Sascha Anderson 1986 gab es sowohl in der Künstlerwohnung von Ekke Maaß als auch in der Keramikwerkstatt und Galerie von Wilfriede Maaß weiterhin Veranstaltungen.

Keramik von
Wilfriede Maaß:

Tassen und
Untertassen mit
Gingkoblattmuster

Tasse und
Untertasse mit
Bemalung von
Christine Schlegel

Tasse mit Bemalung
von Cornelia
Schleime

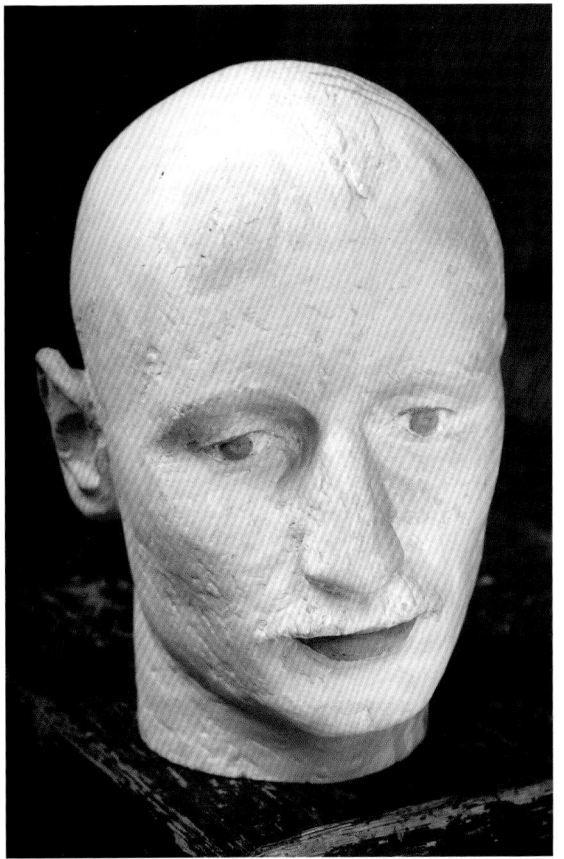

Kopf Ekke Maaß, 1987

Selbstbildnis im Atelier, 1986

Dörte Michaelis

Geboren 1957 in Greifswald; Kunststudium an der Burg Giebichenstein in Halle; lebt und arbeitet als Keramikerin und Baukeramikerin in Vogelsang bei Wismar.

Dörte Michaelis besuchte schon als Kunststudentin die Schönfließer Straße, wo sie u.a. Cornelia Schleime und Ralf Kerbach kennenlernte. 1981 gestaltete sie die Einladungs-grafik für die erste Lesung von Detlef Opitz im April und, weil sie zufällig zu Besuch war, für die Lesung von Dieter Schulze im November. Sie hatte ihre Schnitzmesser dabei und schnitzte die Ankündigung der Lesung in ein Frühstücksbrett, das dann mit einer Weinflasche in Farbe auf dünnem Papier abgerollt wurde. 1983 nahm sie mit Cornelia Schleime an einem Pleinair im Eichsfeld teil. 1987 entstand der Kopf von Ekke Maaß.

Ekke Maaß, Bert Papenfuß, Ernst Jandl und Eberhard Häfner in der Wohnung von Helga Paris, 1982

Helga Paris, Sarah Kirsch und Elke Erb, 1992

Bildende Künstler und ihre Werke im Salon

Helga Paris

Geboren am 21. Mai 1938 in Gollnow, Pommern; Studium Modegestaltung, Dozentin für Modegestaltung, freischaffende Fotografin; erhielt 2004 den Hannah-Höch-Preis; lebt und arbeitet in Berlin.

In der DDR erweckte das Fotografieren bei privaten Feiern, Wohnungslesungen oder illegalen Kunstaktionen immer den Verdacht der Zusammenarbeit mit dem Staatssicherheitsdienst. Helga Paris indes war absolut integer und blieb frei von jeder Art von Verdächtigung. Ekke Maaß wurde mit ihr über Elke Erb und das gemeinsame Interesse an Georgien bekannt. Helga Paris dokumentierte viele Lesungen in der Schönfließer Straße und schuf großartige Fotos. 1990 reisten sie und Ekke Maaß in die Schweiz, nach Südfrankreich und Nordspanien. 1993 besuchten sie gemeinsam russische Autoren in Moskau.

Charlotte E. Pauly (1886–1981)

Geboren in Stampen, Schlesien (heute Stępin, Polen); studierte Kunstgeschichte, klassische Archäologie, Literaturgeschichte und Philosophie in Heidelberg, Berlin und Freiburg; Promotion; anschließend Kunststudium in Stuttgart; ausgedehnte Reisen nach Spanien, Portugal, Griechenland und in den Orient; 1946 Übersiedlung in die Sowjetische Besatzungszone; lebte bis zu ihrem Tod als Schriftstellerin und Künstlerin in Friedrichshagen.

Ekke Maaß lernte Charlotte E. Pauly über Wolf Biermann kennen, der sich 1968 ein paar Tage bei ihr versteckt hatte. Nach dessen Ausbürgerung kam es zu gegenseitigen Besuchen.

Wechsel des Lebens

Nomadenfrau

„Unsere Pauly – 90 Jahre" (Report, 90x90cm)   Jürgen Nagel

Unsere Pauly – 90 Jahre,
Foto-Tableau von
Jürgen Nagel

Landweg in Schlesien, Dorfabend, Arbeiterhaus, Alter Barockgarten

Ekke Maaß, A. R. Penck, Elke Erb und Rainer Schedlinski, 1991

A. R. Penck (Ralf Winkler)

Geboren 1939 in Dresden; Mitglied der Künstlergruppe »Erste Phalanx Nedserd«, deren Mitgliedern ein Studium und die Mitgliedschaft im Verband Bildender Künstler der DDR verwehrt blieb. Arbeit als Zeichner, Heizer, Nachtwächter, Briefträger und Kleindarsteller. Pseudonyme A. R. Penck, Mike Hammer und T.M.; Mitglied der Künstlergruppe Lücke. Wurde 1980 zur Ausreise gezwungen und weltbekannt; lebt und arbeitet in Dublin.

Ekke Maaß lernte Penck bei einer Veranstaltung im BAT am 30. Mai 1980 kennen und kaufte von ihm den limitierten Siebdruck »Pleitegeier«. 1990 unterstützte Penck den litauischen Maler Algis Skačkauskas mit dem symbolischen Kauf eines seiner Bilder. Die Schönfließer Straße besuchte Penck am 30.11.1991, auf der Sascha Anderson, wenige Wochen vor seiner Enttarnung, noch einmal alle seine Freunde belog, er habe nie mit der Stasi zu tun gehabt. Das Bild »sendero limonosos« schenkte A. R. Penck Ekke Maaß 1994 bei einem Atelierbesuch zusammen mit Giwi Margwelaschwili.

Mitte Mai 1980 kam von Sascha eine Postkarte mit der Anfrage, ob er bei uns um »Asyl« bitten könne. Anlass seines Besuches war eine Aktion im BAT (das ursprünglich von Wolf Biermann gegründete Berliner Arbeiter Theater) am 30. Mai 1980. Zu seinen Gedichten spielten der Maler A. R. Penck, Michael Freudenberg und Helge Leiberg Free

Jazz. Penck stellte immer wieder einen Schachkönig auf die Trommel, ein Wirbel, und er stürzte um. Rhythmisch dazu passend, mal leise, mal laut, fiepte dazu das Publikum auf Trillerpfeifen, die Michael Freudenberg beim Einlass verteilt hatte. Es entstand eine so verrückte Atmosphäre, dass der Direktor des Theaters aufsprang und brüllte, Schluss machen!!!, was er besser hätte unterlassen sollen, denn das Publikum pfiff ihn nieder, es war eine Meuterei, ein gelungener Aufstand der Kunst gegen die Administration. Pencks Siebdruck »Pleitegeier«, der bei der Aktion verkauft wurde, hängt seitdem in der Schönfließer Straße.

(Aus: brennzeiten)

Bildende Künstler und ihre Werke im Salon

Pleitegeier, Sieb-
druck zu Sascha
Andersons Lesung
von Bla-Texten im
bat -Studiotheater

Gegenüberliegende
Seite:
Sendero Luminoso
(Leuchtender Pfad),
mit Widmung, 1994

Künstlerfreunde aus der DDR

Nuria Quevedo

Geboren 1938 in Barcelona; 1952 Auswanderung mit ihren Eltern nach Berlin; Studium an der Arbeiter- und Bauernfakultät Berlin und der Kunsthochschule Weißensee; lebt und arbeitet in Berlin und Katalonien/Spanien.

Ekke Maaß kannte Nuria Quevedo von Wolf Biermanns Spanienplatte. Im Mai 1981 durfte er sich für ein Konzert eine Grafik bei ihr aussuchen.

O diese Einsamkeit.
Zu Cesar Vallejo,
Siebdruck, 1981

Bildende Künstler und ihre Werke im Salon

Lothar Reher

Geboren 1932 in Marienburg/Westpreußen; Meisterprüfung als Schriftsetzer; langjähriger Künstlerischer Leiter beim Verlag Volk & Welt; lebt und arbeitet als Buchgestalter, Grafiker und Fotograf in Berlin.

Ekke Maaß und Lothar Reher lernten sich über Wolf Biermann kennen. Lothar Reher unterstützte besonders in den 1990er Jahren Ekke Maaß' Arbeit mit Fotos und der Gestaltung von Plakaten.

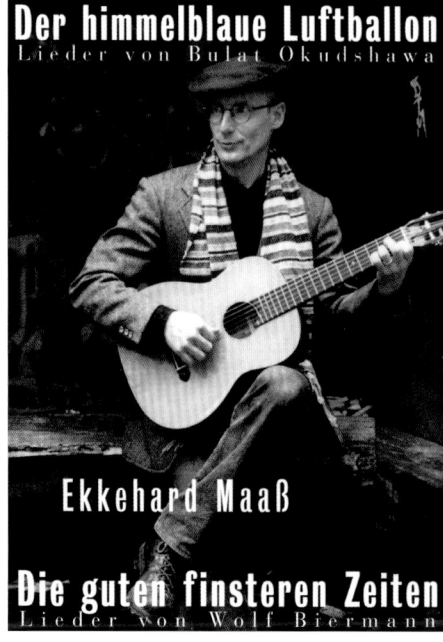

Weinstock &
Nachtigall,
Plakat, 1998

Der himmelblaue
Luftballon /
Die guten finsteren
Zeiten,
Plakat, 1998

Tschetschenisches
Kindertanz-
ensemble Daimok
aus Grozny, Plakat,
2002

Vergangenheit II, 1988

Christa Sammler

Geboren 1932 in Breslau; Kunststudium in Dresden; Bildhauerin; Vorstandsmitglied der Gesellschaft Historisches Berlin; setzte sich maßgeblich für die Rettung historischer Bau- und Bildwerke in Berlin und Potsdam ein, u.a. für den Standort des Denkmals »Freiherr vom Stein« vor dem Berliner Abgeordnetenhaus.

Ekke Maaß stand schon Anfang der 1970er Jahre für Christa Sammler Modell. Christa Sammler unterschrieb als eine der ersten Künstlerinnen die Petition gegen die Ausbürgerung Wolf Biermanns. Sie wohnte ebenfalls in der Schönfließer Straße, wo sie nicht selten georgischen Gäste von Ekke Maaß beherbergte. Der half ihr gelegentlich bei schweren Arbeiten im Atelier, z.B. beim Transport von Gips- und Tonsäcken.

Bildende Künstler und ihre Werke im Salon

Hans Scheib

Geboren 1949 in Potsdam; Lehre als Schriftsetzer; Studium an der Hochschule für Bildende Künste in Dresden; 1985 Übersiedlung nach Westberlin; lebt und arbeitet in Berlin.

Ekke Maaß lernte Hans und Ursel Scheib auf Ausstellungseröffnungen kennen. Hans Scheib schuf die Einladungsgrafik für die Lesung von Katja Lange und kam zu Lesungen und Festen in die Schönfließer Straße. In Scheibs Atelier in der Raumerstraße gab es am 24. Oktober 1981 die legendäre Ausstellung zum 100. Geburtstag Picassos. Im Juli 1983 brachte Ekke Maaß Hans Scheib eine LKW-Ladung Holz von umgestürzten Bäumen aus der Schönholzer Heide. Hans Scheib versprach ihm dafür eine Plastik, die er Ekke Maaß kurz vor seiner Ausreise im Dezember 1984 verkaufte.

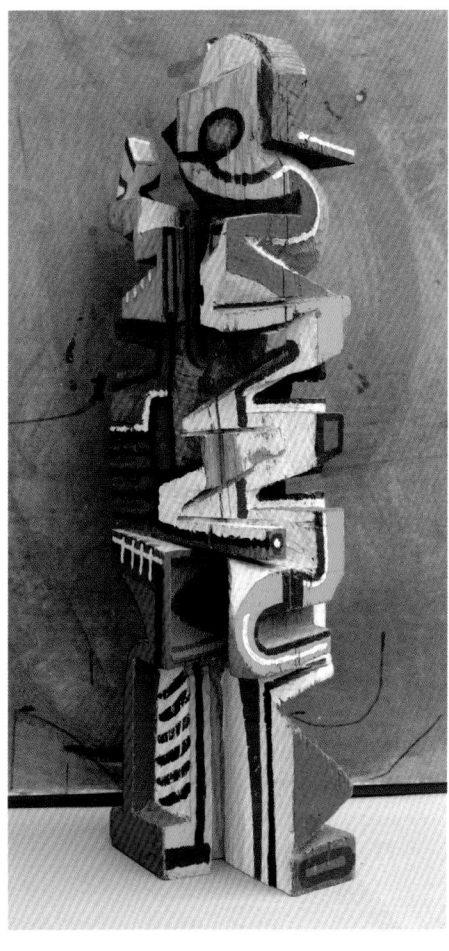
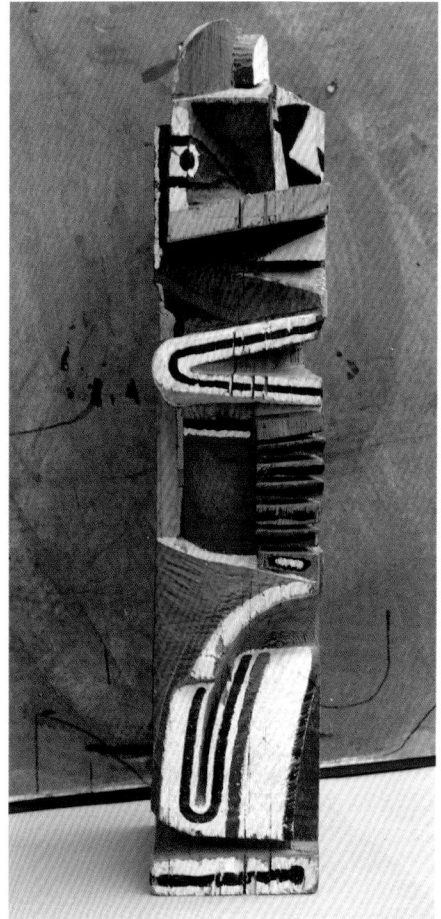

Abstrakte Figur,
1984

Christine Schlegel

Geboren 1950 in Crossen; Lehre als Dekorateurin, Plakat- und Schriftmalerin; Studium der Malerei und Grafik an der Hochschule für Bildende Künste Dresden; 1986 Ausreise nach Holland und Westberlin; lebt und arbeitet in Dresden.

Christine Schlegel kam das erste Mal in die Schönfließer Straße mit dem Dichter Micha Rom zur sogenannten »Panorama-Lesung« im September 1981. Besonders in den Jahren vor ihrer Ausreise bemalte sie Künstlerkeramik in der Keramikwerkstatt von Wilfriede Maaß. 1985 erwarb Ekke Maaß von ihr das Bild »Mann mit gestreifter Mütze«. 1993 kam das Bild »Bewacht oder Beschützt« dazu. Kurioserweise existiert ein Foto, das Ekke Maaß auf einem Feld liegend mit Dalmatinern zeigt! Christine Schlegel ist bis heute eng mit Ekke Maaß und Wilfriede Maaß befreundet.

Mann mit gestreifter Mütze, 1985

Bildende Künstler und ihre Werke im Salon

Bewacht oder beschützt, 1985

Künstlerfreunde aus der DDR

Cornelia Schleime

Geboren 1953 in Berlin; Friseurlehre, Ausbildung als Maskenbildnerin, Pferdepflegerin; Studium an der Hochschule für Bildende Künste Dresden; 1984 Ausreise nach Westberlin; lebt und arbeitet in Berlin und Kerzlin/Ostprignitz.

Mit Sascha Anderson kamen 1980 Cornelia Schleime und Ralf Kerbach immer häufiger in die Schönfließer Straße und besuchten viele Lesungen und Feste und dekorierten Künstlerkeramik. Vor ihrer Ausreise verkaufte Cornelia Schleime drei ihrer Bilder zu Freundschaftspreisen an Ekke Maaß. Es sind nahezu die einzigen Bilder, die von ihrem Frühwerk erhalten blieben.

Zeichen, 1979

Bildende Künstler und ihre Werke im Salon

Landschaft mit
Zeichen, 1978

Brennende Antike,
ca. 1978

Poesialbum Dolarosa überhaupt, Malerei: Cornelia Schleime, Texte: Anderson/Döring/Papenfuß, 1984

Grafiken, 1980 und 1981

Bildende Künstler und ihre Werke im Salon

Gerd Sonntag

Geboren 1954 in Weimar; Kunststudium in Leipzig; 1991–96 Leiter und Gesellschafter der Berliner Galerie IMKABINETT; intensive Beschäftigung mit dem Werkstoff Glas; lebt und arbeitet in Berlin.

Ekke Maaß und Gerd Sonntag begegneten sich zu Beginn der 1980er Jahre auf Ausstellungen und in der Schönfließer Straße. Ekke Maaß besuchte gelegentlich Gerd Sonntag in seinem Atelier in der Fehrbelliner Straße, in dem Haus, in dem auch Bärbel Bohley wohnte, und kaufte 1987 zu einem Freundschaftspreis das Bild »Mann mit Hund«. Weil die linke Hand, wie bei vielen Figuren von Gerd Sonntag, zu kurz gemalt war, bat Ekke Maaß darum, den Arm zu verlängern, was Gerd Sonntag bereitwillig tat. Im Sommer 1987 beteiligte sich Gerd Sonntag an der Aktion Malwand in der Schönfließer Straße, sein Bild blieb leider nicht erhalten.

Gerd Sonntag und A. R. Penck in Gerd Sonntags Ausstellung in London, 1988

Haben Schmiere gestanden, Text: Eberhard Häfner, 1981

Mann mit Hund, 1987

Bildende Künstler und ihre Werke im Salon

Malwand, 1987

Jürgen Böttcher / Strawalde

Geboren 1931 in Frankenberg/Sachsen; Studium der Malerei in Dresden; unterrichtete an der Volkshochschule Dresden u.a. Peter Graf, Peter Herrmann, Peter Makolis und A. R. Penck der Künstlergruppe »Erste Phalanx Nedserd«; Regiestudium in Potsdam Babelsberg – einige seiner Filme wie »Rangierer« und seine Filme über Postkartenübermalungen »Schlummernde Venus«, »Frau am Claviakord« und »Der Stier« hatten in der DDR Kultstatus. 1994 erhielt er den französischen Orden »Officier de l'Ordre des Arts et des Lettres«.

Ekke Maaß und Jürgen Böttcher (Strawalde) lernten sich Mitte der 1980er Jahre auf Ausstellungen und Filmvorführungen kennen. Das Ölbild von 1960 ist eine Leihgabe für den Salon in der Schönfließer Straße, die Grafiken sind Geburtstagsgeschenke.

Strawalde, ohne Titel, Öl, 1960; links: Rückseite des Bildes

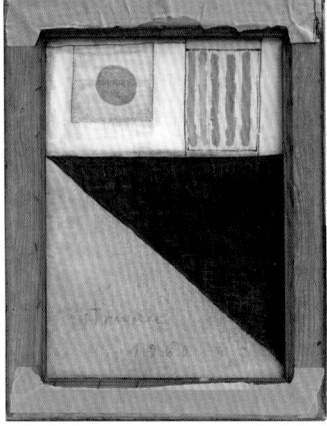

Bildende Künstler und ihre Werke im Salon

Piano Terra, 1998

Hotel Tiferno, 1998

Ohne Titel, 2001

Berliner Brücke, 1980

Trak Wendisch

Geboren 1958 in Berlin; Studium der Malerei an der Hochschule für Grafik und Buchkunst in Leipzig; lebt und arbeitet in Berlin-Pankow.

Seit Beginn der 1980er Jahre besuchte Ekke Maaß die Ausstellungen von Trak Wendisch.
1987 sah er im Studio bildende Kunst das Bild »Schwarzer Hund über weißer Frau auf lila
Grund«, das danach für viele Jahre in der Schönfließer Straße hing. Mit den Bildern von
Ralf Kerbach »Frau mit Hund«, von Gerd Sonntag »Mann mit Hund« und von Christine
Schlegel »Bewacht oder beschützt« bildet es eher zufällig eine thematische Konstante in
der Sammlung von Ekke Maaß.
Im Sommer 1987 beteiligte sich Trak Wendisch an der Aktion Malwand im Hof der
Schönfließer Straße.

Schwarzer Hund über weißer Frau auf lila Grund, 1987

Reinhard Zabka

Geboren 1950 in Erfurt; lebt und arbeitet in Radebeul bei Dresden; Objekt- und Installationskünstler; Erfinder, Gründer und Leiter des Lügenmuseums.

Reinhard Zabka gehörte im Prenzlauer Berg schon früh zum Freundeskreis von Ekke Maaß, der ihn mit seinen Künstlerfreunden aus Osteuropa gern in seinem Atelier am Kollwitzplatz besuchte.

Ausstellungsplakat, 1978

Ohne Titel, 1980

Ruhet in Frieden, 1982

Gerald Zörner (Gezett)

Geboren 1954 in Halle; Ausbildungen zum Konditor, Anlagentechniker und Prüffeld-
ingenieur; Inhaber eines umfangreichen Archivs mit Portraits zeitgenössischer Autoren;
lebt und arbeitet in Berlin als freier Fotograf und Inhaber eines Fotostudios.

Jens Reich,
Alexander Askoldow
und Swetlana
Askoldowa, 1996

Bildende Künstler und ihre Werke im Salon

Jura von Schlippe
und Elke Erb, 1993

Alexander Askoldow,
Anatolij Pristawkin
und Sergej Kowaljow,
1996

II Künstlerfreunde aus Osteuropa

Schuchkhrat Babadshan (Usbekistan)

Geboren 1963 in Urgentsch (Usbekistan); Kunststudium in Taschkent; Lehrer, Galerieleiter, Journalist, Betreiber eines privaten Fernsehkanals; 2001 Flucht mit Hilfe der amerikanischen und deutschen Botschaft aus Usbekistan und Anerkennung als politischer Flüchtling in Deutschland; arbeitet bei radio liberti in Prag, lebt in Prag und Berlin.

Ekke Maaß lernte Schuchkhrat Babadshan 1988 auf einer Reise mit Wilfriede Maaß nach Mittelasien und Georgien kennen. Noch im selben Jahr lud er ihn nach Berlin ein. 2001 unterstützte ihn Ekke Maaß in seinem Asylverfahren. Die im Salon ausgestellten Bilder entstanden in Berlin.

Berlin ausgeflippt, 1988

Bildende Künstler und ihre Werke im Salon

Susanne Frost und
Schuchkhrat Baba-
dshan

Selbstportrait, 1988

Kapu (Tor) in
Usbekistan,
ca. 1990

Portrait Ekke Maaß,
1988

Palette, 2007

Vaharsolt Balatkhanov (Tschetschenien)

Geboren 1963 im Dorf Pokrovskoe, Dagestan; Studium am Repin-Institut in Leningrad; zahlreiche Ausstellungen; lebt und arbeitet seit 2000 in Helsinki, Finnland.

Ekke Maaß unterstützte sein Ausstellungsprojekt in Potsdam/Berlin.

Bildende Künstler und ihre Werke im Salon

Swanetien, für Ekke
zum Geburtstag,
1984

Yuri Chikvaidze (Georgien, 1934–2012)

Geboren in Tbilissi; Studium an der Staatlichen Kunstakademie in Tbilissi; Arbeit u.a.
als Theaterkünstler am Rustaweli Theater; in den 1990er Jahren Übersiedlung in die USA.

Yuri Chikvaidze gehörte in Tbilissi zum Freundeskreis von Ekke Maaß, der ihn 1984
nach Berlin einlud. Heimlich zeichnete er als Geburtstagsgeschenk das Bild »Swanetien«

Alla Dudaeva (Russland)

Geboren 1947 in Russland; Malerin; Witwe des ersten Präsidenten der Tschetschenischen Republik Itschkeria; lebte nach den Tschetschenienkriegen zuerst in Vilnius, dann in Tbilissi im Exil.

Anlässlich des zehnjährigen Jubiläum der Deutsch-Kaukasischen Gesellschaft 2006 konnte eine Ausstellung von Alla Dudaeva gezeigt werden. Das Bild, für den Salon gemalt, ist ein Geschenk.

Ohne Titel, 2006

Ohne Titel, 1987

Mamuka Dzhaparidze (Georgien)

Geboren 1962 in Tbilissi; Studium an der Staatlichen Kunstakademie Tbilissi; Mitbegründer der Künstlergruppe »10th Floor Group«; zählte bis Mitte der 1980er Jahre zu den sogenannten »Wilden«; auf die erste Auslandsreise 1987 zu Ekke Maaß nach Berlin (Ost) und der Ausstellung in der Galerie Eigen+Art in Leipzig folgten Ausstellungen in Köln, Budapest, St. Petersburg, Paris, Wien und Baku.

Beteiligung an der Aktion Malwand 1987 in der Schönfließer Straße 21.

Portrait eines Mannes

Temo Dzhaparidze (1937–2012)

Geboren in Tbilissi, Georgien; Studierte Englische Sprache
und Literatur an der Staatlichen Universität in Tbilissi;
Ausstellungen und Ausstellungsbeteiligungen in Tbilissi,
Moskau, Paris.

Ekke Maaß lernte den georgischen Avantgardemaler Temo
Dzhaparidze über Giwi Margwelaschwili und Naira Gelaschwili kennen, bei denen Temos Bilder hingen. Bei all seinen
Reisen nach Georgien besuchte Ekke Maaß Temo Dzhaparidze
in seinem Atelier in der Dadiani-Straße und führte mit ihm
lange Gespräche über den spanischen Begriff »Duende«.

Straßenszene, 1990

Bildende Künstler und ihre Werke im Salon

Manana Gabaschwili (Georgien)

Geboren 1945 in Tbilissi; autodidaktisches Studium der Malerei; Studium der Orientalistik; Arbeit am Internationalen Sprachinstitut; nach 1992 in der Politik.

Manana Gabaschwili gehört zum engen Freundeskreis von Ekke Maaß in Georgien.

Dämmerung, 1983

Rezo Gabriadze (Georgien)

Geboren 1936 in Kutaissi; Theater- und Filmregisseur, Drehbuchautor, Künstler und Leiter des von ihm gegründeten Marionettentheaters. Unvergesslich sind seine Inszenierungen »Alfredo und Violetta«, »Stalingrad«, »Marshal de Fantie's Diamond« und »Ramona«. Die populärsten nach seinen Drehbüchern gedrehten Filme sind »Das Gastmahl der Rose«, »Komische Käuze«, »Mimino« und »Passport«.

Im August 1984 betreute und dolmetschte Ekke Maaß das georgische Marionettentheater auf dem Internationalen Puppenspielfestival in Dresden, mit Gastaufführungen an der Berliner Volksbühne. Rezo Gabriadzes »Alfredo und Violetta« nach »Die Kameliendame« übertraf alles, was auf dem Festival dargeboten wurde. Rezos Frau »Groschka« mit Sohn Levan und ihre Freundin Dalil Sachokia mit Sohn Irakli blieben bei Ekke Maaß noch zwei Wochen zu Gast – Grundlage für eine bis heute anhaltende Freundschaft. Bei einem der jährlichen Besuche von Ekke Maaß in Tbilissi schenkte ihm Rezo Gabriadze die Marionette.

Ohne Titel, 1990

Marionette Ekke

Bildende Künstler und ihre Werke im Salon

Schamil Gimajew (Tatarstan)

Geboren 1954 in Kasan, Tatarstan; Kunststudium am Repin-Institut der Kunstakademie Leningrad; 1983 Übersiedlung
nach Berlin; 1990 entstand sein Bild
»Worlds People – wir sind ein Volk« an
der East Side Galery in Berlin; Schamil
Gimajew lebt und arbeitet in Rheinsberg.

Schamil Gimajew und Bulat Okudschawa

Stillleben mit Dörrfisch, Eiern und Bier, 1984

Karabek (Kirgisien)

Karabek: Kirgisin

Yuri Mechitov (Georgien)

Geboren 1950 in Tbilissi; Studium am Polytechnischen Institut in Tbilissi; intensive Beschäftigung mit der Fotografie; erste Ausstellung 1979; bis 1990 Zusammenarbeit mit dem Filmregisseur Sergej Paradschanow.

Ekke Maaß lernte Anfang der 1980er Jahre Yuri Mechitov bei Paradschanow kennen. 2015 organisierte er ihm eine Ausstellung in Berlin.

Bildende Künstler und ihre Werke im Salon

Selbstbildnis Yuri Mechitov vor einem seiner Fotos mit Sergej Paradschanow

Stillleben, 2014

Tengis Mirsaishvili (Tschuptschik): Schatili, 1992

Tengis Mirsaishvili – Tschuptschik (Georgien, 1934–2008)

Geboren in Mestia, Georgien; Studium und Lehrtätigkeit an der Staatlichen Kunst-akademie Tbilissi; zahlreiche Ausstellungen

Tschuptschik gehörte zum Freundeskreis von Ekke Maaß in Georgien; 1996 begleitete er Ekke Maaß und Wolf Biermann zur Höhlenstadt Upliszikhe.

Aph Ostov (Jakutien)

Djumon Pak (Usbekistan)

Bildende Künstler und ihre Werke im Salon

Aph Ostov: Ostsibirische Landschaft, 1985

Djumon Pak: Portrait Ekke Maaß, 1985

Sergei Paradschanow (Georgien/Armenien, 1924–1990)

Sergei Paradschanow wurde als Sohn in Tbilissi lebender Armenier geboren. Er studierte an Staatlichen Filminstituten in Moskau und Kiew. Mit seinem Filmen »Schatten vergessener Ahnen« und »Die Farbe des Granatapfels«, die mit der Tradition des Sozialistischen Realismus brachen, wurde er weltberühmt. Wegen dissidentischen Denkens und Homosexualität wurde er dreimal zu Haftstrafen in Straflagern verurteilt, wo er insgesamt acht Jahre verbrachte. Mit Unterstützung georgischer Filmleute konnte er ab 1984 noch »Die Legende der Festung Surami«, »Arabesken über Pirosmani« und »Ashik Kerib« drehen, poetische Verschmelzungen der georgischen, byzantinischen, arabischen, persischen und türkischen Kulturen, die er den aufkommenden Nationalismen entgegensetzte. 1990 starb er an Krebs.

Paradschanow zu finden, war zunächst nicht leicht gewesen. Meine Freunde waren georgische Philologen. Indem sie mich eingeladen hatten, waren sie persönlich für mich verantwortlich. Sergej Paradschanow aber war ein Dissident, der dreimal inhaftiert wurde und insgesamt acht Jahre in sibirischen Straflagern verbrachte. Erst unter Andropow kam er frei, weil sich u. a. Marcello Mastroianni für ihn eingesetzt hatte. Außerdem war er Armenier, schwul und ein echter Bohemien! Junge georgische Künstler brachten mich zu ihm, vom Haus der Offiziere auf dem Rustaweli-Projekt steile Straßen hinauf bis zu seinem Zimmer und dem Balkon, von dem aus man die ganze Stadt überblickte. Sergo lag meistens auf dem Bett und empfing Gäste oder saß am Tisch und klebte Collagen. Von morgens an besuchten ihn Leute, wie ich das in der DDR bei Wolf Biermann erlebt hatte. Künstler, Film- und Theaterleute, Journalisten und reiche Georgier in feinen Anzügen, über die er sich lustig machte, in dem er sie nicht mit *gamardshobat* (guten Tag) begrüßte, sondern mit *komar v shopu* (Mücke in den Arsch), was nur wir mitkriegten. Einmal brachte ich ihm aus Deutschland ein Kassettenradio mit, weil er so gern Opern hörte, ein anderes Mal Weihnachtsbaumschmuck, gläserne Pfauen und bunte Vögel. Den für ihn gekauften Weihnachtsbaum hatte ich leider im Zug Berlin–Moskau stehenlassen. Sergo verarbeitete die Pfauen und Vögel in fantastischen Hutkreationen, die er sofort verschenkte. Auch das Radio wurde am nächsten Tag verschenkt. In der Silvesternacht verpassten wir uns leider, weil er, um nicht von anderen Gästen belästigt zu werden, die Tür mit Hilfe seines Nachbarn von außen mit einem Vorhängeschloss hatte verschließen lassen. Traurig ging ich wieder fort, nicht ahnend, dass er in seinem Zimmer saß und auf mich wartete.
(Aus: Ekke Maaß: Okudshawa im Gepäck, in: Unerkannt durch Freundesland, hg. von Frank Böttcher und Cornelia Klauß, Berlin 2011)

Bildende Künstler und ihre Werke im Salon

Sergej Paradschanow und Ekke Maaß, Foto von Yuri Mechitov, 1985

Sergei Paradschanow: Sonne, Mond und Heilige (Collage), ca. 1984

Bildende Künstler und ihre Werke im Salon

Kolja Poklad und Giwi Margwelaschwili, 1994

Kolja Poklad (1946–2010)

Geboren in Moskau; Studium an der Moskauer Theaterschule als Kostüm- und Bühnenbildner, Abteilung Puppenspiel; Zusammenarbeit u.a. mit dem Theater an der Taganka; Inszenierung von Puppenspielen und Trickfilmen; Illustrierung und Herausgabe von Kinderbüchern.

Ekke Maaß lernte Kolja Poklad auf seiner ersten Russlandreise 1978 kennen. Er und die Schriftstellerin Lida Medwednikova waren sein wichtigster Anlaufpunkt in Moskau – bis zum Einreiseverbot für Ekke Maaß nach Russland 2001. Zusammen mit dem italienischen Atomphysiker Marcello Vecchi und Jura von Schlippe, ehemaliger Mitarbeiter von radio liberti, gehörte er zu den treuesten Freunden des Salons in der Schönfließer Straße.

Kinderbuch »Teremok« mit Illustrationen von Kolja Poklad

Ohne Titel

Oleg Popow (Russland)

Oleg Popow bat mit drei weiteren russischen Malerfreunden im September 1990 um
Aufnahme bei Ekke Maaß. Er fand für sie eine vollständig eingerichtete Wohnung in
einem Hinterhaus der Sonnenburger Straße, deren Besitzer 1989 in den Westen geflohen
waren. Die Wohnungen dort waren fast alle verlassen und wurden in den folgenden Jahren
geplündert und zerstört – bis zum Verkauf der Häuser und dem Beginn der Sanierungen.

Bildende Künstler und ihre Werke im Salon

Ohne Titel

Koka Ramishvili (Georgien)

Geboren 1955 in Tbilissi; Studium an der Staatlichen Kunstakademie Tbilissi; zählte bis
Mitte der 1980er Jahre zu den sogenannten »Wilden«; auf die erste Auslandsreise 1987 zu
Ekke Maaß nach Berlin (Ost) und der Ausstellung in der Galerie Eigen+Art in Leipzig
folgten zahlreiche internationale Ausstellungen; lebt und arbeitet in Genf.
1987 Beteiligung an der Aktion Malwand in der Schönfließer Straße 21.

Algis Skačkauskas (Litauen, 1955–2009)

Algis Skačkauskas wurde in Pranapolis geboren. Er studierte Malerei am Staatlichen Kunstinstitut in Vilnius. Ab 1986 gehörte er der Litauischen Künstlerassoziation an. Neben vielen Einzelausstellungen in litauischen Städten, in Norwegen und Moskau war er an Ausstellungen im In- und Ausland beteiligt.

Algis Skačkauskas beteiligte sich 1987 an der Aktion Malwand im Hof der Schönfließer Straße, leider ist sein Bild nicht erhalten.

Unsere georgischen Künstlerfreunde hatten im Juni '89 eine Ausstellung in Budapest. Ich fuhr mit Wilfriede im Auto hin, eine schöne Reise, bei der ich auf der Rückreise in Szentendre noch eine Ausstellung junger litauischer Maler entdeckte. Dort hing das Portrait eines litauischen Soldaten, der während seines Wehrdienstes in der sowjetischen Armee vergewaltigt worden war und seine Peiniger erschossen hatte. Ich hatte das Bild im Jahr zuvor in Vilnius gesehen, als es frisch gemalt auf der Staffelei stand. Ich lud daraufhin den Maler Algis Skačkauskas ein, der mir das Bild »Eilinis« schenkte. Es hängt mit zwei anderen Bildern von ihm in der Schönfließer Straße.

(Aus: Ekke Maaß, brennzeiten)

Neguva akordeoniste, Öl auf Leinwand, 1989

Moteris laikonta morka, Öl auf Leinwand, 1989   Eilinis, Öl auf Leinwand, 1988

Dato Scharaschidze (Georgien)

Portrait, 1992   Portrait vor einer Stadtlandschaft, 1992

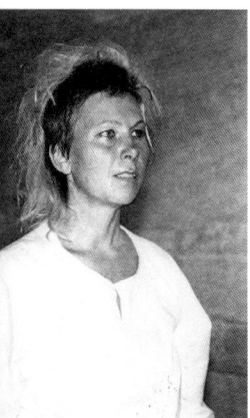

Ans Swart (Niederlande)

Geboren 1947 in Alkmaar, Kunststudium an der Akademie Arnheim; 1986/87 Studien-Aufenthalt in Berlin (West); Performances, Lautmalerei von »Innen nach Außen«, thangka-Malerei von »Außen nach Innen«.

Ans Swart besuchte Ekkes Salon in der Schönfließer Straße und beteiligte sich 1987 an der Aktion Malwand im Hinterhof. Ihr Spiralen-Bild (→ S. 127) ist bis heute erhalten, auch wenn an einigen Stellen die Farbe verwittert.

Oleg Timchenko (Georgien)

Geboren 1957 in Tbilissi; Studium an der Staatlichen Kunstakademie Tbilissi; Arbeit als Bühnenmaler am Marjanishvili-Theater; Mitbegründer der Künstlergruppe »10th Floor Group«; zählte bis Mitte der 1980er Jahre zu den sogenannten »Wilden« in Georgien; auf die erste Auslandsreise 1987 zu Ekke Maaß nach Berlin (Ost) und der Ausstellung in der Galerie Eigen+Art in Leipzig folgten Ausstellungen und Ausstellungsbeteiligungen in Köln, Budapest, St. Petersburg, Paris, Wien und Baku.
1987 Beteiligung an der Aktion Malwand in der Schönfließer Straße 21.

Ohne Titel, 1987

Aktion Malwand, Sommer 1987 –
rechts: Detail einer Installation,
unten: Die georgischen Künstler Niko und
Mamuka Tsetskhladze, Mamuka Dzhaparidze,
Oleg Timchenko und Koka Ramishvili vor der
Malwand

Ohne Titel, 1987

Mamuka Tsetskhladze (Georgien)

Geboren 1960 in Tbilissi; Studium an der Staatlichen Kunstakademie Tbilissi; Mitbegründer der Künstlergruppe »10th Floor Group«; zählte bis Mitte der 1980er Jahre zu
den sogenannten »Wilden«; auf die erste Auslandsreise 1987 zu Ekke Maaß nach Berlin
(Ost) und der Ausstellung in der Galerie Eigen+Art in Leipzig folgten Ausstellungen in
Köln, Budapest, St. Petersburg, Paris, Wien und Baku.
1987 Beteiligung an der Aktion Malwand in der Schönfließer Straße 21.

Bildende Künstler und ihre Werke im Salon

Niko Tsetskhladze (Georgien)

Geboren 1959 in Tbilissi; Studium an der Staatlichen georgischen Kunstakademie; zählte bis Mitte der 1980er Jahre
zu den sogenannten »Wilden« in Georgien; auf die erste
Auslandsreise 1987 nach Berlin (Ost) und die Ausstellung
in der Galerie Eigen + Art in Leipzig folgten Ausstellungen
neben Tbilissi in Narwa (Estland), Paris, St. Petersburg,
Bristol (Großbritannien) und Prag.
1987 Beteiligung an der Aktion Malwand.

Das Bild » Hahnenopfer«, obwohl früher gemalt, symbolisiert
für Ekke Maaß das gewaltsame Vorgehen mit Panzern,
Giftgasen und scharf geschliffenen Spaten gegen friedliche
Demonstranten in Tbilissi am 9. April 1989.

Berlin, 1987

Hahnenopfer, ca. 1983

Osteuropäische Begegnungen, Lesungen, Konzerte

Seit dem Einzug in die Parterrewohnung in der Schönfließer Straße war die geräumige Wohnküche selten ohne Gäste. In den 1980er Jahren kamen neben der »Szene« aus Ost-Berlin auch zahlreiche Künstler und Schriftsteller hierher, die Ekke Maaß bei seinen illegalen Reisen durch alle Republiken der damaligen Sowjetunion kennengelernt hatte: aus Russland, den baltischen Ländern, aus Mittelasien und vor allem aus Georgien. In den 1990er Jahren war das Interesse an Osteuropa besonders groß. Autoren und Regisseure aus der ehemaligen Sowjetunion wurden von den Berliner Literaturinstituten und dem DAAD eingeladen; viele besuchten Ekke Maaß in der Schönfließer Straße zu Lesungen und Festen. Ab 1990 wohnte bei ihm der deutsch-georgische Schriftsteller und Philosoph Giwi Margwelaschwili, den er bei der Rückkehr nach Deutschland und der Herausgabe seiner Bücher unterstützte und der bei fast allen Veranstaltungen dabei war. Dabei war auch immer Wilfriede Maaß, die im Hinterhofgebäude ihre Keramikwerkstatt und Galerie besaß.

Nach der Gründung der Deutsch-Kaukasischen Gesellschaft 1996 gab es in der Schönfließer Straße viele politische Gespräche mit Bundestagsabgeordneten und tschetschenischen Politikern und Menschenrechtlern. Es entstanden zahlreiche Interviews und Filmbeiträge zur DDR-Vergangenheit und zu Tschetschenien in Funk- und Fernsehen. Heute kommen vor allem tschetschenische Flüchtlinge, die bei Ekke Maaß Hilfe und Unterstützung suchen in ihren Asylverfahren und bei der sozialen Integration. Daneben gibt es weiterhin Dichterlesungen und Salons. Die vorliegende Dokumentation kann die ungeheure Dichte an Veranstaltungen und Begegnungen bestenfalls andeuten und muss sich auf eine Auswahl beschränken.

28. Januar 1990   Aufnahmen eines Schweizer Fernsehteams im Salon

Mit Stefan Döring, Bert Papenfuß, Eberhard Häfner, Jan Faktor und Annette Simon, Elke Erb, Detlef Opitz, Brigitte Struzyk, Rainer Schedlinski und anderen. Großes Fest mit Maisbrot, Rehbraten, Gemüse, Pizza, Oliven, Käse und Wein.

25. Juni 1990   Der Desserteur der sowjetischen Armee Genadij

Genadij war in der Nähe des sowjetischen Flugplatzes in Pütnitz bei Saal desertiert und in Lebensgefahr; nun saß er bei Ekke Maaß im Salon. Zufällig kam Wolf Biermann vorbei, der ihn dann über die Grenze schmuggelte, für ein paar Monate bei sich aufnahm und sich bei Michael Gorbatschow persönlich für seine Amnestie einsetzte.

Gegenüberliegende Seite: Tschingis Aitmatow bei Ekke Maaß, 1994

30. Juni 1990   Festessen zum Abschied des DDR-Geldes

Mit Elke Erb, Brigitte Struzyk, Paul Gratzik, Detlef Opitz, Gerd Sonntag, Veronika Wagner und vielen anderen bis frühmorgens. Dem DDR-Geld trauerte keiner nach.

3. Juli 1990   Seminar mit Rudolf Bahro (1935–1997)

Geboren 1935 in Schlesien; Philosophiestudium an der Humboldt-Universität; glühender Verehrer Lenins und Stalins, Parteiarbeiter, Journalist, Autor; nach der Niederschlagung des Prager Frühlings 1968 zunehmende Kritik am »realexistierenden« Sozialismus in der DDR; die Veröffentlichung seines Buches »Die Alternative« führte zur Inhaftierung und Verurteilung zu acht Jahren Haft; nach massiven Protesten wurde Rudolf Bahro im Oktober 1979 zusammen mit Nico Hübner amnestiert und in die Bundesrepublik abgeschoben; Mitbegründer der Grünen; Organisation von »Lernwerkstätten« in der Eiffel; 1989 Rückkehr in die noch existierende DDR; 1990 im Salon von Ekke Maaß Gründung einer Gesellschaft für Sozialökologie und Aufbau eines gleichnamigen Instituts an der Humboldt-Universität.

Ekke Maaß hatte Rudolf Bahro zufällig auf dem Arnimplatz kennengelernt und den Salon für die ersten Treffen von dessen Freundeskreis zur Verfügung gestellt.

30. November 1991   Veranstaltung mit Sascha Anderson

Kurz vor der Frankfurter Buchmesse im Herbst 1991 rief mich Wolf Biermann an und eröffnete mir, dass mein früherer »Busenfreund« Sascha Anderson ein Spitzel der Stasi war; Jürgen Fuchs hätte seinen Namen in den Akten gefunden und er werde das im Oktober in seiner Rede zur Verleihung des Georg-Büchner-Preises öffentlich machen. Ich war geschockt. Dass Sascha ein Schwein war, hatte ich schon erfahren, aber ein Mitarbeiter der Stasi?! Ich traf auf der Messe in Frankfurt am Main, die ich mit Giwi besuchte, A. R. Penck in einem Café und erzählte ihm, dass Sascha bei der Stasi gewesen sein soll, der es an ihn weiter gab. Sascha ging es daraufhin so schlecht, dass er seine Lesungen absagen musste. Ein paar Tage später rief er mich an, ich solle Biermann sagen, das sei eine Verleumdung, er solle ihn in seiner Rede nicht nennen!
Ich lud noch einmal alle unsere Freunde und Sascha in die Schönfließer Straße ein. Sascha sollte erklären, wie es zu den Gerüchten kam. Es waren alle gekommen, Elke Erb, Adolf Endler, A. R. Penck, Bert Papenfuß, Stefan Döring und viele mehr. Sascha, den sie alle liebten und dem sie alles verziehen hätten, stritt ab, jemals für die Stasi gearbeitet zu haben. Zwei Tage später wurde der Filmbericht von Roland Jahn und Peter Wensierski im ZDF gezeigt, der bewies, dass Sascha Anderson und Rainer Schedlinski jahrelang für die Stasi gearbeitet hatten. Sie hatten sogar beide bei der Stasi die Fahrschule gemacht.

(Aus: brennzeiten)

Manana Menabde und Bulat Okudshawa, 1995

30. Januar 1992   Salon mit Manana Menabde, Georgien

Geboren 1948 in Tbilissi; Regiestudium in Tbilissi und Moskau; 1990 Emigration nach Deutschland; zahlreiche Konzerte im In-und Ausland, Mitarbeit an Filmen und Ausstellungen; lebt in Berlin, Moskau und Tbilissi. Zu ihrem Repertoire gehören eigene Vertonungen georgischer Volksdichtung, georgische Stadtfolklore, russische Romanzen und Lieder von Bulat Okudshawa.

Unter den Gästen Wolf und Pamela Biermann, Ulrike Poppe, Elsbeth Zylla von der Heinrich-Böll-Stiftung, Ralf Kerbach, Detlef Opitz, Richard Pietraß und der Bühnenbildner und Regisseur Horst Sagert.

29. Mai 1992   Salon mit Walter Höllerer (1922–2003)

anlässlich der Geburtstagsfeier von Ginka Müller; u.a. mit Elke Erb, der Künstlerin Natascha Ungeheuer, Prof. Norbert Randow und Giwi Margwelaschwili.

23. Juni 1992   Salon mit Naira Gelaschwili

Geboren 1947 in Ostgeorgien; Germanistik-Studium in Tbilissi; Aspirantur zu dem Thema »Westeuropäische und Amerikanische Literaturen«. Sie ist als Übersetzerin, Schriftstellerin, Dichterin und in ihrer Funktion als Leiterin des Kaukasischen Hauses in Tbilissi in ihrer Heimat und im Ausland bekannt. In Georgien erschienen ihre Übersetzungen von Meister Eckhart, Goethe, Hölderlin, Novalis, Schelling, Nietzsche, Rilke, Trakl, Georg Heym, Else Lasker-Schüler, Hermann Hesse, Thomas Mann und zahlreiche Gedichtbände, Romane, Kinderbücher.
Auf Deutsch erschienen: *Georgien – ein Paradies in Trümmern*, Berlin 1993; *Georgische Erzählungen des 20. Jahrhunderts* (Hg.), Frankfurt/M. 2000; *Ich bin sie*, Berlin 2016.

DURCHLÄSSIG

Irgendwie bin ich so,
dass der Wind durch mich hindurch gehen kann,
und auch der Engel…
Irgendwie bin ich so,
dass sogar ein Pfeil mich nicht durchdringt,
wie Eisen fast…
Irgendwie hänge ich mit den Eingeweiden
aber auch über dem Zaun aus Dornbusch

(Aus: Gert Robert Grünert / Nino Popiaschwili [Hg.]: »Ich aber will dem Kaukasos zu…«. Eine Anthologie georgischer Lyrik, Ludwigsburg 2015)

31. Dezember 1992   Karpfenessen zu Silvester

mit Wilfriede Maaß, Ralf Kerbach, Giwi Margwelaschwili, Peter Böthig und Peggy Kames, Cornelia Schleime, Fredrik von Krusenstjerna und zwei Schweden, den »Russischen Waisen« Katja und Dörte, Susanne Frost, Noreen Klose. Bis zum Morgen wurden achtzehn Schachteln Zigaretten geraucht.

(Aus: Ekke Maaß, Tagebuch)

19. April 1993   Salon mit Rezo Gabriadze

Geb. 1936 in Kutaissi, Georgien; unter den Gästen Andrej Bitow und Alexander Askoldow.

20. August 1993   Jazzkonzert mit dem georgischen Pianisten Otar Magradze

Von links: Veronika Arendt-Rojahn, Allen Ginsberg, Dimitri Prigov, Brigitte Endler, Volker Braun, Adolf Endler und István Eörsi

22. November 1993 Festliches Essen mit Allen Ginsberg und István Eörsi nach ihrer Lesung bei Orplid & Co.

Unter den Gästen Veronika Arendt-Rojahn, Volker Braun, Adolf und Brigitte Endler, Elke Erb, Giwi Margwelaschwili, der russische Dichter Dmiti Prigov und Jura v. Schlippe.

24. November 1993 Salon und Abendessen mit der japanischen Autorin Yoko Tawada

Geboren 1960 in Nakano, Tokio; Studium der Literaturwissenschaft in Tokio (Schwerpunkt: russische Literatur) und in Hamburg; Promotion in Zürich; lebt in Berlin und schreibt auf Deutsch und Japanisch; zahlreiche Veröffentlichungen und Ehrungen.

Unter den mehr als zwanzig Gästen der Dichter und Schriftsteller Thomas Kling (1957–2005).

Yoko Tawada (links)

DIE ZWEITE PERSON ICH

Als ich dich noch siezte,
sagte ich ich und meinte damit
mich
Seit gestern duze ich dich,
weiß aber noch nicht,
wie ich mich umbenennen soll

WORTSTELLUNG

Das Verb spielt die zweite Geige
Wenn die Melodie zitiert ist
hat es den letzten Ton
An einem gewöhnlichen Tag steht das Subjekt vorne
Jeder kann anfangen aber wer steht am Ende
Wenn ein anderer den Kopf macht
muss das Subjekt
nach hinten rücken
Die Reihenfolge und die Hierarchie sind zweierlei
Der Rhythmus kennt keine Korruption

(Aus: Abenteuer der deutschen Grammatik. Gedichte, Tübingen 2010)

31. Dezember 1993   Karpfenessen zu Silvester

mit Adolf Endler und Brigitte, Ginka Müller und Jörg Henle, mit Giwi Margwelaschwili, Kolja Poklad, Zippora Liwinski und David und Svanhild Peter aus Guinea. Zu
sehr später Stunde kam Eva-Maria Hagen, bunt geschmückt, und nötigte die Dichter,
estnische Lieder zu singen… Eva zu Adolf Endler, ohne zu wissen, dass es der bekannte
Dichter ist: Sie sind ein Plattkopf! Brigitte Endler empört!

(Aus: Ekke Maaß, Tagebuch)

1. Januar 1994   Salon mit Eva-Maria Hagen und ihrem Pianisten Siegfried Gerlich

Lieder von Brecht und Biermann; unter den Zuhörern der georgische Germanist Nodar
Kakabadze, Giwi Margewelaschwili und der Künstler Kolja Poklad aus Moskau

Eldar Schengelaja   Gia Kantscheli

9. Januar 1994   Filmabend zum 70. Geburtstag des 1990 verstorbenen armenischen Regisseurs Sergej Paradschanow

Unter den Gästen Hagen Mueller-Stahl, Cornelia Schleime, Kolja Poklad, Nuria Khadeiva aus St. Petersburg und die russische Künstlerin Svetlana Novikova.

11. Februar 1994   Salon

mit **Eldar Schengelaja** (geb. 1933 in Tbilissi, Filmproduzent, Regisseur und Politiker); **Nana Dzhordzhadze** (geb. 1948 in Tbilissi, Schauspielerin, Regisseurin), **Gia Kantscheli** (geb. 1935 in Tbilissi, international bekannter Komponist) und **Alexander Askoldow** (geb. 1932 in Moskau, Regisseur des Films »Die Komissarin«, der 1967 entstand und zwanzig Jahre lang verboten war).

Tschingis Aitmatow (auf dem Sofa)

16. Februar 1994   Salon mit Tschingis Aitmatow (1928–2008)

International bekannter kirgisischen Schriftsteller und sowjetischer Botschafter in Luxemburg; wichtigste Werke: *Dshamilja, Der weiße Dampfer, Der Tag zieht den Jahrhundertweg, Richtplatz, Das Kassandramal, Der Schneeleopard.*

Wie die Freundschaft zwischen Ekke Maaß und Tschingis Aitmatow während seiner illegalen Reisen durch die Sowjetunion entstand, ist nachzulesen im Buch »Unerkannt durch Freundesland«.

26. Februar 1994   Salon mit Witali Schentalinski

Geboren 1939 in Sibirien; russischer Autor und Publizist; war Vorsitzender des Ausschusses für die Opfer der Repressionen und setzte sich für die Öffnung der Geheimarchive des KGB ein. In Deutschland erschien sein Buch »Das auferstandene Wort« über die Schicksale von Isaak Babel, Michael Bulgakov, Boris Pilnjak, Ossip Mandelstam, Andrej Platonov, Maxim Gorki.

Unter den Gästen Elke Erb, Uwe Kolbe, Katja Lange, György Dalos, Giwi Margwelaschwili und die Literaturwissenschaftlerin Prof. Helga Kotthoff aus Konstanz.

Osteuropäische Begegnungen, Lesungen, Konzerte

18. März 1994   Salon mit Daniil Granin

Geboren 1919 im Gebiet Kursk; bekannter russischer Schriftsteller, der die Leningrader Blockade überlebte. In Deutschland erschienen u.a. *Unser Bataillonskommandeur* (1970), *Der Namensvetter* (1977), *Das Gemälde* (1981), *Sie nannten ihn Ur* (1987), *Flucht nach Russland* (1995) und *Mein Leutnant* (2015).

Eintrag ins Gästebuch:
Choroscho posideli!
(Wir haben uns gut unterhalten!)

Daniil Granin und
Giwi Margwelaschwili

5. April 1994   Salon mit Viktor Luferov (1945–2010)

Viktor Luferov war ein russischer Barde, der sich intensiv mit der altrussischen Folklore beschäftigte; er gründete und leitete das Musikensemble »Osenebri« und das Singtheater »Perekrjostka« (Kreuzung). Er besuchte in den frühen 1990er Jahren immer wieder den Salon in der Schönfließer Straße.

Viktor Luferov

BEGEGNUNG

Nun, sei gegrüßt, sonnenüberfluteter Bahnsteig
Ich bin angekommen in der Hauptstadt meines Glücks!
Soll mein Waggon zurück rollen
Dorthin, wohin es keine Rückkehr für mich gibt
Fast ohne Gepäck bin ich diesem Land entflohen
Wo mir Luft und Sonne fehlen
Wo die Lieder langweilig und dunkel sind
Wie der Blick auf die Welt durch ein staubiges Fenster
Doch hier hats geregnet, es atmet sich leicht
Auf dem schwarzen Asphalt tauen Pfützen
Die Ferne ist verhangen, aber gut zu sehen
Und in den Wolken fliegen Verliebte
Eine Handvoll seltener Worte im Kästchen – mein ganzer Besitz
In meiner Hand – eine leicht verwundbare Blume
Und wie ein entlaufener Sklave sein Gebet
O, so wiederhole ich, Liebe, deinen Namen
Alles habe ich getauscht in deine freiwillige Gefangenschaft
Von einer Rückgabe kann keine Rede sein
Du bist die Urheberin wundersamer Veränderungen
Fliegst mir in geflügeltem Kleid entgegen

(Rohübersetzung: Ekke Maaß)

13. Mai 1994   Salon mit den russischen Autoren Andrej Bitow, Wladimir Sorokin und Lew Rubenstein

Unter den vielen Gästen der russische Fotograf Lev R. Silber, die armenische Autorin Nune Barsagian, Naira Gelschwili, Autorin und Leiterin des Kaukasischen Hauses Tbilissi, Giwi Margwelaschwili, Dietger Pforte, Schuchkhrat Babadshan, der russische Sänger Viktor Luferov und die russischen Zigeuner-Musikanten Katja, Galja und Tolja.

Andrej Bitow (geb. 1937 in Leningrad) ist einer der großen russischen Prosaautoren und ware jahrelang Vorsitzender des russischen PEN. Er wurde bekannt mit dem Roman »Das Puschkinhaus«. Es folgten u.a. »Das Licht der Toten«, »Die Vögel«, »Mensch in Landschaft«, »Armenische Lektionen« und »Der Symmetrielehrer«. Andrej Bitow war Gast des DAAD und besuchte in dieser Zeit oft den Salon in der Schönfließer Straße. Weitere Begegnungen mit Ekke Maaß gab es in Moskau und Tbilissi.
Wladimir Sorokin (geb. 1955 in Bykowo bei Moskau) ist russischer Schriftsteller und Dramatiker, gilt als »Konzeptualist« und war zuweilen heftigen Angriffen ausgesetzt. Seine Romane »Marinas dreißigste Liebe«, »Das Eis« und »Schneesturm« erregten die Gemüter und sind weltbekannt.

Lew Rubinstein und Andrej Bitow

Lew Rubinstein (geb. 1947 in Moskau) ist ein russischer Dichter und Essayist und ein wichtiger Vertreter des Konzeptualismus.

Eintragungen ins Gästebuch
Ekke, was du machst, ist sehr wichtig und schön! Dein Haus ist ein Kulturzentrum, eine Heimat für uns, für viele. Naira Gelaschwili
Mir kommt es so vor, als befände ich mich in Russland, bei meinen Freunden in Moskau oder Piter. Lew Zilver
Möge das Haus von Ekke die einzige Mauer in Berlin sein, die nie eingerissen wird! Andrej Bitow

16. Mai 1994   Salon mit der georgischen Dichterin Lia Sturua

Geboren 1939 in Tbilissi. Lia Sturuas erster Gedichtband erschien 1965, in der sowjetischen Tauwetterperiode. Sie ist eine Dichterin der Moderne, ihre Gedichte wurden in viele Sprachen übersetzt.

Unter den Gästen waren der georgische Bildhauer Elgudshan Amashukeli, Giwi Margwelaschwili, Manana Menabde und der russische Barde Viktor Luferov.

DIE STIMME EINES MENSCHEN

Ich rufe bei der Auskunft an,
um die Stimme eines Menschen zu hören,
ich imitiere niemanden, – nicht mal Cocteau!
Jeder hat seine mehr oder weniger eigene Art von Stummheit,
mit einem mehr oder weniger unterschiedlichen Grad der Bitterkeit.
Zuerst die Geschwätzigkeit, die Beredsamkeit,
dann Vorlesungen an den Barrikaden der Rednerpulte,
oben auf wie Blutstropfen
Zitate aus Gedichten,
später die Einsamkeit mit beringten Fingern.
Das alles betrifft die eigene Existenz,
ich klammere mich am letzten Unkraut fest,
ich rufe den Mann an, von dem ich verlassen wurde,
der aber irgendwo einen Kaffee trinkt,
über Frauen wie über Flieder spricht
und der mit der Ästhetik nur spielt!
Ich rufe bei der Auskunft an,
wo sie einem ausschließlich die Telefonnummern von
noch Lebenden geben …

(Aus: Gert Robert Grünert / Nino Popiaschwili [Hg.]: »Ich aber will dem Kaukasos zu…«. Eine
Anthologie georgischer Lyrik, Ludwigsburg 2015)

21. August 1994   Lesung und Buchvorstellung mit Tschingis Aitmatow und Friedrich Hitzer

Anschließend festliches Essen im Salon u.a. mit dem Komponisten Gia Khantsheli, mit
Giwi Margwelaschwili, der Regisseurin Nana Dzhordzhadze, der armenischen Schriftstellerin Nune Barsegian.

9. September 1994   Abendessen für Ernst Jandl (1925–2000)

nach seiner Lesung im Otto-Braun-Saal der Staatsbibliothek mit Gerhard Wolf, Sabine
Staffinger, dem russischen Dichter Valeri Scherstjanoi, Giwi Margwelaschwili, dem
Fotografen Lothar Deus, Holger Kulick, Nune Barsegian und dem russischen Künstler
und Barden Sergej Pozdnjakov.

7. November 1994 Salon mit dem Theologen Ernst Jüngel

Ernst Jüngel (geb. 1934 in Magdeburg) ist ein bekannter evangelischer Theologe. Er war bis 2003 Ordinarius für Systematische Theologie an der Tübinger Universität und bis 2013 Kanzler des Ordens Pour le Mérite für Wissenschaft und Künste. 1994 hielt er eine Gastvorlesung an der Humboldt-Universität, die Ekke Maaß besuchte.

17. November 1994 Vorführung des Films »Förräderi« (Verrat) von Björn Cederberg und Fredrik von Krusenstjerna

Der schwedische Dokumentarfilm über Sascha Anderson war u.a. im Salon der Schönfließer Straße gedreht worden. Unter den Gästen Volker Braun, Elke Erb und Detlef Opitz.

20. November 1994 Salon und Abendessen mit den georgischen Autoren Ketino Nisharadze, Kote Djandieri, Zaal Samatishvili, Kote Kubaneishvili und dem Rockautor und Sänger Irakli Tscharkviani

Unter den Gästen Giwi Margwelaschwili, Gia Khantscheli, der Arzt Gogi Tsouloukidse, Nika und Dato Bakanidze. Kote Kubaneishvili: Ich bin der Brodsky Georgiens!

Irakli Tscharkviani

8. Mai 1995 Festliches Essen für das Transkaukasische Orchester

Junge Musiker aus Georgien, Armenien und Aserbaidshan, die trotz der Konflikte ihrer Länder zusammen musizieren. Unter ihnen die Violinistin Tamar Bulia. Die Idee der Gründung des Orchesters geht auf den georgischen Komponisten Gia Kantscheli zurück. Am 5. Mai hatte im Kammermusiksaal der Philharmonie ihr Konzertprojekt »Kaukasischer Frieden« stattgefunden.

6./7. Juni 1995   Lesung mit der russischen Dichterin Bella Achmadulina (1937–2010)

Bella Achmadulina wurde neben Jewgenij Jewtuschenko, ihrem ersten Ehemann, und Andrej Wosnessenski zur dichterischen Leitgestalt einer jungen sowjetischen Generation, die Ende der fünfziger Jahre – in der sogenannten Tauwetter-Periode – hoffnungsvoll auf Demokratisierung drängte. […] Achmadulinas Sprache erfährt ihre ungemeine und ungemein suggestive Modulation aus dem ganz ironiefrei, so inständig wie unüberhörbar vorgebrachten Anspruch auf Individuation; über sich duldet sie keine Instanz, jedenfalls keine staatliche. So sind ihre Poesien, trotz feinest fühlender Stille, aufrührerisch; sie halten die hohe Gespanntheit der Vorangehenden aus der ersten Jahrhunderthälfte, Anna Achmatova und Marina Zwetaeva.

(Peter Gosse, in: Bella Achmadulina. Das Geräusch des Verlusts, Institut für Buchkunst, Leipzig 1995)

MUTTERSCHAFT

Welch Augenblick! Gar das eigene Kind
Ferner dem Herzen als diese Allüre:
Stiehl aus dem Alltag zum Tische dich hin,
Zünde dein Schauen an, die Beute erspüre!
Wie soll im niemals ermüdenden Fest
Meines Belagerns ein Flüchten gelingen!
Sehr unvermeidlicher Luchs im Geäst -
Wie er sich beißt ins Genick der Dinge!
Ah in den Himmel Du: wie du mich willst!
Blitzend in Tintenfass' Schwarz eingemeindet,
Musterst du mich, du Alldaseins Bild,
Marterst mich wie einen Dieb das Geschmeide.
Wie aber red ich? Ich weiß doch: ich lüg!
Unbewohnt oben das All. Mein Geflimmer
Höllischen Augen-Phosphors verfliegt:
Schrill schreit mein Spross im benachbarten Zimmer.
Schlief er so tief, traumversunknen Gesichts.
Geh ich, begeh ich Verrat, und er spürt ihn,
Zetert: Mir alles und nichts dem Gedicht!
Er ist mein Schicksal. Wie sich nicht fügen.
Nur das Geräusch des Verlusts hör ich: Leis
Löst sich der Kork von der gärigen Tinte
Und aufs Papier ab – nichts meinender Kreis –
Gehn ungeborene Buchstabenkinder.

Herrsche nur, Ausgeburt du meines Bauchs!
Willig umsorg ich, beschütz ich dich, horte.
Ja, ich bin Mutter wie andere auch –
Nur dass ich meine Wort-Kinder morde.
Was mich dein Lächeln, dein liebliches, kostet
Das geht die Neugier der Leute nichts an.
Wie es mich aber im Innersten fröstelt,
Sehe im Spiegel ich dann und wann.

(Deutsch: Peter Gosse)

18. Juni 1995   Salon mit Jewgenij Jewtuschenko

Die Dichter Jewtuschenko (geb. 1932 in Sibirien), Bella Achmadulina, Andrej Wossnesenskij und Bulat Okudshawa füllten seit den 1960er Jahren den Platz der Manege in Moskau und ganze Stadien. Weltbekannt wurde Jewtuschenko mit seinem Gedicht »Babij Jar«, in dem er den Massenmord an den Kiewer Juden thematisierte und sich mit den ermordeten Juden identifizierte. Er führte ein Leben zwischen Anpassung und Widerstand, schrieb Hymnen zu Stalins Tod und den sozialistischen Aufbau, verteidigte aber auch Solschenizyn und kritisierte die Niederschlagung des Prager Frühlings. Er genoss viele Privilegien und durfte schon sehr früh ins westliche Ausland reisen. In seiner Autobiographie »Der Wolfspass« erklärte er: »Entweder der Dichter ging und druckte alles, was er wollte, im Westen […], oder er blieb und schlängelte sich durch die Zensur wie durch einen Stacheldrahtzaun, in dem er Fetzen der eigenen Haut ließ.«

BABI JAR – Бабий Яр (1961)
DIE ALTWEIBERSCHLUCHT

1

Hier mahnt kein Denkmal, keine ew'ge Flamme brennt
uns das Massaker ins Gedächtnis. Nein, verflucht !
dies Babi Jar in Kiew ist ein abgewürgter Schrei
vor meinen Augen dehnt sich die Altweiber-Schlucht,
Seit ich hier steh, schlägt ja mein eignes Herz heißkalt
die Todessenke selber ist ein einzig Riesen-Monument
die Augen finden nirgend Halt
      und wie das Volk der Juden
         bin ich plötzlich selber: steinealt

2
Hier komme ich mir vor
       wie ein Hebräer auf der Flucht
im Land Ägypten, vor dem Roten Meer – bloß raus!
Irr irre ich am Hang hier oben rum und fühle mich
schon selber wie an's Kreuz geschlagen, und
aus tausend offnen Wunden blute ich hier aus

[…]

(Deutsch von Wolf Biermann)

Eintrag Jewtuschenkos ins Gästebuch:
In diesem Hause kocht man Plow*
Aus Freundlichkeit ein großer Topf
In diesem Hause gibt's Sazivi**
Aus Bücherwelt und Weisheit Giwis

3. Juli 1995   Salon mit dem Theologen Wolfhart Pannenberg (1928–2014) und Studenten

Wolfhart Pannenberg war ein evangelischer Theologe mit zahlreichen Veröffentlichungen. Er lehrte an den Universitäten Wuppertal, Mainz und München Systematische Theologie. 1995 hielt er eine Gastvorlesung an der Humboldt-Universität, die Ekke Maaß besuchte.

8. September 1995   Festliche Tafel für Bulat Okudshawa

Unter den Gästen Elke Erb, Helga Paris, der russische Dichter Wjatscheslaw Kuprianow, die georgische Sängerin Manana Menabde, die Slawistin Katja Lebedeva, Giwi Margwela-schwili.

*   Mittelasiatisches Gericht aus Lammfleisch, Zwiebeln, Mohrrüben, Reis und Kreuzkümmel
** Georgisches Gericht aus Geflügelfleisch und Nusssauce

Gastmahl für Bulat Okudshawa (rechts)

8. Oktober 1995 Salon mit Ella Poljakova und Jelena Wilenskaja von den Soldatenmüttern Russlands

1989 wurde die Menschenrechtsorganisation Komitee der Soldatenmütter gegründet, um Missstände in der sowjetisch-russischen Armee aufzuklären und zu verhindern, dass Tausende Rekruten in der Armee durch die »Dedovtschina« (die Älteren quälen die Neuen) zu Tode geschunden werden. Während des ersten Tschetschenienkrieges wurden täglich 200 Beschwerdebriefe bearbeitet und ein Friedensmarsch nach Grozny organisiert zur Freilassung russischer Gefangener. Inzwischen besitzt die Organisation etwa hundert Regionalgruppen. Ella Poljakova und Jelena Wilenskaja führen den Vorsitz des Komitees in St. Petersburg.

Unter den Gästen die russischen Schriftsteller Wladimir Sorokin und Walerij Abramkin, Giwi Margwelaschwili, der Journalist Holger Kulick sowie Sergej Gladkych.

30. Oktober 1995   Abendessen für die russischen Stipendiaten der Akademie der Künste Igor Glek, Anatoli Gawrilow, Nino Sadur, Kituk

Unter den Gästen Renate Stolze und Elke Erb, Giwi Margwelaschwili und Uwe Kolbe.

12. Dezember 1995   Nachtsalon mit dem russischen Avantgardekünstler Konstantin Swesdotschotow

Geboren 1958 in Moskau; Studium an der Moskauer Schule für Theaterkunst; Gründer/ Mitglied verschiedener avantgardistischer Künstlergruppen wie APTART, MUKHO- MOR; CLAVA. Im Gropiusbau bei der Ausstellung »Berlin–Moskau« (2003) beeindruckte seine Installation: auf einem roten Tischtuch zwölf weiße Teller; neben jeden Teller lagen Hammer und Sichel.

Unter den Gästen die russischen Künstler und Autoren Gor Tschachal (nach seiner Lesung im Grünen Salon der Volksbühne), Ilja Kitup, Olga und Jekaterina Pantova, Alexander Panov, der usbekische Künstler Schuchkhrat Babadshan, Giwi Margwelaschwili.

Bärbel Bohley und Naira Gelaschwili   Tscherkessische Tänzerin

27. Februar 1996   Diskussionsabend zu Ökumene, Ökologie und Ökonomie des Kaukasus mit Naira Gelaschwili

Naira Gelaschwili (geb. 1947), bekannte georgische Schriftstellerin und Leiterin des Kaukasischen Hauses in Tbilissi; Prof. **Hans Fischer-Barnicol** (1930–1999, Theologe und Gründer eines Instituts für interkulturelle Forschung), Prof. **Wilhelm Schmid** (geb. 1953, Philosophie der Lebenskunst), Prof. **Rudolf Bahro** (1935–1997, Institut für Sozialökologie), **Giwi Margwelaschwili** (geb. 1927, Schriftsteller, Philosoph und Ontotextologe); unter den Gästen die russische Schriftstellerin Lida Medwednikova aus Moskau und die Georgier Nino Sakvarelidze, Nino Kvitashi, Surab Tinikashvili.

30. März 1996   Kaukasischer Abend mit Naira Gelaschwili, Bärbel Bohley, Halise Hizliok, Giwi Margwelaschwili, Madina Salazhieva und aus der Türkei eingewanderten Tschetschenen und Tscherkessen

Diskussionsrunde, kaukasisches Essen und Vorführung kaukasischer Tänze; ein Team des ZDF (Holger Kulick) zeichnete den Abend auf und berichtete darüber in der Sendung »Aspekte«.

22. Mai 1996   Festliches Essen im Salon nach der Veranstaltung der Akademie der Künste »Kunst und Menschenrechte in Russland«

Unter den Gästen der russische Menschenrechtsbeauftragte und Mitgründer von »Memorial« Sergej Kowaljow, der Schriftsteller und Vorsitzende der Begnadigungskommission Anatoli Pristawkin, Arseni Roginskij und Alexander Daniel von Memorial, der Regisseur Alexander Askoldow, der Schriftsteller Jürgen Fuchs, der Mitbegründer des Neuen Forums Jens Reich, Rupert Neudeck und Boris Wichmann von Cap Anamur, die Tscherkessen Halise und Erwin Hizliok, Walter Kaufmann von der Heinrich-Böll-Stiftung, Elisabeth Weber von den Grünen und Mitarbeiter der Akademie der Künste.

28. Juni 1996   Salon mit dem tschetschenischen Erfinder und Politiker Ramzan Goitemirow

Geboren 1951 in Kasachstan, wohin das tschetschenische Volk 1944 unter Stalin deportiert wurde; Physikstudium; Gründer und Vorsitzender der Grünen Bewegung Tschetscheniens, die maßgeblich beteiligt war am Sturz der dortigen sowjetisch-kommunistischen Macht; Vorsitzender des Ökologischen Rates des Kaukasus. Neben vielen Patenten Erfinder eines neuen Motors, der 2010 in Genf patentiert wurde. Ekke Maaß lernte Ramzan Goitemirow auf der Kaukasischen Konferenz 1995 kennen und lud ihn mehrfach zu Gesprächen über Politik und Ökologie nach Deutschland ein.

Sergej Kowaljow und Jürgen Fuchs zu Gast bei Ekke Maaß während des Forums »Kunst und Menschen-rechte in Russland«, 1996

Hans Gerd Hannesen, Renate Stolze und Manfred Meyer von der Akademie der Künste

Jörg Henle, Svetlana Gannushkina und ein in Berlin lebender Tschetschene

Unter den Gästen Aslambek Kadijew (Vertreter der Tschetschenischen Republik in den Niederlanden), Svetlana Gannushkina (Memorial Moskau), der Menschenrechtsaktivist Bernhard Clasen, Prof. Jens und Eva Reich, Uta Schorlemmer und Daniel Krischan, Giwi Margwelaschwili und in Berlin lebende Tschetschenen.

4. Juli 1996   Besuch von Elisabeth Schroedter

Die Abgeordnete der Grünen im Europaparlament traf sich mit Ramzan Goitemirow, dem Vorsitzenden der Grünen Bewegung Tschetscheniens, und schlug vor, einen Verein für Aufbauprojekte in Tschetschenien zu gründen – Anregung für die Deutsch-Kaukasische Gesellschaft.

Elisabeth Schroedter, links Ramzan Goitemirow

Gründung der Deutsch-Kaukasischen Gesellschaft, hinten links Anatolij Pristawkin

29. August 1996   Gründung der Deutsch-Kaukasischen Gesellschaft e.V. (DKG)

Wahl des Vorstands: Madina Salazhieva (Germanistin), Schadi Budakoglu (Tschetschene aus der Türkei), Manfred Quiring (Journalist), Ekkehard Maaß (Publizist); Sitz der Gesellschaft ist bis heute die Schönfließer Straße 21.

4. Oktober 1996   Salon mit Efim Etkind (1918–1999)

Efim Etkind, geboren in Petrograd unmittelbar nach der Oktoberrevolution, war ein bedeutender russischer Literaturwissenschaftler, Übersetzer und Dissident. Wegen seines Einsatzes für Alexander Solschenizyn und Joseph Brodsky erhielt er ein totales Berufsverbot und wurde 1974 aus der Sowjetunion ausgewiesen.

Unter den Gästen die russischen Teilnehmer einer Tagung der Evangelischen Akademie zum Thema Menschenrechte in Russland.

23. April 1997 Salon mit Sergej Kowaljow

Geboren 1930 in der Ukraine; Biologiestudium in Moskau; protestierte 1956 gegen die sowjetische Intervention in Ungarn und 1968 in Prag; 1971 Mitherausgeber der im Samisdat verfassten »Chronik der Ereignisse« und Freundschaft mit Andrei Sacharow; 1974 Verhaftung und Verurteilung zu sieben Jahren Haft im Lager Perm 36 und drei Jahren Verbannung im Dorf Matrossowo an der Kolyma; Mitbegründer der Menschenrechtsorganisation Memorial, Mitglied der Duma und unter Präsident Boris Jelzin Menschenrechtsbeauftragter. Übte scharfe Kritik an den russischen Kriegsverbrechen in Tschetschenien und setzte sich für Friedensverhandlungen ein. Inhaber zahlreicher internationaler Preise und Ehrungen.

Unter den Gästen Prof. Wolfgang Eichwede, Gründungsdirektor der Forschungsstelle Osteuropa in Bremen, und Giwi Margwelaschwili. Sergei Kowaljow erklärt sich bereit, die Schirmherrschaft über die Deutsch-Kaukasische Gesellschaft zu übernehmen.

25. Juni 1997 Konzert von Tamar Maaß

Geboren 1978 in Poti, Georgien; Besuch der Musikakademie in Tbilissi und Mitglied des Staatlichen Opernjugendchors, beteiligt an Operninszenierungen und CD-Produktionen; 1996 Übersiedlung nach Deutschland und Heirat mit Ekke Maaß; Studium an der Hochschule für Musik »Hanns Eisler«; Beteiligung an Inszenierungen des »theater 89«; Gesangs- und Klavierlehrerin.
Unter den Gästen Regisseur Alexander Askoldow und Swetlana Askoldowa, die Autoren György Dalos, Uwe Kolbe, Giwi Margwelaschwili und Bernd Wagner, die Künstler Hans Scheib und Cornelia Schleime.

Foto: Lothar Reher, 1998

28. Januar 1998 Salon mit Wolf Biermann

Geboren 1936 in Hamburg; 1953 Übersiedlung in die DDR; 1965 totales Berufsverbot auf dem 11. Plenum des ZK der SED; 1976 Ausbürgerung. Ekke Maaß ist seit 1971 mit Wolf Biermann befreundet und singt seine Lieder.
Unter den Gästen Pamela Biermann, Naira Gelaschwili (Georgien), Madina Salajieva (Tschetschenien), Halise Hizliok (Kabardinerin in Berlin), der russische Regisseur Alexander Askoldow und seine Frau Swetlana, Giwi Margwelaschwili und Jura von Schlippe (radio liberti).

Giwi Margwe-
laschwili und
Wolf Biermann,
1993

Gegenüber-
liegende Seite:
Giwi Margwe-
laschwili,
Foto: Ludwig Rauch,
2008

Osteuropäische Begegnungen, Lesungen, Konzerte

17. März 1998   Konzert von Weinstock & Nachtigall

Weinstock & Nachtigall ist ein georgisches Gesangstrio, das die mehrstimmige alt-georgische Folklore und Stadtfolklore singt. Es sind die Schwiegereltern von Ekke Maaß Davit und Nona Meskhoradze und ihr Sohn Temuri. Unter den Gästen Wolf und Pamela Biermann, 20 Fellows des Wissenschaftskollegs, der Journalist Carl Corino und Christine Becker, die Frau des 1997 verstorbenen Schriftstellers Jurek Beckers. Auf dem festlichen Essen nach dem Konzert verkündet Wolf Biermann feierlich, dass Ekke Maaß zusammen mit Jürgen Fuchs das Zusatzstipendium seines Preises der Deutschen Nationalstiftung erhält.

28. Juni 1998   Fest im Hof der Schönfließer Straße

mit Plow, Feuer, Schaschlik. Konzert von Tamar und Jan Fretwurst mit Liedern aus dem Stück »Der abenteuerliche Simplicissimus«, Lieder von Wolf Biermann. Unter den Gästen der katholische Theologe Prof. Othmar Keel und Ehefrau Hilde aus Fribourg, Schweiz, Pamela Biermann, die Bildhauerin Christa Sammler, Dichter Richard Pietraß, der Atomphysiker Marcello Vecchi aus Bologna, Klaus Staeck, Holger Kulick und der oppositionelle weißrussische Regisseur Juri Chaschtschewatskij.

Hoffest

14. Dezember 1998   Konzert im Salon mit sechs Sängern des Chors der Moskauer Tichwinskaja-Kirche

Ekke Maaß hatte eines der Chormitglieder auf seinen Reisen durch Russland kennengelernt. Nach ihrem Konzert in der Gethsemanekirche besuchten die Sänger den Salon und sangen für Giwi Margwelaschwili ein Geburtstagsständchen, bis dass die Scheiben klirrten. Unter den Gästen der georgische Politikwissenschaftler Gia Nodia.

14. Februar 1999   Besuch von Eva-Maria, Nina und Cosma Hagen

Sie sahen gemeinsam in Ekkes Salon den Film »Todesengel« an, in dem Cosma eine Hauptrolle spielt.

26. Juni 1999   Großes Geburtstagsfest

im Hof der Schönfließer Straße am Tisch vom Rittergut Wiedebach und auf den Bänken vom Naumburger Dom. Unter den Gästen Wolf Biermann und Pamela, Eva-Maria Hagen, Abgeordneter Lehmann-Brauns, Cornelia Schleime, Christine Schlegel, Jürgen Hultenreich, Askoldows, Giwi Margwelaschwili.

25. November 1999   Politische Gespräche

mit dem MdB Helmut Lippelt, Ramzan Goitemirov und Ekke Maaß.

16. Februar 2000   Besuch des tschetschenischen Außenministers Ilyas Akhmadov

Geboren 1960 in Kasachstan, wohin die Tschetschenen 1944 deportiert worden waren; 1962 kehrte die Familie nach Tschetschenien zurück. Studium in Wolgograd und Rostow; Ilyas Achmadov war unter dem 1997 unter der Ägide der OSZE gewählten Präsidenten Aslan Maschadov Außenminister und entwarf den Friedensplan einer bedingten Autonomie Tschetscheniens.

Ekke Maaß unterstützte ihn in seiner politischen Arbeit u.a. mit Interviews in Funk und Fernsehen, einer Pressekonferenz zusammen mit Rupert Neudeck (Cap Anamur) und der Organisation von Gesprächen mit den Bundestagsabgeordneten Rudolf Bindig, Gerd Weisskirchen und Markus Meckel (SPD), Helmut Lippelt (Bündnis 90/Die Grünen), Hermann Gröhe (CDU) und mit dem Beauftragten für Menschenrechte und Humanitäre Hilfe des Auswärtigen Amtes, Gerd Poppe.

Ilyas Akhmadov, Rupert Neudeck und Ekke Maaß

Seinap Gaschaeva, Irena Brezna, Ekke Maaß und Lipkan Bazaeva

13. April 2000   Diskussionsabend mit den Vertretern der Soldatenmütter Russlands Valentina Melnikova, Ida Kuklina und Valentina Vonti

Heftige Debatte mit dem russischen Regisseur Alexander Askoldow und tschetsche-nischen Exilpolitikern und Emigranten.

15.–17. März 2001   Besuch der tschetschenischen Menschenrechtlerinnen Lipkan Bazaeva und Seinap Gaschaeva sowie der Schriftstellerin Irena Brezna aus der Schweiz

Seinap Gaschaeva und Lipkan Bazaeva dokumentierten die russischen Kriegsverbrechen in beiden Tschetschenienkriegen und machten sie öffentlich. Ekke Maaß lernte sie bei seiner ersten Tschetschenienreise 1997 kennen und unterstützt, wie auch Irena Brezna, bis heute ihre Arbeit. Über Seinap Gaschaeva wurde der beeindruckende Film »Coca – die Taube aus Tschetschenien« gedreht.

25. Mai 2001   Kaukasisches Essen

zu Ehren von Seinap Gaschaeva, Dr. Said-Khassan Abumuslimov, Natascha Nelidova und dem holländischen Regisseur Jos Potter, Autor des Dokumentarfilms »I make my new Empire« über den tschetschenischen Ölmagnaten Chosh-Achmed Nukhaev.

14. Dezember 2002   Salon mit Thomas Roth

Geboren 1951 in Heilbronn; Studium in Heidelberg; bekannter Fernsehjournalist, der mehrfach in Moskau arbeitete; bis 2016 Moderator der Tagesthemen; unter den Gästen Prof. Norbert Randow und Giwi Margwelaschwili.

28. Januar 2003   Salon mit Anna Politkowskaja (1958–2006)

Anna Politkowskaja, geboren in New York, war eine amerikanisch-russische Journalistin, zuletzt Mitarbeiterin der »Nowaja Gaseta«, die die russischen Kriegsverbrechen im zweiten Tschetschenienkrieg ab 1999 brandmarkte: Beschießung ziviler Ortschaften, Raub, Folter, Mord, Vergewaltigung und Korruption. Sie wurde am 7. Oktober 2006, an Putins Geburtstag, ermordet.

Anna Politkowskaja (Bildmitte, mit erhobener Hand)

Auf Deutsch erschienen *Tschetschenien. Die Wahrheit über den Krieg«*, 2003, *In Putins Russland*, 2005, *Russisches Tagebuch*, 2007.

Unter den Gästen Christian Döring vom Verlag DuMont, MdB Markus Meckel, Dr. Said-Khassan Abumuslimov, Andrej Nekrassov und Olga Konskaja nach der Buchpräsentation »Die Wahrheit über den Krieg« und der von Ekke Maaß organisierten Podiumsdiskussion im Haus der Demokratie

14. September 2003   Besuch von Günter Wallraff

Geboren 1942 in Burscheid; Enthüllungsjournalist mit zahlreichen »unerwünschten« Reportagen; befreundet mit Wolf Biermann und Jürgen Fuchs.

Während seiner ehrenamtlichen Mitarbeit in der Heinrich-Böll-Stiftung besuchte Ekke Maaß Günter Wallraff in Köln, der ihn in seiner Tschetschenienarbeit unterstützte; im Januar 2013 hatte Bundesminister a.D. Norbert Blüm Günter Wallraff, Ruppert Neudeck (Cap Anamur) und Ekke Maaß nach Bonn eingeladen, um sich zum Thema Tschetschenien beraten zu lassen.

Osteuropäische Begegnungen, Lesungen, Konzerte

Links: Vanessa Redgrave

Giwi Margwelaschwili und André Glucksmann

28. November 2003   Besuch der Filmschauspielerin Vanessa Redgrave

Geboren 1937 in London; bekannte Theater- und Filmschauspielerin; Oscar- und mehr-fache Golden-Globe-Preisträgerin; Trotzkistin und politisches Engagement gegen den Vietnamkrieg; Einsatz für Arafat und die Palästinenser; Protest gegen die russischen Kriegsverbrechen in Tschetschenien und Unterstützung des tschetschenischen Exil-politikers Achmed Zakaev, der in London lebt.

Vanessa Redgrave besuchte den Salon nach der von Ekke Maaß moderierten Podiums-diskussion im Otto-Braun-Saal der Staatsbibliothek zum Thema Tschetschenien. Unter den Gästen der Regisseur Andrej Nekrassov und die Schauspielerin Olga Konskaja, Apti Bisultanov und Markus Meckel.

8. November 2005   Salon mit André Glucksmann (1937–2015)

Geboren in Boulogne-Billancourt als Sohn osteuropäischer Juden; Verfolgung der Familie in der Nazizeit; Philosophiestudium in Lyon; zahlreiche Veröffentlichungen.

Unter den Gästen die tschetschenischen Exilpolitiker Apti Bisultanov, Sait-Hasan Abu-muslimov und Rakhman Duschuev, die Schriftsteller Hans Christoph Buch und Giwi Margwelaschwili sowie die Journalistin Barbara Lehmann.

Zu Gast bei Lew Kopelew, 1989

Jurij Andruchowytsch und Apti Bisultanov 2009

Helmut Lippelt und Ramzan Goitemirov, 1996

Christoph Tannert und Pamela Biermann, 2016

Gert Neumann, 2016

Iunona Guruli, 2016

Osteuropäische Begegnungen, Lesungen, Konzerte

Günther Verheugen,
Giwi Margwela-
schwili, Apti Bisul-
tanov und Dr. Sait-
Hasan Abumuslimov,
2006

Achmed Zakaev
und Markus Meckel,
2009

Der georgische Bot-
schafter Lado
Chanturia und
Dichterfreunde,
2015

Osteuropäische Begegnungen, Lesungen, Konzerte

Besuch des litaui-
schen Botschafters
Deividas Matulionis
und des Leiters des
Goethe-Institutes in
Vinius Detlef Ge-
ricke, 2016

Tschetschenische
Flüchtlinge, 2016

12. Januar 2006   Salon mit Günter Verheugen

Geboren 1944 in Bad Kreuznach; Studium von Geschichte, Soziologie und Politikwissenschaften in Köln und Bonn; Vizepräsident der Europäischen Kommission unter Barroso und EU-Kommissar für Unternehmen und Industrie; Honorarprofessor an der Europa-Universität Viadrina.

Ekke Maaß hatte die Rede Günter Verheugens bei der Verleihung des Lew-Kopelew-Preises an Seinap Gaschaeva in Köln am 20.11.2005 mit Materialien zu Tschetschenien unterstützt, u.a. mit den Gedichten Apti Bisultanovs. Unter den Gästen Dr. Sait-Hasan Abumuslimov, Apti Bisultanov, Rakhman Duschuev und Giwi Margwelaschwili.

25. März 2006   Georgischer Abend mit der georgischen Sängerin Iano Tamar

Geboren als Tamar Alibegaschwili in Kasbegi, Georgien; Klavier- und Gesangstudium; nach ihrem sensationellen Debüt als Semiramide in Pesero Erfolge an der Scala in Milano und den Opernbühnen der Welt.

Ekke Maaß hatte Iano Tamar in den 1980er Jahren im Flugzeug kennengelernt. Anlässlich ihres Gastspiels in der Deutschen Oper in Verdis Requiem hielt sie sich in Berlin auf. Unter den Gästen das georgische Gesangstrio »Weinstock & Nachtigall« und Giwi Margwelschwili.

13. Mai 2006   Besuch von Juri Schmidt (1937–2013)

Geboren in Leningrad; Jurastudium und Strafverteidiger; sein Vater überlebte 26 Jahre im GULAG; Gründer des »Russischen Anwaltskomitees zur Verteidigung der Menschenrechte«; Anwalt sowjetischer Dissidenten und prominenter Oppositioneller wie Chodorkowski.

Juri Schmidt hatte am Tag zuvor den Petra-Kelly-Preis der Heinrich-Böll-Stiftung erhalten. Unter den Gästen Arsenij Roginski und Jelena Schemkova, Memorial Moskau, und tschetschenische Exilpolitiker.

19. November 2006   Besuch von Vitautas Landsbergis, Präsident Litauens a.D.

Am Rande des Workshops »Wenn das Unrecht verblasst – Die kommunistische Diktatur in den Museen Europas« der Gedenkstätte Hohenschönhausen traf sich Landsbergis im Salon mit tschetschenischen Exilpolitikern.

27. Februar 2007   Anreise zweier tschetschenischer Kinder und ihrer Mütter aus Grozny

nach Überwindung vieler bürokratischer Hindernisse. Die Kinder haben entstellende Brandnarben und sollen in Berlin operiert werden. Gemeinsames humanitäres Projekt des Plastisch-Chirurgischen Zentrums placet (Dr. Peter), der Organisation Frauenwürde (Lipkan Bazaeva) und der Deutsch-Kaukasischen Gesellschaft.

(Aus: Tagebuch Ekke Maaß)

20. August 2009   Gesprächsrunde mit Sabine Adler, Deutschlandradio

und tschetschenischen Politikern zur politischen Situation in Tschetschenien und der Gefährdung politischer Flüchtlinge in Deutschland und Europa. Am 10. August waren die Menschenrechtsaktivisten Sarema Sadulaeva und ihr Ehemann in Tschetschenien ermordet worden.

28. November 2010   Arbeitsessen mit acht georgischen Historikern der NGO »Laboratorium«

zur Aufarbeitung der Stalinzeit, u.a. mit Giwi Margwelaschwili und Kerstin Nickig von der Heinrich-Böll-Stiftung.

18. März 2011   Salon mit Nino Haratischwili

Nino Haratischwili, 1983 in Tbilissi geboren, gründete bereits als Jugendliche die deutsch-georgische Theatergruppe »Fliedertheater«, für die sie Stücke schrieb und inszenierte. Sie studierte Filmregie in Tbilissi und Theaterregie in Hamburg. Mit ihrem Romandebüt »Juja« (2010) stand sie auf der Longlist des deutschen Buchpreises sowie der Shortlist des ZDF-aspekte-Literaturpreises und gewann 2011 den Debütpreis des Buddenbrookhauses Lübeck. Ihr zweiter Roman »Mein sanfter Zwilling« (2011) wurde

Nino Haratischwili und Dudana Masmanishvili, Pianistin und Kulturattaché der georgischen Botschaft

mit dem Preis der Hotlist der unabhängigen Verlage ausgezeichnet. 2014 erschien »Das achte Leben (Für Brilka)«, ein Jahrhundertroman. Nino Haratischwili lebt als Autorin und Regisseurin in Hamburg.

Unter den Gästen des Abends die georgische Regisseurin Nino Burduli, der Literaturwissenschaftler und georgische Kulturminister a.D. Aliko Kartozia, Russiko Gorgiladze, die Pianistin und Kulturattaché der georgischen Botschaft Dudana Masmanishvili.

19. Dezember 2011 Verleihung des Bundesverdienstkreuzes an Ekke Maaß

Ekke Maaß wollte die Auszeichnung nicht in der Senatskanzlei von André Schmitz verliehen bekommen, sondern organisierte in seinem Salon ein festliches Essen mit traditionellem Plow und georgischem Khatschapuri. Die georgische Pianistin Dudana Masmanishvili spielte Chopin, es sang das georgische Gesangstrio »Weinstock & Nachtigall«. Unter den Gästen Dr. Said-Khassan Abumuslimov, Hans Christoph Buch, Apti Bisultanov, Uwe Kolbe, Markus Meckel, Gabriele Muschter und André Schmitz.

Liau Yiwu (links)

15. Juni 2012   Schaschlikessen für Giwi Margwelaschwili

Unter den Gästen Hans Christoph Buch, Aliko Kartozia, Literaturagent Axel Haase und Anna Margwelaschwili, Wolfram und Katharina Wickert.

3. Mai 2013   Besuch von Liau Yiwu

Geboren 1958 in Yanting, China; in den 1980er Jahren einer der bekanntesten jungen Dichter Chinas; nach dem Bekanntwerden seines Gedichtes »Massaker« über die Ereignisse am Tian'anmen-Platz 1989 vierjährige Haftstrafe; 2010 Ausreise nach Deutschland; 2012 Gründungsmitglied der Akademie der Künste der Welt.

Veröffentlichungen: *Fräulein Hallo und der Bauernkaiser: Chinas Gesellschaft von unten,* Frankfurt/M. 2009; *Für ein Lied und hundert Lieder: Ein Zeugenbericht aus chinesischen Gefängnissen,* Frankfurt/M. 2011; *Massaker: Frühe Gedichte. Aus dem Chinesischen von Hans Peter Hoffmannm,* Berlin 2012; *Die Kugel und das Opium. Leben und Tod am Platz des Himmlischen Friedens,* Frankfurt/M. 2012; *Die Dongdong-Tänzerin und der Sichuan-Koch: Geschichten aus der chinesischen Wirklichkeit,* Frankfurt/M. 2013; *Gott ist rot: Geschichten aus dem Untergrund - Verfolgte Christen in China,* Frankfurt/M. 2014; *Die Wiedergeburt der Ameisen. Roman,* Frankfurt/M. 2016.

ELEGIE DES 4. JUNI

(An einem Herbstabend 2007 erreichte mich in Yunnan ein Anruf von Liu Xiaobo. Er klang sehr deprimiert. Ob denn die Leute all die Toten längst vergessen hätten? Alle unsere Anstrengungen umsonst gewesen seien? Ich musste weinen. In der Nacht fand ich keinen Schlaf und schrieb dieses Lied.)

Der Mond steigt über die Baumwipfel.
Ich denke an meine Liebste,
Für immer ruhend in der stillen gelben Erde.
Von Ferne hört man Schüsse.

Damals noch heißblütig und leidenschaftlich
Schulterten wir das Schicksal des Vaterlands,
Heute stehn wir da mit leeren Fäusten
Die Schwerter stumpf nach all den Jahren.

Der Mond zieht durch die Erinnerungen,
Ich denke an meine Liebste,
Ich Überlebender werde umherziehend alt,
Ihr Toten bleibt für immer jung.

(Übersetzung: Karin Betz)

15. Oktober 2013   Abend mit Zara Murtazalieva

Als Putin Terroristen brauchte, um sich in den Kampf gegen den internationalen Terrorismus einzureihen, wurde 2002 die tschetschenische Studentin Zara Murtazalieva in Moskau verhaftet, ihr ein Sprengmittel in die Handtasche gelegt und sie unschuldig zu zehn Jahren Lager verurteilt. Sie saß ihre Strafe ab und lebt jetzt im Pariser Asyl. Sie schrieb ein Buch über ihre Lagerhaft. Unter den Gästen Apti Bisultanov und Alexander Formosov.

7. August 2014 Erzählsalon mit Susanne Schädlich, Holger Kulick, Max Dehmel; Moderation: Sven Kellerhof, Musik: Ekke Maaß

Der Abend war organisiert von der Evangelischen Gemeinde am Weinbergsweg, Nicola Hochkeppel. Unter den mehr als siebzig Gästen Dr. Guntolf Herzberg, Peter Wensierski und der Künstler Roger David Servais.

21. März 2015 Frühlingsessen mit dem georgischen Botschafter Lado Chanturia

und seiner Frau Manana; unter den Gästen Elke Erb, Hans Christoph Buch und Etna Reruf, Bernd Wagner, Detlef Opitz sowie der Schauspieler und Regisseur Leopold von Verschuer.

30. November 2015 Lesung Apti Bisultanov

Apti Bisultanov wurde 1959 in Goitschu/Tschetschenien geboren, einem Dorf von 6000 Einwohnern, welches im März 2000 bei russischen Angriffen buchstäblich vom Erdboden getilgt wurde. Alle Handschriften und Briefe des Dichters und sein Archiv verbrannten.

Apti Bisultanov studierte Philologie und arbeitete als Dozent, Redakteur, Herausgeber, Minister und Partisan. Für sein Poem »In Chaibach verfasst«, welches den Opfern der Deportation unter Stalin gewidmet ist, erhielt er 1992 den tschetschenischen Nationalpreis. Seit Herbst 2003 lebt Apti Bisultanov in Berlin. Er nahm am Internationalen Literaturfestival teil und war Stipendiat der Stiftung Kulturfonds. 2003 erhielt er in Rotterdam den Award der Stiftung Poets of All Nations und des N(o)vib-Verlages, 2006 war er Stadtschreiber zu Rheinsberg.

Auf deutsch erschienen: *Schatten eines Blitzes*, Gedichte von 1982–2003, darin: *In Chaibach verfasst – Poem*; aus dem Tschetschenischen von Ekkehard Maaß; Redaktion Elke Erb, Klagenfurt 2004.

* * *

Ekkehard Maaß gewidmet

Dort, wo sie 1989 zuerst
Die Mauer zerstörten
An einem fernen Abend, irgendwann
Sahen wir einander zum ersten Mal
Im Trance fallender Kastanien
Kann ich jeden leisesten Laut deuten
Und wo aus der Grenze ein Bahnhof wurde
Ist gut sichtbar der Himmel Berlins
Wie ein Deutscher seine weißgekleidete Braut
Halte ich im Arm meine Einsamkeit
Hoffend, wie von einer falschen Rechnung
Mich zu befreien von meiner Trauer
Ich kam heute Nacht an diesen Ort
Weil mir immer scheint,
Dass ich mich dort, wo die Mauer zerstört wurde
In Tschetschenien befinde

(Rohübersetzung: Ekke Maaß)

24. Januar 2016   Besuch der georgischen Autorin Iunona Guruli und Beso Kvedelidze

19. Februar 2016   »Die guten finsteren Zeiten« – Konzert mit Ekke Maaß

Unter den Gästen der Dichter Steffen Popp, Kati Mattutat vom Koeppen-Haus und die Kulturbeauftragte Anett Hauswald aus Greifswald.

18. März 2016   Salon mit Wolf und Pamela Biermann

Unter den Gästen Marianne Birthler, Christoph Tannert, Detlef Opitz, Coco Kühn.

Wolf Biermann
und Detlef Opitz

Osteuropäische Begegnungen, Lesungen, Konzerte

24. April 2016   Lesung
Wjatscheslaw Kuprianow

Wjatscheslaw Kuprianow ist ein russischer Dichter und literarischer Übersetzer der Perestroika-Generation. Er wurde 1939 in Nowosibirsk geboren, studierte in Leningrad und Moskau und lebt seit 1967 freischaffend in Moskau. Er übersetzte Hölderlin, Chamisso, Novalis, Rilke, Hofmannsthal, Brecht, Arp, Fried, Grass und Jandl ins Russische und besuchte seit den 1990er Jahren immer wieder den Salon in der Schönfließer Straße.

Auf deutsch erschienen: *Ein nüchternes Echo,* 1985; *Ein Denkmal für den unbekannten Feigling,* 1990; *Aufforderung zum Flug, Gedichte,* Berlin 1990; *Das feuchte Manuskript,* Roman, 1991; *Eisenzeitlupe,* 1996; *Wie man eine Giraffe wird,* 1998; *Der Schuh des Empedokles,* Roman, 1999; *Wohin schreitet die Pappel im Mai? Eine Anthologie moderner russischer Lyrik,* 2000; *Muster auf Bambusmatten, Eurasische Geschichten,* 2001; *Zeitfernrohr,* 2003.

WERFT

keine Worte hin
baut
keine leeren Sätze
verschluckt
keine Silben
lasst buchstäblich
keinen Buchstaben in der Einsamkeit

In einem guten Satz
ist eure Unsterblichkeit
in einem richtigen Wort –
euer Leben
in einer klaren Silbe –
euer Atem
in einem einsamen Buchstaben
erstarrt
das Blut

(Aus: Aufforderung zum Flug. Gedichte, Berlin 1990)

Svetlana Gannushkina (Bildmitte, mit Blumen)

11. Oktober 2016   Salon mit Swetlana Gannushkina

Geboren 1942 in Moskau; Mathematikstudium an der Lomonossow-Universität; Professorin an der Moskauer Universität für Geisteswissenschaften; gründete 1990 die Organisation »Zivile Unterstützung«, die sich maßgeblich für Flüchtlinge einsetzt, seit 1994 besonders für Flüchtlinge aus Tschetschenien. Gründerin eines Netzwerkes juristischer Beratungsstellen für Flüchtlinge und Vertriebene. Seit 2002 Mitglied der Kommission der Menschenrechte des Präsidenten der Russischen Föderation; Ehrung mit vielen internationalen Menschenrechtspreisen. 2016 erhielt sie den alternativen Nobelpreis. Ekke Maaß arbeitet seit vielen Jahren eng mit Swetlana Gannushkina zusammen. Mithilfe ihrer Dossiers konnte u.a. die Auslieferung Dutzender Tschetschenen an die Russische Föderation verhindert werden, die für sie unmenschliche Behandlung und Folter bedeutet hätte.
Unter den Gästen tschetschenische Aktivisten der Deutsch-Kaukasischen Gesellschaft, Rakhman Duschuev, Rubati Mitsaeva, Asan Hadzhiev und Ruslan Lulaev.

13. Oktober 2016   Besuch des litauischen Botschafters Deividas Matulionis

Unter den Gästen Detlef Gericke, Leiter des Goethe-Institutes in Vilnius, seine Mitarbeiterin Rebekka, Jonas Skačkauskas und der tschetschenische Flüchtling Ruslan Lulaev.

Osteuropäische Begegnungen, Lesungen, Konzerte

Anhang

Ekke Maaß im OV Keller

Hauptabteilung XX/9   Berlin, 6.10.1982

Zwischenbericht
Zum Operativen Vorgang »Keller«

Im Operativ-Vorgang »Keller«, Reg. Nr. XV/1177/77 der HA XX/9 wird seit 1976 als Hauptperson der

Name, Vorname:	Maaß, Ekkehard
Geb. am:	25.6.1951
Tätigkeit:	ohne
Wohnhaft:	1071 Berlin, Schönfließer Str. 21

operativ bearbeitet.

Es konnte herausgearbeitet werden, dass Maaß seine Aktivitäten zur Organisierung von Personen, die unter Verdacht stehen, politische Untergrundtätigkeit zu betreiben und Straftaten gemäß § 106 StGB zu begehen, seit November 1980 in verstärkter Form fortsetzt. Das drückt sich vor allem aus

– in der monatlichen Durchführung von Zusammenkünften in seiner Wohnung, an denen bis zu 60 Personen teilnehmen. Dabei treten überwiegend Personen in Erscheinung, die aus selbstgefertigten literarischen Produkten mit negativ-feindlichen Inhalt lesen;

– in einem sich ständig erweitertem Kreis von Teilnehmern und Organisatoren weiterer, ähnlicher Veranstaltungen;

– durch verstärktes Wirksamwerden in kirchlichen Einrichtungen mit Veranstaltungen;

– in der Kontaktaufnahme zu Personen aus der BRD/West-Berlin mit dem Ziel der Popularisierung dieses Personenkreises in der BRD;

– im Zur-Verfügung-Stellen seiner Wohnung für Absprachen negativ-feindlicher Personen zur Organisierung von Aktivitäten gegen staatliche Maßnahmen;

– im Bestreben über die Erlangung eines Berufsausweises offizielle Auftrittsmöglichkeiten in staatlichen und gesellschaftlichen Einrichtungen zu erhalten;

– im Besitz und dem Verbreiten konterrevolutionärer Konzeptionen.

<u>Zur Person</u>

Maaß wurde 1951 als viertes von fünf Kindern einer Pastorenfamilie geboren. Er ist seit 1971 mit M. geb. Löber, Wilfriede, Keramikerin, verheiratet und hat zwei Kinder. Die Eltern des Maaß sowie drei Geschwister siedelten nach Antragstellung in die BRD über. Die älteste Schwester wohnt in Leipzig.

Von 1958 bis 1966 besuchte Ekkehard Maaß die POS in Schönburg und danach die EOS in Naumburg mit Berufsausbildung als Agrotechniker. 1970 legte er die Reifeprüfung ab.

Sein politisches Auftreten war bereits während dieser Zeit zwiespältig. Nach dem Abitur begann Maaß ein Studium am Katechetischen Oberseminar in Naumburg und von 1971 bis 1973 studierte er am Sprachenkonvikt der Evangelischen Kirche in Berlin.

Eigenen Angaben zufolge änderte er seine Weltanschauung, brach das Theologiestudium ab und arbeitete von 1973 bis 1974 als Traktorist und Viehpfleger im VEG Zingst/Darß. 1974 wurde Maaß zur NVA eingezogen. Er leistete seinen einhalbjährigen Wehrdienst als Militärkraftfahrer.

Sein offizielles Auftreten war positiv. Inoffiziell wurde erarbeitet, dass Maaß diese positive Haltung nur vortäuscht. Vermutlich, um so seine Absicht, marxistisch-leninistische Philosophie an der Humboldt-Universität Berlin zu studieren, zu sichern.

Im September 1976 wurde Maaß an der Humboldt Universität immatrikuliert. Bedingt durch seine Vorbildung zeigte er anfangs gute Studienleistungen. Mit zunehmender Studiendauer war ein Leistungsabfall zu verzeichnen. Maaß stand wegen seiner zwiespältigen politisch-ideologischen Haltung häufig im Mittelpunkt von Auseinandersetzungen in der Seminargruppe. Bei der Aberkennung der Staatsbürgerschaft für Biermann, zu dessen Verbindungen er seit 1972 gehörte, war er maßgeblich an der Sammlung von Unterschriften gegen die staatlichen Maßnahmen sowie an der Verbreitung des Textes des »Protestbriefes« der Kunst- und Kulturschaffenden beteiligt.

In Seminaren versuchte Maaß, zunehmend durch provokatorische Zwischenfragen zu stören. 1977 war Maaß mit einer internationalen Studentenbrigade in der SU. Dort fiel er durch negative Diskussionen und ungesetzlichen Aufkauf von Ikonen an. Die sich häufenden Auseinandersetzungen mit Maaß und die Tatsache, dass an der Humboldt-Universität bekannt wurde, dass er im internen Kreis Biermann-Lieder sang, wurde genutzt, um die Exmatrikulation vom Studium durch operative Maßnahmen voranzutreiben und durchzusetzen. 1979 wurde Maaß vom Studium ausgeschlossen.

Seit dieser Zeit geht er keiner geregelten Arbeit nach. In Abständen beschaffte er sich Auftrittsmöglichkeiten in Kulturhauseinrichtung, Kirchen und Privatwohnungen. Eine kurzzeitige Tätigkeit im Büro für Urheberrechte wurde operativ rückgängig gemacht.

Den Unterhalt der Familie bestreitet die Ehefrau durch ihre kunsthandwerkliche Tätigkeit. Maaß bemühte sich zeitweilig um Tätigkeiten in Verlagseinrichtungen als Lektor oder Ähnliches. Die Ehefrau des Maaß unterhält intime Beziehungen zu Anderson, Alexander, so dass die Eheverhältnisse zerrüttet sind.

Wesentliche Ergebnisse der operativen Bearbeitung

Der im Operativ-Vorgang »Keller« als Hauptperson bearbeitete

    Maaß, Ekkehard

wurde 1972 bekannt. Er war der Organisator eines Liederabends, den Biermann u.a. vor Angehörigen der Sowjetarmee im Kreis Naumburg durchführte. In der Folgezeit intensivierte er seinen Kontakt zu Biermann. Maaß vervollkommnete bei Biermann seine musikalischen Fertigkeiten, eignete sich Lieder aus dem Repertoire Biermanns an und identifizierte sich mit dessen negativ-feindlicher Haltung.

1976 nahm Maaß sein Philosophie-Studium an der Humboldt-Universität Berlin auf.

Durch Scheinaktivitäten in der FDJ und DSF versuchte er, seine negativ-feindliche Haltung zu tarnen.

Nach der Aberkennung der Staatsbürgerschaft für Biermann organisierte Maaß Unterschriftensammlungen gegen die staatlichen Maßnahmen und verbreitete den Text der Protestresolution der Kulturschaffenden in der Seminargruppe.

Im Zusammenhang mit seinen Aktivitäten gegen die staatlichen Maßnahmen nahm Maaß persönlichen Kontakt zu Armin Mueller-Stahl, Volker Braun, Ekkehard Schall sowie anderen Kulturschaffenden auf.

Zur gleichen Zeit wurde Maaß als Verbindung des durch die BV Berlin, Abteilung VII, bearbeiteten

    Dr. med. Wiemuth, Hans-Helmut

    geb. am: 19.7.1943

    Pathologe, Krankenhaus Herzberge

bekannt.

In der Wohnung des Wiemuth bzw. bei anderen Personen trafen sich zum Teil unterschiedliche Personenkreise sowohl zu Partys als auch zu Diskussionen zu Themen wie Kunst, Literatur, Wissenschaft.

Unmittelbar nach der Aberkennung der Staatsbürgerschaft der DDR für Biermann engagierte sich ein Teil des Umgangskreises um Wiemuth stark politisch-negativ. Dazu gehörten u.a.

    Dr. Wiemuth, Maaß, Ekkehard; Maaß, Wolfram (jetzt BRD), [Name geschwärzt] (erf. BV Leipzig).

Am 12.12.1976 bei einer Adventsveranstaltung im ausgebauten Keller im Haus des Dr Wiemuth, wurde ein durch

    [Name geschwärzt]

geschriebener und von

    Maaß, Ekkehard

verlesener Brief als Entgegnung auf den Artikel von Peter Hacks in »Die Weltbühne« Nr. 49 – Neues von Biermann – diskutiert.

Dieser Brief erschien in der »Süddeutschen Zeitung« vom 21.12.1976 unter der Überschrift »Brief aus Leipzig« und richtete Angriffe gegen die staatlichen Maßnahmen.

Inoffiziell wurde im Mai 1979 festgestellt, dass dieser Brief, der ursprünglich an die Redaktion von »Die Weltbühne« gerichtet werden sollte, durch Maaß, Ekkehard an den in der DDR akkreditierten und zum Verbindungskreis von Wiehmuth gehörenden BRD-Journalisten

    Corino, Claus
    »Süddeutsche Zeitung«

übergeben wurde.

Anfang Jan. 1977 konnte festgestellt werden, dass es in den Kreisen um Maaß und Wiehmuth echte Bestrebungen gab, die Trefftätigkeit stärker zu konspirieren.

Es wurden teilweise Materialien umgelagert. Die Zahl der Teilnehmer an den Diskussionsrunden sollte auf 10–12 verringert werden. Ständiger Bestandteil der Diskussionen war die Suche nach eventuellen vorhandenen »Spitzeln« des MfS. Zu einer konstanten Diskussionsrunde kam es in der Folgezeit jedoch nicht. Unabhängig davon führte Maaß relativ häufig Liederabende in der Hauptstadt und in anderen Städten der DDR durch, bei denen er Lieder des sowjetischen Liedermachers Okudschawa vortrug, die stark pessimistisch und versteckt antisowjetisch sind.

In privaten Zusammenkünften sang er mehrfach negativ-feindliche Biermann-Lieder.

»Die Alternative« von Bahro war Anlass für Maaß, im November 1977 eine Hetzschrift anzufertigen und in unbekannter Anzahl zu verbreiten.

Die Hetzschrift, die aus Anlass des Jahrestages der Ausbürgerung Biermanns angefertigt wurde, trägt die Überschrift »Leierkasten Informationsbulletin Nr. I – November 1977«. Sie sollte ursprünglich regelmäßig erscheinen, es blieb jedoch bei einer Ausgabe.

Das Informationsbulletin enthält:

– Einen Prolog, der dazu auffordert, ähnlich den Praktiken »in anderen Ländern des real existierenden Sozialismus«, »der Mutlosigkeit, der Trägheit, der Verlogenheit und Gleichgültigkeit« entgegenzuwirken, der eigenen »politischen Verantwortung gerecht zu werden«. Des Weiteren wird durch Abschrift zur Verbreitung aufgefordert.

– Auszüge aus »Die Alternative« von Bahro, beginnend mit dem Zitat: »Zunächst gilt es, den Spielraum für die öffentliche Diskussion über die brennenden Fragen unserer Bewegung zu erobern«.

– Kleine Ermutigung, Gedichte von Wolf Biermann. (Beweis, Durchschlag des Originals inoffiziell beschafft).

Nach Angaben von Maaß wird inoffiziell eingeschätzt, dass ca. 150 Exemplare auf verschiedenen Schreibmaschinen angefertigt wurden, inoffiziell ist bekannt, dass neben Maaß

Sperling, Norbert und

Kahlbaum, Johanna

an der Vervielfältigung beteiligt waren. Es konnte keines der verbreiteten Exemplare sichergestellt werden. Die Kahlbaum, Johanna siedelte im April 1979 und Sperling, Norbert im Mai 1981 legal in die BRD über. Vor der Übersiedlung des Bruders, M., Wolfram in die BRD, gab es erhebliche Auseinandersetzungen zwischen den Brüdern Maaß. Anlass dazu waren die häufig sporadischen Ideen des M., Ekkehard, die im Grunde nur Ausdruck seines maßlosen Geltungsbedürfnisses sind und seine Freunde in Gefahr brächten. Maaß, Ekkehards sporadisches Verhalten drückt sich vor allem in solchen Verhaltensweisen aus wie

- Vorstellungen, durch einen illegalen Sender öffentlichkeitswirksam zu werden;
- Organisierung einer kurzzeitigen Ausschleusung nach Westberlin auf der Grundlage des Ähnlichkeitsprinzips mithilfe von BRD Bürgern;
- Herausgabe einer Zeitung in der BRD, die nur für DDR-Bürger bestimmt ist.

Diese Ideen wurden insbesondere durch gezielten Einfluss des IM Villon zerschlagen.

Seit Anfang 1979 organisiert Maaß in relativer Regelmäßigkeit Diskussionsrunden zu Problemen

- des Demokratieverständnisses;
- des Verhaltens bei strafrechtlichen Maßnahmen;
- der Kulturpolitik

und Liederabende, die vorwiegend in seiner Wohnung durchgeführt werden. Bedeutsam ist dabei vor allem, dass er ständig nach neuen Diskussionspartnern sucht.

Inoffiziell wurden folgende Veranstaltungen in der Wohnung des Maaß bekannt (wichtigste Veranstaltungen):

- Lesung Helga Königsdorf [geschwärzt] aus »Meine ungehörigen Träume« am 2.4.1979;
- Liederabend Maaß (Okudshawa), Vortrag Eckardt Wenzel (Lieder), Steffen Mensching (Gedichte) am 18.4.1979;
- Thematische Diskussion zu Bahro Buch »Die Alternative«, März/April 1979;
- Liederabend Maaß und zwei nicht identifizierte Personen zum Thema »Antikriegslieder« am 29.10.1979;
- Lesung Adolf Endler, Alexander Anderson am 2.6.1980,
- Lesung »Lyrik« Papenfuß-Gorek, Bert am 26.10.1980.

An diesen Veranstaltungen nahmen jeweils 30–60 Personen teil. In den anschließend durch Maaß gelenkten Diskussionen wurden konstant Angriffe gegen die sozialistische Gesellschaftsordnung vorgetragen.

Die Lesung des Papenfuß-Gorek am 26.10.1980 hatte eindeutig negativ-feindlichen Charakter.

Mehrfach trat Maaß gemeinsam mit der Bettina Wegner in kirchlichen Einrichtungen auf. So auch am 19.10.1979 in Halle-Neustadt, an der auch der Papenfuß-Gorek teilnahm. Erstmals am 9.5.1979 wurde bei einer durch Maaß organisierten Diskussion über zweckmäßige Verhaltensweisen im Falle der Berührung mit strafrechtlichen Maßnahmen

Dr. Klein, Thomas

Mathematiker

1979 inhaftiert

bekannt.

Operativ zu beachten ist, dass bei allen organisiert durchgeführten thematischen Diskussionen weder eine Konzeption noch eine Zielstellung offen ausgesprochen wurde. Es wird vermieden, in »solch großer Runde« (so Dr. Klein) Ziele der Diskussion zum Gegenstand zu erheben.

Am 23.5.1979 wurde durch die

    [Name geschwärzt]

in Zusammenarbeit mit Maaß, Ekkehard ein Protestbrief verfasst, der sich gegen den Schriftsteller Dieter Noll und dessen zustimmende Haltung zur Kulturpolitik der DDR richtet (»ND« vom 22.5.1979).

Der erste Text wurde nochmals überarbeitet und inoffiziellen Hinweisen zufolge durch einen unbekannten BRD-Bürger nach Westberlin/BRD ausgeschleust.

Eine Veröffentlichung in Massenmedien der BRD wurde nicht festgestellt. Beide Exemplare sowie das »Informationsbulletin« wurden nach Einschätzung der Hauptabteilung XX/9 auf einer Schreibmaschine geschrieben (Beweis, je ein Durchschlag des Originals inoffiziell beschafft).

Am 12.6.1979 wurde inoffiziell bekannt, dass durch eine Gruppe um Dr. Klein ein Protestbrief gegen den Ausschluss der 9 Schriftsteller verfasst wurde. Maaß war an der Organisierung der Unterschriftensammlung mitbeteiligt, ohne selbst zu unterzeichnen.

Inoffiziell wurde erarbeitet, das Maaß unter Missbrauch des grenzüberschreitenden Verkehrs Verbindung zu Biermann herstellte.

Seit Mitte 1979 gehört Maaß einem Kreis von intellektuellen Personen an, die sich in relativ regelmäßigen Abständen (2mal monatlich) zu Diskussionsrunden zusammenfinden. Dabei handelt es sich ausschließlich um Personen, die sich mit den Theorien Bahros, Biermanns, Havemanns beschäftigen und differenziert damit identifizieren.

Die Zusammenkünfte werden als »wissenschaftlicher Meinungsstreit über gesellschaftliche Probleme und Prozesse im Sozialismus« getarnt.

Die Ergebnisse der durchgeführten Diskussionen wurden bisher nicht in schriftlichen Konzeptionen gefasst. Durch gezielten IM-Einfluss wurden öffentlichkeitswirksame negativ-feindliche Handlungen bisher verhindert.

In diesem Kreis ist eine relative Distanzierung von Maaß sichtbar, weil dessen Aktivitäten als Gefährdung der eigenen Sicherheit betrachtet werden. Zu diesem Kreis gehören u. a.

    Herzberg, Guntolf   op. bekannte Bahro-Verbindung

Seit November 1980 entwickelte Maaß folgende operativ relevante Aktivitäten:

1. Lesungen/Zusammenkünfte in seiner Wohnung

30.11.1980

Lesung des	Häfner, Eberhard
	kirchlicher Angestellter
	operativ bearbeitet durch BV Erfurt, Abteilung XX
Teilnehmer:	ca. 40 Personen, darunter
	Braun, Volker
	Müller, Heiner

Das Vorgetragene insgesamt war ein Wechsel von Belanglosigkeiten, politisch-negativen Andeutungen und obszönen Anspielungen. Teile der Aussagen waren objektiv geeignet, auf bestimmte Personen negativ-anregend zu wirken.

Inoffizieller Beweis: Tonbandmitschnitt.

<u>25.1.1981</u>

Lesung des   Döring, Stefan

                  Diplom-Ingenieur

                  tätig: stundenweise als Heizer

                  operativ bearbeitet durch HA XX/9

Teilnehmer: ca. 60 Personen

Die von Döring vorgetragenen Gedichte wurden allgemein als banal und bedeutungslos eingeschätzt.

<u>1.3.1981</u>

Liederabend des Götze, Wasja

                  operativ bearbeitet durch die BV Halle, Abt. XX

Teilnehmer: ca. 30 Personen

Konkrete Informationen zum Verlauf der Zusammenkunft liegen nicht vor.

<u>31.5.1981</u>

Lesung der   Lange, Katja

                  Erf.: HA XX

Teilnehmer: ca. 55 Personen, darunter

                  D. Klein, Thomas

                  Paris, Helga

Die von der Lange geschriebene und vorgetragene Geschichte befasste sich mit der Erschießung eines italienischen Kraftfahrers an der DDR-Grenze.

<u>28.6.1981</u>

Lesung des   Eue, Dieter

                  Ingenieur für Werkstoffmechanik

                  1981 in die BRD übergesiedelt

Teilnehmer: ca. 50 Personen

Eule las aus dem von ihm verfasste Manuskript »Ketzers Jugend«. Das Manuskript erfüllt nach Einschätzung der HA IX den Tatbestand des § 106 StGB.

Eue erhielt von den zuständigen Organen die Auflage, das Manuskript nicht zu verbreiten.

Inoffizieller Beweis: Tonbandmitschnitt

Offizieller Beweis: Manuskript bei HA IX/2

<u>20.9.1981</u>

Lesung von 16 sogenannte Nachwuchsautoren, die größtenteils mit Beiträgen in einem Anthologie-Vorhaben bei der Akademie der Künste vertreten sind. Die gelesenen Beiträge waren, wie die Beiträge in dem Anthologie-Vorhaben, zum überwiegenden Teil negativ bzw. feindlich.

Teilnehmer: ca. 50 Personen

Inoffizieller Beweis: Tonbandmitschnitt, Bilddokumentation, Einschätzung einzelner Texte.

Lesung des Brasch, Peter

      freiberuflicher Hörspielautor

      operativ bearbeitet durch HA XX/7

Teilnehmer: ca. 50 Personen

Brasch las selbstverfasste Arbeiten, die inoffiziell als historisch verkleidete Angriffe auf den Sozialismus eingeschätzt werden. Im Anschluss an die Lesung kam es zu einer Auseinandersetzung, weil sich ein Zuhörer [Name geschwärzt] gegen den pessimistischen Inhalt des Vorgetragenen aussprach.

Im Anschluss fand eine Absprache statt, um Möglichkeiten zu beraten, auf staatliche Stellen Druck auszuüben, [weiterer Text geschwärzt].

10.11.1981

Lesung des Schulze, Dieter

      operativ bearbeitet durch HA XX/9

Teilnehmer: ca. 50 Personen, darunter

      Fühmann, Franz

      Wolf, Christa und Gerhard

Das vorgetragene beschäftigte sich mit der Vernichtung der Erde. Schulze verband diese Lesung mit einer Danksagung an alle Personen, [weiterer Text geschwärzt].

22.11.1981

Lesung des Hegewald, Wolfgang

      operativ bearbeitet durch BV Leipzig,

      Abteilung XX

Teilnehmer: ca. 70 Personen, darunter

      Rathenow, Lutz

      Brasch, Peter

      Erb, Elke

      Kolbe, Uwe

Hegewald las aus einer bisher unveröffentlichten Erzählung. In politisch negativen Sinne nahm er darin Bezug auf die Kontrolle und Zuführung gemeinsam mit seiner Freundin im Sommer 1980 durch die Sicherheitsorgane der ČSSR.

20.12.1981

Lesung der Kaschina–Rahn, Irina

      operativ bearbeitet durch HA II

Teilnehmer: ca. 40 Personen, darunter

      [Namen geschwärzt]

      Kolbe, Uwe

Während der Lesungen wurden durch die Rahn 20 Gedichte eigener Schöpfungen russischer Sprache vorgetragen. Der Inhalt der Gedichte ist nicht bekannt.

24.1.1982

Lesung der   Moog, Christa
                operativ bearbeitet durch KD Eisenach

Teilnehmer: ca. 100 Personen

Die Moog trug ca. 25–30 selbstverfasste Texte (Kurzprosa) vor. Es waren durchweg Beschreibungen von Alltagsgeschichten und hob sich in der literarischen Qualität von den bisherigen Lesungen ab. Auf Grund der Stilanlage und der Art der Darstellung war der politisch-negative Hintergrund deutlich spürbar, obwohl es scheinbar nur die Widerspiegelung von Realitäten war.

21.3.1982

Lesung des   Faktor, Jan
                operativ bearbeitet durch HA XX/7

Teilnehmer: ca. 130 Personen, darunter

               Wolf, Christa   Dr. Herzberg, Guntolf

               Endler, Adolf   Paris, Helga

               Erb, Elke

Gelesen wurden verschiedene Stücke, die zum Teil eine klare Aussage hatten, aber meistens waren es Stücke in der Art wie sie Gorek-Papenfuß (Wortspiele) macht. Neben belanglosen Aussagen gab es einige Passagen mit ausgesprochen antisozialistischem, diffamierendem Charakter, jedoch primitiv und plump gemacht. Beim Publikum herrschte vorwiegend ablehnendes Verhalten gegenüber dem Vortrag Faktors.

31.3.1982

Auftritt des   Okudshawa, Bulat
                sowjetischer Lyriker

Teilnehmer: ca. 15 Personen

Okudshawa wurde durch Maaß nach seinen beiden Konzerten im TiP am 27.3. und 28.3.1982 eingeladen, in der Wohnung von Maaß vor einem ausgewählten Publikum einen Teil seiner Lieder zu singen.

25.4.1982

Lesung des   Hübner, Uwe
                operativ bearbeitet durch BV Dresden

Teilnehmer: ca. 70 Personen

Hübner las sowohl Prosa als auch Lyrik. Die vorgetragenen Texte trugen keinen offensichtlichen feindlichen Charakter.

27.6.1982

Lesung des   Rösler, Thomas
                operativ bearbeitet durch Hauptabteilung XX/9

Teilnehmer: ca. 80 Personen

Der Vortrag Röslers setzte sich aus seiner Biografie und zusammengesetzten Wortspielereien zum »Weltuntergang« zusammen, die mehr oder weniger versteckte Hetze gegen die DDR enthielten. Rösler versuchte darzustellen, dass er als Mensch zwischen den Machtblöcken stehe, dass es ihm als Autor gegeben sei, die Übersicht zu bewahren und unabhängig zu bleiben.

2. Aktivitäten in kirchlichen Einrichtungen

23.5.1981   Veranstaltungen auf dem Gelände der SG Berlin
in einer als »Markttag« deklarierten Veranstaltung trafen sich insgesamt ca. 400 Personen. An einer im Rahmen dieser Veranstaltung organisierten Lesungen durch

Gorek-Papenfuß, Bert	Rathenow, Lutz
Häfner, Eberhard	[Name geschwärzt]

nahmen ca. 100–120 Personen teil.
Die vorgetragenen Texte werden inoffiziell ausnahmslos als politisch-negativ eingeschätzt. Maaß sang in den Pausen Lieder und wirkte als Organisator.

24./25.7.1981   Veranstaltung in der Galiläa-Kirche Berlin
durch nahezu den gleichen Personenkreis wurden am 24./25.7.1981 in der Galiläa-Kirche Berlin-Friedrichs-hain sogenannte Werkstatttage organisiert. Während dieser Veranstaltung kam es innerhalb von Lesungen, musikalischen Darbietungen und Spielen mehrfach zu negativ feindlichen Äußerungen. Weiterhin wurde das sogenannte SOFD-Papier zur Einführung eines Friedensdienstes im sozialen Bereich anstelle des Wehrdienstes diskutiert.
Innerhalb dieser Veranstaltung traten erstmals sich als Punker bezeichnende Personen mit dekadentem Äußeren in Erscheinung. Über diese Veranstaltung erschienen mehrere Hetzartikel in der Presse West-berlins bzw. der BRD.
Beweis: Dokumentation der HA VIII
            Tonbandaufzeichnungen (inoffiziell)
            Zeitungsartikel, Plakat

20.10.1981   Veranstaltung in der alten Pfarrkirche Berlin-Pankow
Der Kreis der Organisatoren war wiederum nahezu der gleiche. Hauptthema unter dem Motto Frieden waren Diskussionen gegen das Ableisten der Wehrpflicht in der DDR. Maaß trug eigene Übersetzungen von Liedern des sowjetischen Lyrikers Bulat Okudschawa mit pazifistischer Tendenz vor.
Weitere Auftritte hatte Maaß in Kirchen in Halle, Weimar und Dresden, über die keine konkreten Infor-mationen vorliegen.

3.2.1982   Auftritt des Maaß mit seinem Okudschawa-Programm in der Evangelischen Studentengemeinde Halle. Weitere Angaben wurde nicht bekannt.

22.2.1982   Diskussion über die Situation in der VR Polen
Innerhalb der Diskussion, bei der die Teilnehmer die konterrevolutionären Aktivitäten von »Solidarność« im wesentlichen begrüßten, äußerte Maaß, dass man im Falle eines militärischen Eingreifens dazu auf-rufen sollte, den Wehrdienst zu verweigern und die Wehrpässe zu verbrennen.
Inoffizieller Beweis: konspirativer Tonbandmitschnitt (teilweise)

3. Weitere Aktivitäten

4.4.1981   »Galerie im Flur«, Erfurt
Maaß begab sich nach Erfurt, um die Organisatoren der illegalen Galerie im Flur aufzufordern, gegen die staatlich angeordnete Schließung aktiv vorzugehen.

19.9.1981   Diskussion mit Havemann über Brief an L. Breschnew
Während einer Zusammenkunft im Grundstück des operativ bearbeiteten Poppe, Gerd gibt Maaß seine Unterschrift unter den Brief.
Beweis: Presseartikel der BRD

20.9.1981   Vortrag des Maaß zur Situation und Rolle der Nachwuchsautoren der DDR
Maaß und [Name geschwärzt] begaben sich gemeinsam zur BRD-Vertretung. Über die Gründe gibt es keine konkreten Informationen.

8.12.1981   Auftritt Maaß, KKH Lichtenberg mit Okudschawa-Programm

15.12.1981   Auftritt Maaß, KKH Lichtenberg mit Okudschawa-Programm, welches durch die operativ bekannten Mitarbeiter des Rotbuch-Verlages auf Tonband mitgeschnitten wurde.

19.1.1982   Teilnahme von Maaß an einer Lesung von
        Jandl, Ernst
        Österreicher
in der Wohnung von Paris, Helga.

19.4.1982   Konzert des Maaß mit Okudschawa-Programm in Leipzig. Es liegen keine weiteren Hinweise vor.

14.5.1982   Auftritt des Maaß im KKH Pankow. Teilnehmer 14 Personen. Er trug Lieder von Okudschawa vor. Die Lieder und Texte wie auch seine Kommentare beinhalteten Gedanken des Pazifismus, der Unfreiheit. Er bezog sich in seinen Kommentaren z.T. auf Biermann und Havemann.

Mai 1982   Auftritt des Maaß in Weimar im »Grafikkeller«. Nähere Hinweise liegen nicht vor.

26.5.1982   Auftritt des Maaß in Greifswald. Hinweise dazu liegen nicht vor.

18.6.1982   Auftritt mit Okudschawa in Wismar.

19.8.1982   Geplantes Konzert des Maaß im Arbeiterwohnheim Gehrenwegstraße. Da nur 1 Besucher da war, wurde die Veranstaltung abgesetzt.

4.7.1982   Teilnahme des Maaß an einer Fahrraddemonstration Unter den Linden zu Fragen des Umweltschutzes.
Darüber hinaus wurden eine Reihe geplanter Auftritte operativ verhindert.

4. Relevante Verhaltensweisen des Maaß

– Zur Volkswahl im Juli 1981 trat Maaß als Nichtwähler in Erscheinung.
– Im Dezember 1981 erklärte Maaß auf dem Einberufungsstützpunkt des WKK schriftlich, dass er es ablehnt, Reservistendienst mit der Waffe zu leisten.
  In diesem Sinne beeinflusste er seinen Umgangskreis in mehreren Diskussionen.
– Eine Reise in dringenden Familienangelegenheiten in die BRD missbrauchte Maaß, Wolf Biermann und Sarah Kirsch in der BRD bzw. West-Berlin aufzusuchen.
  Darüber hinaus versuchte er, Druckerzeugnisse mit hetzerischem Inhalt einzuführen.
  Beweis: Beschlagnahmeprotokoll der Zollverwaltung
– 1981 nahm Maaß Verbindung zu einem polnischen Sänger auf, von dem er sich in die VR Polen einladen ließ. Die Reise wurde operativ verhindert.
– In einem Brief an eine Bekannte (DDR-Bürgerin) schreibt Maaß: »…ein fluch zwingt uns in die bleiernen schatten der systeme / es gibt keine zauberworte sesam öffne dich / macht hoch die tür historische missionen der arbeiterklasse / keine illusionen haben / sich dem ideologischen beischlaf entziehen / den großen worten der unterleibsköpfigen enderlöser erheblich misstrauen könnte ein merkmal meiner unserer generation werden.«
  Inoffizieller Beweis: Briefkopie
– Inoffiziell wurde festgestellt, dass Maaß »Nachwuchsschriftsteller« an BRD-Personen empfiehlt und Möglichkeiten der Verbindungsaufnahme schafft (zu diesen Aktivitäten wurde eine gesonderte Information erarbeitet).
  Inoffizieller Beweis: Briefkopie, IM-Berichte
– Neben den von ihm organisierten Lesungen in seiner Wohnung stellt er sie für weitere Aktivitäten negativ-feindlicher Personen zur Verfügung. Konkret festgestellt wurden;
– Herstellung negativer-künstlerischer Produkte;
– Absprachen zwischen negativ-feindlichen Personen der DDR und des kapitalistischen Auslandes;
– Missbrauch des Fernsprechanschlusses für die Organisierung ihrer Aktivitäten (Abstimmung über Verhaltensweisen, Einladungen zu geplanten Treffen und Veranstaltungen, Absprachen mit Verlagseinrichtungen und Einzelpersonen in WB/BRD);
– Ständige Übernachtungen, Aufenthalt und Verpflegung negativ- feindlicher Personen.

Ausgewählte Literatur und Filme

Akten der Behörde des Bundesbeauftragten für die Unterlagen des Ministeriums für Staatssicherheit der DDR (BStU), OV »Keller« u.a.

Anderson, Sascha; Erb, Elke (Hg.): Berührung ist nur eine Randerscheinung, Köln 1985.

Böthig, Peter; Michael, Klaus (Hg.): MachtSpiele. Literatur und Staatssicherheit im Fokus Prenzlauer Berg, Leipzig 1993.

Cederberg, Björn; Krusenstjerna, Fredrik von: »Förräderi« (Verrat), schwedischer Dokumentarfilm, 1994.

Endler, Adolf: Tarzan am Prenzlauer Berg. Sudelblätter 1981–1983, Leipzig 1994.

Faktor, Jan: Was ist neu an der jungen Literatur der achtziger Jahre, in: Michael, Klaus; Wohlfahrt, Thomas (Hg.): Vogel oder Käfig sein, Berlin 1991.

Felsmann, Barbara; Gröschner, Annett: Durchgangszimmer Prenzlauer Berg. Eine Berliner Künstlersozialgeschichte in Selbstauskünften, Berlin 1999, 2. Aufl. 2012.

Hamersky, Heidrun (Hg.): Gegenansichten. Fotografien zur politischen und kulturellen Opposition in Osteuropa, Berlin 2005.

Hendel, Annekathrin: Anderson. Dokumentarfilm, It-Works, Berlinale 2014.

Kaiser, Paul; Petzold, Claudia (Hg.): boheme und diktatur in der ddr. Katalog zur Ausstellung des Deutschen Historischen Museums vom 4.9. bis 16.12.1997, Berlin 1997.

Kolbe, Uwe: Renegatentermine, Suhrkamp Frankfurt/M. 1998.

Kowalczuk, Ilko-Sascha; Sello, Tom (Hg.): Für ein freies Land mit freien Menschen. Opposition und Widerstand in Biographien und Fotos. Robert-Havemann-Gesellschaft in Verbindung mit der Stiftung zur Aufarbeitung der SED-Diktatur, Berlin 2006.

Lewis, Alison: Die Kunst des Verrats. Der Prenzlauer Berg und die Staatssicherheit, Würzburg 2003.

Michael, Klaus: Das Ende des Untergrunds. Deutsch-deutsche Kulturkontakte in der Subkultur in: Lindner, Bernd; Eckert, Rainer (Hg.): Mauersprünge, Bundeszentrale für politische Bildung, Leipzig 2002.

Quaas, Ingeborg; Gericke, Henryk (Hg.): brennzeiten. Die Keramikwerkstatt Wilfriede Maaß, 1980–1989–1998, Berlin 2014.

Walther, Joachim: Sicherungsbereich Literatur. Schriftsteller und Staatssicherheit in der Deutschen Demokratischen Republik, Berlin 1996.

Walther, Joachim; Sylvester, Heiner: Wahn und Methode, Schriftsteller und Stasi, Dokumentarfilm, ZDF und WDR, 1993.